古代歷史文化 研究輯刊

二六編

王明蓀 主編

第20冊

粵北歷史文化研究（中）

曾國富 著

國家圖書館出版品預行編目資料

粵北歷史文化研究（中）／曾國富 著 -- 初版 -- 新北市：花
木蘭文化事業有限公司，2021〔民 110〕
目 2+158 面；19×26 公分
（古代歷史文化研究輯刊 二六編；第 20 冊）
ISBN 978-986-518-603-6（精裝）
1. 歷史 2. 廣東省
618 110011829

ISBN-978-986-518-603-6

9 789865 186036

古代歷史文化研究輯刊
二六編 第二十冊 ISBN：978-986-518-603-6

粵北歷史文化研究（中）

作 者 曾國富
主 編 王明蓀
總 編 輯 杜潔祥
副總編輯 楊嘉樂
編 輯 許郁翎、張雅淋、潘玟靜 美術編輯 陳逸婷
出 版 花木蘭文化事業有限公司
發 行 人 高小娟
聯絡地址 235 新北市中和區中安街七二號十三樓
電話：02-2923-1455 ／傳真：02-2923-1452
網 址 http://www.huamulan.tw 信箱 service@huamulans.com
印 刷 普羅文化出版廣告事業
初 版 2021 年 9 月
全書字數 461904 字
定 價 二六編 32 冊（精裝）台幣 88,000 元 版權所有 ‧ 請勿翻印

粵北歷史文化研究（中）

曾國富　著

目

次

中　篇

明清時期粵北地區列女群體研究

　　方志中的「列女傳」，是將封建時代被認為思想、行為符合封建禮教規範，表現良好，在社會上受到人們尊敬的女性人物，包括孝順父母、夫死守節或殉節，面對強暴堅貞不屈，勇於捐軀等行為，簡要記錄下來，以傳諸後世，成為人們，尤其是女性的學習榜樣。

　　中國傳統社會是由男性主導的。「男主外女主內」是社會普遍通行，無師自通的「潛規則」。正因為如此，歷史舞臺長期被男性人物所充斥，難得看見女性的身影。自從西漢劉向著《列女傳》，這一傳統社會無視（輕視）婦女的弊端才有所改觀。受劉向此舉的影響，南朝時史家范曄著《後漢書》，就開闢了專門記述女性事蹟的《列女傳》。以後的正史，大多設有《列女傳》，記述某一時期行為符合封建禮規的若干婦女的事蹟，以之作為女性學習模仿的模範榜樣。明清時期大量湧現的地方志，亦基本上毫無例外的都設有《列女傳》，以記述地方「貞烈」、「孝節」女性人物的事蹟。因為人數眾多，故每位「列女」的事蹟都記錄得極簡略，使人難窺其詳。

　　應該指出，方志之中，受到朝廷表彰、社會尊敬的，主要是民間節孝婦女；而事實上，營伍之中，隨同從軍丈夫一起生活，當丈夫為國捐軀或其他原因去世之後而堅貞守節的女性亦復不少。為此，清朝雍正三年（1725），雍正皇帝特頒諭旨，指出：

> 治道莫尚於風化，而節行實為風化之首。故旌揚盛典歷代崇之，
> 凡以闡幽光而彰至教也。朕即位以來，拳拳以敦教化勵風俗為務，
> 恩詔中敕令旌表節義，使苦寒守節之家均霑恩澤；嗣（後）又頒發
> 諭旨至再至三，誠欲地方有司加意採訪，俾深山窮谷之中，側微幽

隱無一不大顯於斯世也。但每見直省舉節（上報貞節事蹟）俱係民
間婦女，而營伍中絕少。夫海內營伍中其矢志勵操，艱苦備嘗以完
節行者斷不乏人，而向來罕聞舉報，豈以旌典例由生員具呈，教官
具結（核實），而教官、生員與兵丁聲氣渺不相同，無由真知灼見，
故舉報寥寥耶？朕於兵民一視同仁，而兵之與民其秉彝（遵守禮節）
好德之心、濯磨激勵之道又未嘗有二。營伍中節行貞烈之婦女盡得
舉報，不至冒濫，亦不致隱漏，舉向來湮鬱未著之幽芳並邀國家旌
揚之盛典，著（請）九卿等詳議具奏以副朕廣勵風節至意。（《同治
韶州府志》卷1《訓典》，第 25 頁）

於是，方志中列女群中又增添了營伍將士妻女等人物的事蹟，使列女範
圍更廣，人數更多。

明清時期列女涉及各階層。她們的事蹟大致可區分為以下方面，略述其
概。

一、明清時期粵北地區列女之成因

（一）以死殉父、殉夫、殉節而成為烈女者

「烈」指猛烈、激烈、慘烈，即面臨意外情節（如丈夫因故遇難或自身
面臨被強暴等屈辱事件）時而毅然以死結束生命者；亦指為「正義」（例如保
家衛國、除暴安良等）而死難之人，如所謂「烈士」。對於女性而言，「烈女」
多指前一情形。

封建時代，每當動亂發生，「寇賊」（封建統治者將所有反叛行為均稱之
為「盜賊」、「寇賊」，其中也包括官逼民反的民眾起義以及改朝換代之際為維
護舊的封建王朝統治而對入主新朝進行抵抗鬥爭的行為）除了殺人縱火，還
擄掠財物，拘捕婦女，所過輒成廢墟。失去丈夫的婦女或以死殉夫，或隱忍
苟活。前者被稱為「烈女」，後者即為「節婦」。文人士大夫在史記志書中為她
們樹碑立傳，歌功頌德，是為《列女傳》。

在許多婦女看來，丈夫是家庭之「天」，一旦「天」塌了，家庭便亦無法
再維持，一死了之便是義無反顧的選擇。清代粵北地區就湧現了不少這樣的
「烈女」。

以死殉節者。以死殉節事例中，有遭遇地方動亂，擔心為賊所淫辱而赴
死或被殺者；有遭遇流氓調戲或污蔑，憤而自絕者。

　　如「李聯桂女（李）蘭玉，適（嫁）州人陳涉卿，生一女，早寡。李矢志
不再嫁，髟守（守寡）者十餘年。丁亥（1647）寇變，乘舟避亂（於）龍泉峽。
寇掠舟，同舟婦女皆被執。李（蘭玉）義不受辱，抱其女阿采沉於水。」也有
在這場明清易代，曠日持久的動亂中，為了避難，義不受辱，絕食而死者：
「鄧蘭玉，（連）州人，嚴聖訓妻，早寡。順治辛卯（1651），土寇肆掠，蹂躪
鄉境，鄧（氏）誓不受辱，攜二女潛匿洲水後山，忍饑旬日不出，竟絕粒死。」
（《同治連州志》卷 8《列女三十二》，第 760 頁）

　　乳源縣「烈女易閨超，生員易肇文之女，年十八許聘，未字（未出嫁）。
順治四年（1647）六月二十四日，叛兵羅士璧擄劫城市，舉家徬徨，莫能逃
遁。（易）肇文在厰（山崖）拒賊，被賊所執。閨超（聞之）縊死。（易肇）文
贖命回家，始葬之。（易閨）超以死全其貞，聞者莫不哀傷。」（《康熙乳源縣志》
卷 6《節婦傳》，第 520 頁）易閨超一是聞訊父親被賊所執，料知凶多吉少；二
則慮及身處亂世，難以獨善其身，故而毅然走向不歸之路。再如：清代樂昌
縣女子「朱柏香，性淑慎。值梅遼賊恣擾，其父母出墾田，（朱）柏香抱周晬
（周歲）幼弟守屋。賊突至，（朱柏香）閉門藏匿。賊縱火焚屋。柏香將幼弟
置水溝中，赴火死，幼弟得免。」（《同治韶州府志》卷 37《列傳・列女・樂昌・
國朝》，第 740 頁）清遠縣「歐英女，名帝祐，許字（訂婚）襴羽采。康熙元年
（1662）將婚，為賊所擄，誓不受辱，賊殺之。」「溫氏，梁勝章妻，有姿
色，被湯日蒼調戲，不從，差（羞）忿自縊。」「李氏，曾永隆妻，吉河人，
自幼歸（許嫁）曾撫養，尚未成婚，被鄰人梁上奇強姦，不從，羞忿，飲酖
死。」「吳辛妹，（吳）奇玉女，許字（定婚）王（某）。未嫁，父使之樵（打
柴）。有吳社保者要而逼（攔截企圖姦淫）之。女（吳辛妹）怒甚，大號乃免。
歸，訴諸父，（父）將直（投訴）於鄉父老，（吳辛妹）遽失所在，竟飲毒死山
澗中。吏遣察之，處子（女）也。嘉慶五年（1800）請旌。官逮吳社保斃於獄
中。」吳辛妹僅是遭遇調戲，逼姦未成，即服毒自盡，由此又致調戲者命喪獄
吏之手，一事二命，由此可見封建禮教的「吃人」本質。還有「黃氏女阿招，
吉河人，被賊蔡長妹掠而狎之，不從，乘間服毒自盡。」「趙氏，練日妹妻，
為強暴所調（戲），忿而自殞，嘉慶十八年（1813）並旌。」以上諸事例俱見
《民國清遠縣志》卷 7《列女・節烈》。清代連州「星江塘下村唐成賜妻何氏，
家貧，入山採蔬，遇凶某將強污之。（何）氏不從，投石觸（擊）某，旋遭毆
斃。翌日，家人尋獲其屍，鳴於官。未幾，獲凶某，嚴鞠之，盡得其實，詳請

（報請批准）將（凶）某正法，並請旨旌表以慰烈魂。」（《同治連州志》卷 8
《列女三十二》，第 760 頁）清代英德縣「鄧某妻韋氏，（鄧）某性蕩，日事釀
飲，晝夜不返。韋屢規（勸）不聽。鄰有惡少覬韋色，以酒肉醉其夫於市，乘
夜叩韋門。韋閉門，厲聲斥之。惡少逸去。尋（不久）以穢言相污蔑，韋憤極
自盡。」（《同治韶州府志》卷 37《列傳·列女·英德·國朝》，第 786～787 頁）

以死殉夫的事例方志記載頗多。如清代翁源縣有陳氏、黃氏二嫂姑：

> 黃香度妻陳氏，年十九夫亡，鬻奩（出賣嫁妝）為夫追薦。事
> 畢，扃（關）門自縊死。雍正年（間）知縣楊鋐表其門曰『以身殉
> 義』。又，（黃）香度妹許聘某氏子。夫卒，亦望門（關門）自縊。
> （《同治韶州府志》卷 37《列傳·列女·翁源·國朝》，第 765 頁）

清代英德縣「溫玉球妻賴氏，夫染癆疾，臥榻數年。（賴）氏侍湯藥無不
備至。夫病篤，力求兄之次子為後。兄許而嫂靳（不願意）之。（賴）氏自怨
自憾，亦無懟（怨）言，積金六十悉付姒婦（嫂）。（溫）玉球彌留之夕，氏婉
語舅姑（公公婆婆），使各安寢，而獨侍夫。夫絕，嗚咽而哭，為夫備殮衣畢，
遂自穿嫁時衣，飲毒以殉。」（《同治韶州府志》卷 37《列傳·列女·英德·國朝》，
第 787 頁）樂昌縣「王蕭氏（古代女子與男子訂婚之後，常將男子之姓加於自
己之姓前），幼端靜，嫻（熟習）女誡（古代封建士大夫編寫用以教導女性為
人處事之書），許字（訂婚）王某孫為妻。將出閣（出嫁）而夫故，扶柩經里
門。女（王蕭氏）整衣結束，飲泣而盡。」（《同治韶州府志》卷 37《列傳·列
女·樂昌·國朝》，第 740 頁）此類女子既未真正出嫁，與丈夫尚未建立真正感
情，一聞夫死即甘願以死殉之，完全是封建社會「從一而終」禮教觀念摧殘
人命的結果。

有志以死殉夫者，即使家人嚴密防範，最終亦難以阻止悲劇的發生。如
清代翁源縣「張睿妻涂氏，年十七歸（嫁）張。夫赴郡城溺水死，涂聞訃，痛
不欲生。母及戚黨環守月餘，涂惟飲泣不言。母歸，遂扃戶死焉。」（《同治韶
州府志》卷 37《列傳·列女·翁源·國朝》，第 766 頁）清代英德縣「鍾某妻宋氏，
歸鍾六年，鍾病篤，臨終目宋不能言。宋曰：『得毋以妾為念乎？當與君同穴
耳。』鍾遂瞑目。宋撫屍大哭，絕而復蘇，然矢志有死無二也。嫜（古時女子
稱丈夫的父親）知之，使人守之，隨時慰解。宋飲泣不答。迨葬，守者稍懈，
遂縊。嫜斂而合葬焉。」（《同治韶州府志》卷 37《列傳·列女·英德·國朝》，
第 787 頁）

也有丈夫或兒子在動亂中被賊擄去，預料在劫難逃而慷慨捐軀赴義者。

如清初順治四年（1647），連州「貢生李紹英女（李）秀，副榜莫矜妻也。丁亥（1647）避亂洸光（今廣東英德市），值土寇肆劫故家，俱勒助餉。（莫）矜宦門子，賊疑有厚貲，逼其鄉人懸縋出，矜暨子松齡、宏齡挾（被擄）之俱去。賊稍退，婦女避難者促李（秀）更共逃他所。李泣曰：『夫與子俱被擄，存亡未卜，吾苟活何為，請與同死！』乃親詣賊壘，見（莫）矜維縶（被繩索捆綁），指賊大罵，遂罹其鋒（被賊殺害）。賊眾有義之者曰：『此烈婦也！』為具棺葬之，夫與子俱獲釋。」有其母則有其女。莫矜之女莫達君也在同一年的動亂中捨生取義，赴井而死。志載：「莫矜女達君，庠生陳子晉妻也。（陳子）晉亡，莫（氏）少年孀守，事姑李（氏）、祖姑張（氏）皆得其歡心。祖姑病篤，莫（氏）日侍湯藥弗離側。丁亥（1647），寇將薄（逼近）城，其父母家艤舟迎莫。莫抱幼子付其弟曰：『此陳氏一線脈也，幸善為保持。吾有二老姑在，義不容去，惟生死以之耳！』城破，莫（氏）赴井死。」與此同時，又有連州「劉煊妻江（氏）者，順治丁亥（1647），寇攻城，江（氏）與夫訣（別），指後庭井曰：『若賊入，汝當保姑及子遁，吾畢命此（井）矣！』及城破，（遂）投井死。」（《同治連州志》卷8《列女三十一》，第759頁）

也有尚未正式出嫁，只是定婚，一旦未婚夫因故去世而竟毅然以「自盡」方式了結性命以表示自己「忠貞不二」者。如明代樂昌縣「庠生白一經妻歐氏，（白一）經年十八而亡，時（歐）氏未歸（出嫁），聞夫歿，矢（發誓）不獨生，逾三朝自盡。」（《同治韶州府志》卷37《列傳·列女·樂昌·明》，第736頁）

甚至有因為家中失竊而決然赴死者。如清代曲江縣婦女李氏，其夫家貧窮，家公鬻身（賣身為人勞作）乃得為子完婚。李氏既嫁之後獲悉此情，歸家與父親商量，好不容易籌集到一筆錢款，打算為家公贖身，不料夜裏被盜賊竊去。李氏憤恨，自經而死。（《同治韶州府志》卷37《列傳·列女·曲江·國朝》，第723頁）

亦有因為族人、他人穢語污蔑而羞憤自縊者；或因喪夫早寡，矢志不二，族人逼其改嫁而憤極自盡者。

（二）丈夫因故逝去而守節數十年者

1. 丈夫為國捐軀者。如明代曲江縣「陳喜福妻賴氏，年二十于歸（出嫁），以賢淑著（稱）。喜福為南韶連鎮標中營千總，乾隆五十二年（1787）十月奉調出師安南（今越南河內市），明年正月六日歿於陣。（賴）氏聞報哭失聲，既

而曰：『夫死王事，得死所矣！夫為忠臣，我當為節婦耳。』遺孤（陳）鼎彝始晬（周歲），姑（婆婆）復年邁，（賴）氏仰事撫（俯）育，殫盡心力。嘉慶九年卒，年四十三，苦節十七年。」（《同治韶州府志》卷37《列傳·列女·曲江·國朝》，第723頁）清代樂昌縣「李賢璜妻范氏，年二十。璜禦寇墜馬死，（范）氏飲泣，守節撫孤，卒年八十八，裔孫李化龍，庠生。」（《同治韶州府志》卷37《列傳·列女·樂昌·國朝》，第746頁）

2. 丈夫或本人在動亂中被擄或被害者。明清時期，粵北地區經常發生動亂。每次動亂，都有不少男性被擄被殺，由此而造成了不少「列女」。如明代樂昌縣「附生歐鴻敏妻王氏，邑庠（縣學生員）公調女，年十六適（嫁）鴻敏。（婚後）甫一載，夫罹寇難。（王氏）痛哭欲絕，遺腹生（歐）必第，忍悲撫之以慰翁姑，教孤成立，冰霜凜然。」（《同治韶州府志》卷37《列傳·列女·樂昌·明》，第735頁）清代清遠縣「朱氏，生員歐嘉際妻，年十八歸（出嫁），四載，未舉子（未生育），事寡姑以孝聞。時土寇亂，嘉際遇害。朱氏痛哭，欲以身殉，族姻慰之乃已。後撫侄觀祥為嗣，成名。」「朱氏，生員歐玉森妻，適（嫁）歐，生一子，值丁亥（1647）督師李成棟屠城，玉森遇害。朱氏二十二歲，矢志守節撫孤。」（《民國清遠縣志》卷7《人物·列女·清》，第231頁）

3. 丈夫在婚後不久因病辭世者。此類事例在方志「列女傳」中觸目皆是，不勝枚舉。亦有一些女子，只是父母已為其定婚，許配某氏，尚未「過門」，遇未婚夫因故（病）去世而從此不再議嫁，守節終身者。

4. 丈夫因意外而去世者。如明代曲江縣「劉細奴妻伍氏，家貧，永樂十三年（1415）偕夫往翁源傭工。一日將暮，夫出汲（水），為虎所噬。伍（氏）聞，徒手出與虎搏，拽夫足而奪焉。虎棄其夫，轉噬伍（氏），皆死之。教諭伍聰義其死，收養其孤子而葬其夫婦焉。」（《同治韶州府志》卷37《列傳·列女·曲江·明》，第722頁）清代乳源縣「陳氏，劉純仁妻，年十六適（嫁）純仁。越六年，夫渡洲水溺死。陳往救，獲屍，欲赴（水）同死。姑慰諭，令人救之。（陳）氏無出（無子嗣），誓靡他志，侍姑二十八歲，孝節兼盡。」（《康熙乳源縣志》卷68《節婦傳》，第519頁）清代樂昌縣李允瑜妻白氏，年三十，家貧作苦（勞作艱苦）。一日隨夫上山樵採，見虎在夫後，駭呼之。虎怒，前撲噬其夫，啣之去。（白）氏執鐮奔救，追掣虎尾。虎迫（急奔）墜崖。（白）氏隨虎墜，適（正好）跨其背。虎驚，釋其夫。（白）氏負之（夫）逃。虎自咆

哮數聲而去。夫傷甚，歸，逾日卒。遺二子，俱幼。（白）氏撫養成立。（《同治韶州府志》卷 37《列傳‧列女‧樂昌‧國朝》，第 744 頁）

5. 其他特殊情形的列女。地方志中，能入選「列女」隊伍者，或是本人秉義捐生者，或是丈夫去世之後含辛茹苦數十年艱難維持家庭生活者。但也有若干例外情形。

如，有為服侍年老或殘疾父母而拒絕出嫁者。有少數女子，因為種種原因，例如父母疾病或去世，家中弟妹年幼，無人照料，而毅然放棄出嫁。這些女子也常常被史志家們視為「列女」。如清代連州「星子（鄉）鳳頭（村）陳富成女，閨名貴容，年十四，未字（許嫁、出嫁），父母俱歿，（貴）容見家計支絀，零丁孤苦，遂矢志不嫁，撫幼弟成人，為之婚娶，迄今宗支蕃衍，皆（貴）容苦節所致也。」陳富成夫婦在天之靈若有知，亦當感到莫大欣慰了。（《同治連州志》卷 8《列女二十五》，第 756 頁）

有因為妻子的機靈而使丈夫得以逃脫厄難者。如清代仁化縣「葉氏，石塘李經邦妻，咸豐十年（1860），匪陷石塘寨，（葉氏）與夫同被捉。入夜，泣告夫曰：『你父數十（歲），想多已殉難；延父一脈者，全恃你一人，可速向西北逃。我寧死不辱！』夫去，賊果入查。（葉）氏故指東去。俟賊追遠，（葉）氏亦脫逃。」（《民國仁化縣志》卷 6《列女》，第 545 頁）

二、明清時期粵北地區列女群體的生存狀況及其奉獻

（一）奉姑教子，節孝兩全，成為維繫家庭的頂梁之柱

既對已逝的丈夫「守節」而不改嫁以示「忠貞」，又對尚存的「舅姑」（公公婆婆）悉心照料，做到「節孝兩全」，是許多列女共有的特點。丈夫既已逝去，對於「未亡人」的列女而言，無子嗣者，奉養「舅姑」便是「天職」；有子嗣者，最大的期望不外是含辛茹苦將子嗣撫養成人，並給子嗣創造良好的接受教育的機遇，以便日後科舉晉身，光宗耀祖，亦可使自身孤苦伶仃的付出有所回報。

如明代曲江縣「指揮張翊妻趙氏，翊卒，趙年二十四，無子。父母欲改嫁之，（趙氏）慟哭不聽，堅志守節，奉姑四十餘年而終。嘉靖十年（1531），府同知郭顯文請旌之。」「庠生邱俊妻劉氏，年十九喪夫，遺腹五月，忍死以待。既而舉一子，食貧奉姑，備養不缺，教子有法，及見其孫，節孝兩全。御史田題允建坊。」「蕭仕廉妻黃氏，年十九夫亡，奉舅姑，事葬盡禮，訓孤（蕭）紹

元。孤亡,撫孫可銓、可鑒,艱苦備嘗,操守益謹,年九十卒,有司題旌之。」
(《同治韶州府志》卷 36《列傳·列女·曲江縣·明》,第 721 頁。以下所引資料凡出
自《同治韶州府志》卷 36《列傳·列女》者,只標注頁碼)清代曲江縣「譚嶠峰妻
黃氏,年十八歸嶠峰,事舅姑孝。譚卒,遺孤(譚)觀蘭,苦節育之。長延師
督課,不苟不縱,人服其得義方云。」(第 725~726 頁)清代清遠縣「溫氏,黃
均旦妻,生子濂,甫五月夫故,矢節鞠子,事翁姑不缺甘旨,雖妯娌燕(宴)
集,終身未嘗見齒(不苟言笑)。」「何氏,陳子鳳妻,年二十五夫亡,孀居,
撫九月遺孤成立,事舅姑以孝稱。」「孔氏,曹徽猷妻,年二十七夫亡,姑老子
幼,孔(氏)孀居艱苦,百務維持,孝養不衰。」「朱氏,郭元燦妻,年二十二
夫亡,撫兩歲子,紡織以養翁姑,邑人稱之。」「朱氏,徐某妻,庠生徐之綱祖
母,年二十四夫亡,孀守,事翁姑能盡禮。」「黃氏,鄧元揚妻,年二十一夫歿,
子方一歲,食貧守節,事老姑以孝聞。」「王氏,白柱卿妻,貢生白壯仁母,年
二十六夫亡子幼,甘貧苦節,紡織奉姑教子。」「楊氏,李長庚妻,嫁七載夫亡,
守節撫孤,孝養翁姑,無不備至。」「郭氏,李曾秀妻,歸五載而夫亡,撫育繼
子,勤紡織以事舅姑,生事死葬皆如禮。」(《民國清遠縣志》卷 7《人物·列女》,
第 230~231 頁)此類事例在粵北方志列女傳中比比皆是,不勝枚舉。

　　古人云:「不孝有三,無後為大」。在列女心目中,丈夫之「嗣」佔有重要
地位。有些婦女在丈夫逝去之時未有生育,或只生育了女兒而沒有兒子,在
男尊女卑的封建時代被人們視為「絕後」。為躲避眾人歧視、欺凌,須從丈夫
兄弟中過繼一子撫養以為自己「子嗣」,稱作「立繼」。

　　如清代曲江縣「陳邦琳妻曹氏,舉(生育)一女而(陳)邦琳歿。曹忍死
守志。舅姑(公公婆婆)憫之,為立繼。時邦琳弟(陳)人貴尚幼,曹觀其穎
悟,為請於舅,延師教之,而以女紅(針線)給修脯(學費)。嗣(其後)充
郡庠(考試進入郡學讀書),並粥(鬻)簪珥為鄉試資焉。及(陳)人貴取(娶
妻),甫舉一子而夫婦相繼亡,曹為撫其遺孤,恩勤備至。」(第 726 頁)曹氏
喪夫之後,為了擺脫世人歧視的目光,以叔為養子,供其入學讀書及婚娶,
又育其「孫」,付出了畢生的辛勞。「子」、「孫」成為了她一生精神的寄託,而
自己親生的女兒可能成為了被遺忘的「角落」。

　　一些列女,失去丈夫之後,自己沒有子嗣;或雖有子嗣而夭折,面臨「無
後」之境,又無法從丈夫兄弟中過繼子嗣,則她們寧願出資買妾以供伯、叔
或侄,求得「嗣續」以繼「香火」。此類事例在粵北方志列女傳中亦不乏其例。

如清代清遠人「譚氏，武生陳公榮妻，歸三載，公榮卒，時（譚氏）年二十二，撫一子一女，矢志守節。後子（陳）厚昌夭，（譚氏）痛哭，幾不欲生。因買妾於（給）侄，俾生子為嗣云。」（《民國清遠縣志》，卷 7《節孝》，第 231 頁）清代英德縣蘇長熙妻莫氏，年二十四寡，無子。舅姑俱歿，撫幼叔成立。叔又早世（逝），遺孤一。族議立為（莫）氏後。莫曰：「以叔子為後，叔嗣終斬，余不忍為也，姑俟侄長，與之娶婦以卜余後可。」族人義之。（第 782 頁）

也有妯娌之間，或因自家經濟拮据，或因出於同情之心，見對方無子嗣而主動將兒子讓與對方作「子嗣」者，既可減輕自己的經濟負擔，亦可成為妯娌關係和睦的「橋樑」。在列女行列之中，有些女性作為「繼室」，她們在「前室」及丈夫去世之後，不僅要撫育自己親生的子嗣，還要兼而養育「前室子」，肩上擔子委實不輕。除了撫育子嗣成立，兼而撫育孫輩成人成才的列女也不在少數。如明代清遠縣人「謝氏，黃琳妻，興仁鄉人，琳歿，謝年二十，生子僅七日，侍翁姑惟謹，喪葬成禮，復撫其孫，人咸稱之。成化十六年（1480）旌。」「楊氏，黎紀妻。紀故，楊年十九，誓孀守，訓子民化成立。（民化）後死，遺二幼孫（黎）村、（黎）楷，楊復撫之成立，年八十六，萬曆十七年（1589）旌。」（《民國清遠縣志》卷 7《人物·列女》，第 229～230 頁）

在列女的艱苦操持之下，不少子弟不僅得以健康成長，所謂「撫子成立」；其中還不乏取得功名者。如清代清遠人「朱氏，何章秀妻，年十七歸（嫁）章秀，兩載而寡，甘貧紡織，事舅姑，撫幼子。及舅姑逝，三年泣血。子售（登）庚子科武舉。」（《民國清遠縣志》卷 7《人物·列女》，第 230 頁）明代曲江縣「廩生郭鶴正妻蔡氏，年二十七夫亡，遺腹三月生子（郭）魁，矢志勵節，竭力事姑，撫（郭）魁成立，官至廣西鬱林州同知。」（第 722 頁）清代樂昌縣庠生李一韓妻鄧氏，守節撫孤。其子李式準明經及第，另一子李式德領鄉薦。黎大偉妻鄧氏，年二十三夫卒，遺子黎炳湘甫半齡，矢志撫育，以教以養，卒年五十六。炳湘附貢生，臨川縣丞。黎大信妻張氏，年二十二孀守，立侄黎宗濤為嗣，恩勤備至。後以宗濤京職銜封六品安人。清代樂昌縣「扶德彩妻潘氏，年二十七夫亡守節，孝事翁姑，恩撫孤幼，子（扶）宗賢貢生；孫（扶）樹瀾翰林院待詔。」（第 751 頁）

在方志「列女傳」中，「撫孤成立」、「撫孤成名」、「守節撫遺孤若干，訓誡成人」、「鞠子成人」、「撫孤成立，孝慈兼盡」之類文字觸目可見，看似套話，卻亦是事實。

（二）艱苦備嘗，操守益謹

　　一些列女，自身生活已十分艱難，卻還要在丈夫去世之後肩負起撫養丈夫弟妹或前妻子女之責，其艱辛更是可想而知。如清代英德縣「李鴻文妻吳氏，既寡，無所出（無子嗣），欲以身殉。姑勸之，乃止。姑歿，夫弟妹各三，俱幼，吳（氏）教養兼至。及長，為次第嫁娶，殆（幾乎）能以嫂代母者。後撫從子（侄子）錫安為嗣。」（第 777 頁）吳氏「以嫂代母」，把已故丈夫六個弟妹撫養成人，並兼撫養侄子為嗣，沒有仁慈的母性及堅韌的毅力是絕難做到的，故官府以「節堅仁顯」表其門。清代連州「廖與學妻歐（氏），州人（歐）世序女也，年二十二歸（嫁）與學，甫數載，與學病亡，遺一女。未幾，翁（家公）復歿，張（歐）殮葬如禮。撫夫之幼弟弱妹，昕夕（早晚）拮据，為畢婚嫁，孀守四十二載。」（《同治連州志》卷 8《列女十三》，第 750 頁）亦有列女將己子與侄子一併撫養教育者。如清代英德縣「庠生鄧起鵬妻黃氏，年二十四嫠（守寡），遺孤（鄧）汝恭甫三歲。黃（氏）事孤撫幼，備極勤劬，今五十三矣，訓汝恭與從子（侄子）大昕讀書，人以『和丸畫荻』擬之，因榜書於其門。」（第 778 頁）

　　列女既已失去丈夫的庇護、協助，成為社會弱勢群體之一員，自然受到無良之徒的欺凌或覬覦，難以躲避「弱肉強食」的封建社會的「潛規則」。如清代翁源縣「生員賴大為妻許氏，年二十六夫亡，撫藐孤以守，遭豪強憑凌，家業幾喪。許氏乃遷居避之，教子（賴）華寅成立。」（第 764 頁）列女們在丈夫這根「頂梁之柱」失去之後，需獨力支撐家庭，上而撫養年老的「舅姑」，下而贍養教育年幼的子女，而限於「男主外女主內」的禮規，寡婦的謀生手段又極有限，主要是「女紅」即紡織，其艱苦可想而知。以至有些節婦在丈夫去世之後，「飲泣終身，未嘗見齒（未見笑容），忌日必祭，祭必哭，哭必終日，聞者莫不酸鼻。」（第 742 頁）面對艱苦厄難，選擇逃避者有之：她們或者頂著壓力、歧視而拋家棄子，改嫁他鄉；或者選擇自盡方式了結自己。然而，許多列女卻是面對現實，「操守益謹」，毅然肩負家庭及生活的重擔。

　　不少列女還要面臨親人的迫嫁，壓力更大。明清時期，受封建貞節觀念的深刻影響，婦女大多把改嫁視為奇恥大辱，即使遇到好心人的憐憫與規勸，常常也要「唾之」，以示絕然不會考慮。

　　比較多見的是來自本家之人的壓迫；或家公家婆，或是伯叔，或是族人。如：明代樂昌縣「鄧仕順妻蘇氏，縣丞（蘇）瑄女。歸（嫁）二載，仕順客死

（死於他鄉），蘇（氏）聞慟甚。娠二月，族人利其產，迫令他適（改嫁）。蘇（氏）堅持（孀守），卒不可奪。後舉一子，家貧不給，女紅供云。」（第735頁）清代翁源縣「袁奇才妻黃氏，年二十四夫卒，無嗣，矢志孀守。族人強嫁之，中途脫輿（從肩輿中逃出），奔縣泣訴。知縣白（某）嘉其節，給以扁曰『永存夫志』。」（第766頁）「郭見賢妻何氏，于歸後，夫家窶（貧）甚，絕無怨言。夫卒，姑（婆婆）命改適（嫁），何（氏）以死自誓。姑潛納劉氏聘（禮），何（氏）知之，登樓自刎，時年甫二十。」（第766頁）

　　有時候，在丈夫去世之後，親族成員為了爭奪財產而逼迫節婦改嫁之事還鬧到關係極其緊張的程度，甚至要以殺戮相見！如志載：清代英德縣「張及偉妻賴氏，年二十六寡，遺腹（懷孕）三月，生子（張）天錫。夫弟（張）及蛟利其產，迫（賴）氏嫁。（賴）氏怒斥之。蛟銜（懷恨在心）之，多方尋害，至欲手刃其孤。（賴）氏密求援於夫之女弟（妹妹），寄孤於靜密地方撫養，委曲（多方）防衛，備極艱阻，卒保成立。」（第779頁）

　　一些列女在丈夫去世，又無子嗣，孑然一身，煢煢獨立之時，為夫家家族成員背地裏合計出賣給有錢人家，視作奇貨可居，既可佔有其房屋資財，又可獲得有錢之家的「重貲」，可謂一舉而兩得。

　　也有來自外家的逼迫或勸告。父母或兄弟姐妹出於憐憫，見親人守節生活艱苦，希望其另嫁以改變困迫的生活。如明代連州「西溪東江李秉龍妻馮氏，年二十□生一子，未周歲而夫沒。時太翁並翁姑俱在堂，外氏（外家）屢奪其志，（馮）氏心如鐵石，奉養高堂，撫孤成立。」（《同治連州志》卷8《列女二十》，第758頁）清代英德縣「吳英妻黃氏，年二十四寡，外戚欲奪其志，黃（氏）矢志不渝。」（第786頁）明代清遠縣「譚氏，黎瓚妻，興仁鄉人，年二十三，甫（剛）百日（黎）瓚歿。父母欲奪其志，譚氏以死自誓，侍姑、事葬如禮，仍立夫弟之子時泰為嗣，愛護如所生。」清代清遠縣「王氏，曹國廷妻，年二十三國廷卒，遺子甫一歲而殤。父母欲奪其志，不從，苦節事翁姑，克盡婦道。」（《民國清遠縣志》卷7《人物·列女》，第229～230頁）清代佛岡縣直隸軍民廳「井前村民黃弈賞妻李氏，十九于歸（出嫁），克盡婦道，事祖姑尤孝謹，甫逾月而弈賞歿於水。李（氏）聞之哀慟不食，以祖姑言乃稍進饘粥，毀容守節。父某欲奪其志，（李氏）號泣奔歸夫家，仰（飲）藥死，年二十三。」（《道光佛岡縣志》卷3《人物志第九·貞節》，第87頁）

　　《道光佛岡縣直隸軍民廳志》卷四《藝文志第十》收錄了《黃節婦傳》一篇，反映的就是父母迫嫁而致女兒、節婦李氏「飲藥死」之事，李氏死時年僅二十三歲。其文云：

　　　　節婦姓李氏，（佛岡縣直隸軍民廳）謀田村李鶴亭女也，貌端麗而性貞淑，待字（未嫁）深閨，人罕睹其面。年十九歸（嫁）井前村黃奕賞。孝姑嫜，睦娣姒，井臼操作，浣濯掃除之役皆獨力為之。事祖姑尤謹。故黃（奕賞）之長幼內外咸敬愛之，無間言（無不給以好評）。雖熊夢未徵，而琴瑟之好（雖未有子嗣，而夫妻關係融洽，感情深厚），夫婦歡相得也。逾年，黃（奕賞）忽以溺水死。婦聞之，哀慟幾絕，水漿不入口者數日。其祖姑泣撫之曰：「汝欲捐生，夫婦之情盡矣，如我何，毋乃以不孝貽地下人憾乎（你想一死了之，雖說可算盡了夫妻的情義，然而家中老人誰來供養，你去世的丈夫豈不是要落得個不孝的名分）？」乃稍進饘粥，強顏承歡，而風朝雨夜流涕哽咽枕畔，淚痕至透床褥，不敢令祖姑知也。無何服闋（不久，服喪期滿），父母憫其青年鵠寡（年輕守寡），兼乏鸞雛（加之未有子嗣），將改醮之（想讓李氏改嫁），別遣鄰媼召之歸寧（回外家探望父母）。至中途，遙見數男子注目相視，（李氏）急蔽其面。鄰媼止之，強去其蔽。婦大恚（怒）曰：「我父母欲再嫁我乎？我頭可斷，志不可奪也！」號泣奔歸夫家。家人勸慰終不懌，竟飲藥死，年二十三。節行若此。倘千載下乘志（史書、方志）莫傳，芳徽湮沒，何以慰貞魄於九京（九泉下之人），振頹風於百世耶（使以後不良的社會風氣、風俗得以改良呢）！爰傳其梗概以待世之采風者。（《道光佛岡縣直隸軍民廳志》卷 4《藝文志第十》，第101 頁）

　　也不乏他人規勸列女改嫁的事例。其中既有好心之人，亦有圖謀從中獲益者。

　　對於列女在喪夫之後歷盡艱辛，有些人（包括親人）出於同情，勸之改嫁，卻常常遭到她們的拒絕。在她們的品德意識之中，「從一而終」觀念可謂根深蒂固。如清代樂昌縣列女「李為謀妻吳氏，年二十守節。或有諷（勸）其改適（嫁）者，輒面斥之。」（第 749 頁）清代清遠人「徐氏，溫以上妻，年二十一夫亡，貧不給朝夕，堅志守節，復孝事其姑。有憐其孤苦（者），勸之他

適（改嫁），徐（氏）泣曰：『有死無二！』鄉里皆為歎服。乾隆八年旌。」（《民國清遠縣志》卷7《節孝》，第231頁）

也有不少節婦將改嫁視為禽獸不如之行為。如明代南雄府「林氏，彭睦妻，保昌東隅（鄉）人，年十六歸睦（嫁彭睦）。甫九載，（彭）睦卒，遺腹生一子，四顧無依，家室蕭然。（林氏）杜門不出，撫孤織紡為生。或曰：『家貧子（幼），守志實難。』林（氏）曰：『家貧止於餓死，子（幼）固可以長。夫死改嫁是禽獸也！』自是（人）無敢復言。」

也有一些節婦認為再嫁則不如死去者。如同為明代南雄府的「李氏，保昌（縣）汪溢妻，年十九歸溢（嫁汪溢），明年生一子。（李氏）二十八，溢卒。家世亦貧，織紡育子。母家諷（勸）之再適（改嫁）。李（氏）曰：『與其從後夫以求溫飽，不若死爾！』竟不再適。年六十九卒。嘉靖甲午（1534），知縣廖軺奏聞，詔旌其門。」

以上兩則事例見載《南雄府志・貞烈》。在一般情況下，丈夫死後，遺產歸妻子。某些丈夫的家族成員為了達到瓜分或佔有逝者財產的目的，對守節者採取了種種逼迫、威脅手段，欲將其逐出。一些節婦忍辱負重，頂住了重重壓力，守節終身；而另一些節歸則被壓力壓垮，最終選擇了自盡。

節婦失去丈夫這根頂樑柱後，需獨力肩負家庭生活的重負，上養老，下育幼，許多節婦僅靠「杜門紡織」以維持一個家庭若干人口的衣食生活開支，其艱難可想而知。再嫁本來可以減輕負擔，然而在「從一而終」觀念盛行的封建時代，眾多節婦對於改嫁都是一個態度：堅決拒絕。當守節遭遇壓力，面臨逼嫁之時，一些節婦則義無反顧地選擇自盡以「明志」。

（三）胸懷相對寬容，少了些嫉妒與排斥

在現實家庭生活中，女性胸懷相對狹隘，善於嫉妒其他相貌姣好或生活條件較優越之女性；尤其是結婚成家之後，更是容不得其他女性與丈夫有所接觸，防之唯恐不及，這似乎已成為一種普遍現象，甚至可謂現代女性之「天性」；後妻虐待以至對前妻所生子女折磨至傷殘甚至死亡者亦屢見不鮮。然而，在粵北方志列女傳中，善待前妻所生子女的列女卻不乏其例。如清代英德縣「張汝疇繼妻周氏，撫前室子培修、培憲如己出。明年生子培翼。又五年而寡，年二十五，矢志鞠孤，一視同仁，人不知其（三子）為兩母生也。」（第778頁）

　　有些列女因故而無子嗣，為了讓丈夫「香火」有繼，她們坦然請求丈夫納妾生子，並待之如己子，此類事例亦多有之，如明代仁化縣「劉以寬妻張氏，性孝而慈，初無子，為夫廣置媵（妾），生男（劉）宗漢，甫四齡而（劉）以寬卒，三妾俱少女（年輕），隨張（氏）共撫藐孤（年幼孤兒），訓教有方。」（第 754 頁）明代乳源縣「廩生劉諫妻邱氏，適（嫁）（劉）諫四載，無出（無生育），謂（劉）諫曰：『承祧（傳宗接代）大事，不可少待。』自脫簪珥卜（買）妾。既生子，愛之如己出。無何（不久），（劉）諫卒，（邱氏與妾）相依苦守。值舅姑喪，襄（輔助，相助）事盡禮。子稍長，紡織以備束脩教育之，成秀才。孀居六十有餘，始終如一。」（第 759 頁）邱氏主動奉勸丈夫納妾生子，又把妾氏所生之子「愛之如己出」，在丈夫病逝之後又與妾氏「相依苦守」，備極艱苦，終把劉氏子嗣撫養成才。明代曲江縣「文學譚煒然妻郭氏，光祿署正（郭）連城女，有婦德，煒然三十無子，郭為置妾三人，各舉一子。長子四歲失母，（郭氏）撫之如己出。夫喪，足跡不履中堂，善待二妾。家貧，督子讀書，紡織供脯。以壽終，子孫蕃衍。」（第 722 頁）郭氏若沒有豁達的胸懷，「為（丈夫）置妾三人」，斷不會有「子孫蕃衍」的後來。清代樂昌縣「鄧增富妻葉氏，性淑慎，為夫納妾楊氏，生子數月而（鄧增）富卒，守節撫孤，勝自己出。越四月，楊氏復亡，躬親教訓，至於成立。」（第 748 頁）清代英德縣「通判李景繼室（後妻）鄧氏，年十八寡，撫前室二子成立。次子（李）時中，邑廩生（縣學優秀生員）；長子（李）蓬，邑庠生（縣學生員）。」（第 791 頁）清代連州「李郁菲繼室張（氏），年十八于歸（嫁），撫郁菲前妻子如己出。越一載夫歿，有勸以他適（改嫁）者，張（氏）正色拒之，人不敢言。姑老而患疽（毒瘡），（張氏）刺血調藥敷患所，遂得平復，鄰里稱其孝感。」（《同治連州志》卷 8《列女十三》，第 750 頁）清代英德縣「莫曰禮繼室陳氏，年二十八寡，撫前氏（妻）子（莫）若孫如己出，親見六代，孫枝蕃衍百數十口，多遊庠（考入縣學就讀）者。嘉慶十三年（1808）卒，年九十七。」（第 781 頁）陳氏正因為具有寬容的胸懷，故能長壽近百齡，且「孫枝蕃衍數十口，多遊庠者」，這在封建時代是許多人夢寐以求的願景了。

　　當然，明清時期部分婦女胸懷相對「開闊」是有其特殊原因的。因為，在封建時代，社會盛行「不孝有三，無後為大」的觀念。沒有子嗣在社會上受人歧視，被稱作「斷子絕孫」，是男性「七出」休妻的條件之一：只要妻子沒有生育子女，且不論根源在於男方還是女方，丈夫就有理由把妻子休了另娶。

因此，不少女性在婚後多年未生育子嗣，便視為自己的「罪過」。規勸丈夫納妾生子以延續後嗣，亦可籍此保持自己既有的妻子之地位。

由上述列女事蹟可知，明清時期粵北地區列女多具有「心胸開闊」之特點。其表現主要在兩個方面：一是當婚後多年未有子嗣時，主動向丈夫提出納妾主張以延續後嗣；二是對於丈夫原配所生子女多能寬容，甚至視如己出，不分彼此。

（四）扶貧濟困，樂善好施

從粵北方志「列女傳」記載看來，明清時期粵北地區列女絕大多數生活於貧困之中，自顧尚且不暇；然而，也有不少列女，家庭生活條件相對寬裕一些，她們富有義心，對於社會貧困之家常常伸出援助之手，「好施與」之類記載志不絕書。

例如，明代末年曲江縣「中書蔡而烷妻譚氏，生子（蔡）御霞而（蔡而）烷卒，力撫遺孤，勉承先業。御霞長，餼邑庠（考入縣學讀書，享受國家助學金），旋亦夭（不久病死）。復撫孫（蔡）和丸、（蔡）訓督。鼎革初（清初），地方騷擾，譚（氏）營理內外，有丈夫濟變才，好施與，族里（親族或鄉里）告匱，竭力賑之。」（第 722 頁）譚氏因為丈夫曾任官「中書」（中書省），又有「先業」繼承，加之本人精明能幹，「營理內外，有丈夫濟變（之）才」，故家庭經濟條件較為優越，為其「好施與」的慈善義行奠定了物質基礎。

清代曲江縣人「莫崇行妻成氏，事姑至孝。夫卒，撫遺孤，教養成人。家小康，訓之（子）以（並且）賙（周濟）困乏，戚黨咸賴焉。」（第 724 頁）成氏由於「家小康」，家庭經濟條件略比他人優越一些，便教育兒子要富有愛心，「以賙困乏」，以至貧困「戚黨咸賴焉」。

清代仁化縣「庠生楊廷勳妻譚氏，年二十五夫卒，矢志守節，撫育二子，喜課讀書。乾隆十一年（1746）捐田租十一石（按，一石約等於一百公斤）充仁陽書院膏火經費。知縣雷應旌以『貞淑可風』。」（第 754 頁）

清代英德縣「監生陸履亨妻張氏，孝廉鼎鉉之女也，年二十寡，撫嗣子成立，濟急恤貧，鄰里賴之。」（第 774 頁）

一些列女雖然生活於貧困之中，但卻為人正直，「立心廉介」，拾金不昧，絕不做有違品德之事。

如清代曲江縣「增生陳人泰繼室曹氏，夫歿時懷妊已數月，每夜露禱，願得男以延夫後。未幾果誕一子，名象賢，勵節撫育。且立心廉介，一日歸

省親，途拾遺金，屢訪無承（認領）者，乃盡出（遺金）以修道路焉。」（第725頁）

「歐陽如錦，年十九適（嫁）曹（某），甫半載夫死。如錦痛絕復蘇，將投繯以殉，姑正色沮（勸阻）之，始髽（古代婦人的喪髻，用麻或布束髮，不用髮簪，也稱『露髻』）而砥節（守節），藉□麻蔬圃為計。侍姑病，藥必親嘗，衣不解帶，撫族侄某為嗣，脫簪珥以佐館修（侄子的學費），鄰里告匱輒減口食分之。」（《同治連州志》卷8《列女十一》，第749頁）歐陽如錦在丈夫去世之後，「藉□麻蔬圃」為維生之計，上要養老，下要育幼，自身生活已頗艱難；而一旦遇到「鄰里告匱，輒減口食分之」，雖對他人資助作用有限，而其一顆仁慈愛心卻令人感動。

清代英德縣「張金妻陳氏，年二十六寡，素嫻內則（封建時代女性行為準則），事繼姑四十餘年，孝養如一日。好義樂施，捐田修路，撫二孤成立……」（第774～775頁）「李子繁妻鄧氏，年二十二寡，無子，以族子（李）天英為嗣，勤儉好施，鄉鄰有貧不能葬者，賻（出錢財幫助別人辦理喪事）以錢穀。買一婢，及長，將為擇配，其原許字（訂婚）夫家跟至，云（說）女（婢）八歲時為人拐賣，家貧不能備價求贖。（鄧）氏詢確，即還之，更助以奩（嫁妝）。」（第780頁）「鄧崇昌妻利氏，年二十四寡，撫遺腹子成立。道光辛丑（1841）捐修百礚石路，人稱節而好義。」（第788頁）清代清遠縣「葉氏，白作生妻，孝事翁姑，生一女，無子。作生歿，遺囑他適（改嫁），葉（氏）指日以誓，勵志孀守三十餘年。時米價騰湧，（葉氏）平糴以賑，鄰里頌其德。」（《民國清遠縣志》卷7《人物·列女》，第230頁）清代連州「星江（鄉）成天然妻黃氏，年十九歲于歸（出嫁），甫三月而寡，翁姑念婦年少家貧，未育子嗣，心甚惻然。（黃）氏乃曲慰高堂，矢死靡他，日夜紡織，以所積金建一亭於通衢，眾顏其亭曰『冰心處』。」（《同治連州志》卷8《列女十五》，第751頁）清朝末年仁化縣的「黃氏，新村黃貽燕之女，適（嫁）夏富（村）李文蔚為妻，恩貢李余章之母，拔貢李占元之祖母也。秉性淑善，持躬端謹，年二十三夫亡。（黃）氏絕食五日，瀕死者再。姒娌以姑老子幼勸勉始漸進食。自是矢志守節，事祖姑與姑盡孝敬，教育姑子嚴慈互用，遂以成名。凡村中貧苦者咸受其周恤之惠。」（《民國仁化縣志》卷6《列女》，第545頁）

諸如此類自身生活並不寬裕，卻熱心資助他人的事例，方志中也是俯拾即是。

三、明清時期粵北地區列女群體形成的原因

古代社會，統治者認識到，婦女守節為「列女」，對於社會的安定，民生的維持及社會風氣的純正都有著重要意義，因而上自皇帝，下至縣令、文人士大夫，無不積極提倡，大力鼓勵，樹立了許多榜樣以供民眾（尤其是婦女）作為學習仿傚的楷模。

（一）朝廷的倡導

《民國清遠縣志》卷七《人物·列女·列傳》在「凡例」序言中即有云：「婦女青春守節，白首元貞（終身保持貞節氣質），或盡孝事親，或撫孤成立，或從容就義，慷慨捐軀，國家應予褒旌，凡人皆當欽敬。苟不傳於史，何以勵苦節乎！……今從之，於此等貞烈節孝之事詳錄之以裨世道。」（《民國清遠縣志》卷七《人物·列女·列傳》第228頁）

方志記載：「清制：凡婦人三十以內守節，至五十以上者，由州縣官申（報）府、道，督撫、巡按核實會奏，下部核准旌表者，給予『清標彤管』匾額以表其門，並勒貞珉（刻石記事傳頌後世）；若別著奇節苦行者另給（牌）坊價銀三十兩附祀學宮節孝祠。雍正元年（1723），上諭旌表節孝，乃彰善大典。有力之家（事蹟）尚能上達，而鄉村貧寒之人則多湮沒無聞，著（令）督撫、學政遍加採訪，務使苦寒守節之家同沾恩澤，禮部遵行，由督撫、學政於歲終匯題送部，每年二月將題送孝行節義者匯題請旌，永為定例。」（《民國清遠縣志》卷7《人物·列女》，第229頁）

正因為最高封建統治者對於烈女節婦的重視，朝廷百官、中下層地方官員，便義無反顧的將表彰列女作為自己為官從政義不容辭之責。

封建統治者對待「烈女」與「節婦」這兩方面的行為的表彰其實是有所區別的，即大力提倡守「節」，而對於「烈」，則雖予表彰卻不鼓勵提倡。畢竟，在「烈女」一死了之之後，上有老，下有少，誰來供養？家庭誰來維持？這從清朝雍正皇帝的一道詔旨中亦可略窺一斑。雍正元年（1728），雍正帝的諭旨云：

> 至若婦人從一之義，醮（既嫁）而不改乃天下之正道。而其間節婦烈女亦有不同者。烈婦以死殉夫，慷慨相從於地下，固為人所難能；烈婦難而節婦尤難：蓋從死者取決於一時，而守貞者必歷夫永久；從死者致命而遂已，而守貞者備嘗其艱難；且烈婦之殉節捐軀，其間情事亦有不同者：或迫於貧窶而寡（缺乏，失去）自全之

計，或出於憤激而不暇為日後之思，不知夫亡之後婦職之當盡者，更多上有翁姑則當奉養以代為子之道，下有後嗣則當教育以代為父之道；他如修治蘋蘩（蘋，蒲白；蘩，白蒿，二者嫩苗可食。即採摘野菜），經理家業，其事難以悉數，安得以一死畢其責乎？是以節婦之旌表載在典章，而烈婦不在定例之內者，誠以烈婦捐生與割肝剒股（按，古代有切割自己的肝或大腿的肉為父母親治病的傳說，被視為孝親的典範）之愚孝，其事相類，假若仿傚者多，則戕生（動輒自殺輕生）者眾，為上者（統治者）之所不忍……向來未曾通行曉諭，朕今特頒諭旨，著（令）地方有司廣為宣布，務期僻壤荒村家喻戶曉，俾愚民咸知孝子節婦之自有常道可行而保全生命之為正理，則倫常之地皆合中庸，不負國家教養矜全之德矣。倘訓諭之後仍有不愛軀命蹈於危亡者，朕亦不概加旌表以成閭閻（鄉村，地方）激烈之風，長愚民輕生之習。（《同治韶州府志》卷1《訓典》，第32頁）

　　不僅僅是最高統治者的重視，朝廷的百官大臣對於婦女的節孝事蹟也悉悉關心。清廷朝臣張廷玉（《明史》主纂者）就曾向君主上奏建議云：「三十以內守節，至五十以上者得予旌表，惟未滿五十而卒者乃是享年之不永，並非守節之不終，請以守節至十五年者一體旌表。」（《民國清遠縣志》卷7《人物‧列女》序言，第229頁）張廷玉的上奏獲得皇上批准，使得節孝婦女的旌表制度更趨完善，獲得旌表的人數更多。

（二）地方官的表彰

　　地方官對於列女的表彰形式有多種。

　　一是申請朝廷批准給予旌表。

　　如明代曲江縣列女「指揮張翊妻趙氏，（張）翊卒，趙（氏）二十四，無子，父母欲改嫁之，（趙氏）慟哭不聽，堅志守節，奉姑（婆婆）四十餘年而終。嘉靖十年（1531），府同知郭顯文請旌之。」（第721頁）清代樂昌縣「羅繡熊妻劉氏，年二十五守節，撫藐孤二，長（者）甫二齡（歲），次（者）遺腹生。邑令詳請（向上級請示）旌表，匾以『柳范歐規』。」（第739頁）

　　二是地方官府的直接表彰。

　　清朝道光年間，韶州知府徐青照就輯錄粵北地區列女事蹟，編纂了《闡幽錄》一書。「幽」喻指列女事蹟默默無聞，故特著錄成書以傳揚光大之。其序文字典雅華麗而又略嫌晦澀，譯成通俗文字大意是：

　　婦人莫重於節。地方志書的登載，朝廷之表旌者，固然足以安慰那些寂寞或已逝去的靈魂，使女性貞節精神得以宣揚，黃土之下的屍骨得以不朽。執筆記錄這些列女的感人事蹟也就成了一項光彩的事業了。假如沒有文人為列女們著書立說，宣揚她們的事蹟及精神，那麼，隨著時光推移，她們如冰似雪一樣的高貴品質便會連同她們的姓名一起被埋進歷史的塵封之中。這就像杜鵑鳥啼出的鮮血滴灑於枯枝之上；她們的憂愁痛苦又像春蠶吐絲一樣綿長。這樣，憑什麼去改變人世間那些澆漓不沌的風俗，充實有關女性的美德教育呢？我於道光甲申年（1824）被任命為韶州郡守，地方舊有的節孝祠大多已棟楹剝落，榛莽荒蕪。我為此而深感內疚不安。於是到處採集有關列女的事蹟，得一百四十三人的資料。這些女性以「孝」、「節」、「烈」而著稱。她們的孝思動於鬼神，烈氣貫於金石。地方官及朝廷都應重視這些列女的事蹟及其精神，「給之榜額，表以門閭」。這就是我廣泛採集列女事蹟，總結她們的精神品質，匯成一編以《闡幽錄》為書名的緣故。（《同治韶州府志》卷 39《藝文略》，第 826 頁）

　　不少粵北地區的列女得到了各級官府多位（重）官員的一再表彰或祭祀。

　　如明代樂昌縣「鄧蜜妻廖氏，訓導（鄧）文慶女，年十九寡而無子，冰霜自持，始終如一，卒年七十九。嘉靖元年（1527）太守唐升嘉其節，令邑令（縣令）祭之，仍表其閭。」「鄧仕順妻蘇氏，縣丞（蘇）瑄女，歸（嫁）二載，仕順客死。蘇（氏）聞慟甚，遺（孤）娠二月。族人利其產，迫令他適（改嫁）。蘇（氏）堅持，卒不可奪。後舉一子，家貧不給，勤女紅供之。姑病，嘗糞以驗瘥劇。卒年七十七。嘉靖末，御史潘季馴、陳道基並旌之。」清代樂昌縣「羅世瑛妻廖氏，年二十八寡，撫孤成立，卒年七十三。邑令給額曰『節媲松筠』，請旌表之。」（第 735～739 頁）明代仁化縣「譚魚鮀妻蒙氏，于歸一載喪夫，矢志不渝，撫育遺孤。知縣司馬暐旌以『節操流芳』；教諭劉大縉、訓導賴文旌以『貞節明揚』。」（第 753 頁）

　　此類記載在粵北方志《列女傳》中俯拾皆是，可見地方官將表彰節烈視為自己為官一方應盡之責，義不容辭。一些列女事蹟並非十分突出，卻也同時受到多層次官員的表彰，如清代曲江縣「歐椿華妻鄺氏，年二十九守節，現年六十一，事翁姑，撫孤二，次（子）燕新，增生。知縣張希京旌曰：『松貞柏操』；知府額哲克旌曰『節懍冰霜』；南韶連道林述訓旌曰『芳徽足式』。」（第 728 頁）

　　但是，也應該指出，官府或官員不可能時時刻刻都關注並表彰烈女節婦，只能根據情況及需要而適時表彰，這樣，不逢機遇者就只能默默無聞了；另外，正如古人所云：「名公巨卿出一言可以不朽」，然而，許多名公巨卿都缺乏「宏獎之心」，事不關己，高高掛起，因而，「雖有共姜伯姬之賢，莫肯吮筆濡毫以垂永久」。此為其一；其次，朝廷雖有「旌獎之典」，但這既需要列女親屬逐級向官府申請嘉獎，還須請文人雅士作文吟詩予以謳歌，鋪張揚厲，營造聲勢。這可不是社會普通之人所能做到的。例如清代翁源縣李村人張立誠，他三歲喪父，寡母胡氏歷盡千難萬苦將他撫養成人。其後，張立誠「以母胡氏苦節（事蹟），籲求旌表，奔走勞勩，得嘔血病，瀕死者屢矣。」（《嘉慶翁源縣新志》卷9《藝文略》，第415頁）這就難怪一些節婦烈女一再得到表彰，而更多的列女只能默默無聞，在孤獨寂寞之中度過一生了。

　　有時候，日理萬機的縣令也會從百忙之中抽出閑暇來，親自為烈女或節婦撰寫歌頌的文章。乾隆四十一年至四十三年（1776～1778），任翁源縣令的黃家禮（江西安義進士）就曾寫過一篇《烈婦郭何氏傳》，其文云：

　　　　烈女何氏，韶州翁源人，為儒家女。幼時，父明經中鰲（及第），授以《內則》諸書。（何氏）嫻女訓，年甫笄（十五歲，古代指女子成年），適（出嫁）邑郭見賢為妻。家窶（貧）甚，無怨言，奉嬬姑（守寡婆婆）為謹。鄉里賢之。歸（出嫁）四載，生一女，才二齡（歲）而夫卒。（何）氏忍死守節。姑憐其年少無子，又苦貧，夫喪百日，將命之改適（改嫁）。（何）氏哽咽流涕，願甘餓寒，終志始終。以季子遠傭，家無期親（期，古代一種喪服，即「期服」，此指親人），慮失所（憂慮何氏生活無所依靠），潛（背地裏，偷偷地）納劉家聘（禮），歸有日矣（改嫁日期臨近）。至期始告（何）氏。氏故（本來）曉大義，不忍負地下人（不忍心辜負去世的丈夫），度事不可已（考慮到事情已成定局，沒有妥善解決的辦法），計惟有一死。遂伺姑不在前，登樓自刎。比覺（及至被人發現），救之不得，竟殞命，年二十二歲。時乾隆四十一年（1776）七月十六日，距（郭）見賢亡時七閱月也。一時宗黨聚觀，老少莫不彈指淚下。余宰斯土（我來任翁源縣令），有表揚風化之責。既以事上諸憲府，將□聞於朝，復因（何）氏夫家之請，質次（瞭解核實）其情事月日以備他年史乘之採□焉，遂為傳。

論曰：婦人以節著難矣；苦節而以死徇（同殉，為達到某種目的而死）抑又（則更加）難矣！士君子扶植綱常，類多（通常都）慕義徇名，若世俗改醮（婦女改嫁）之行如廣陌通衢，非逾垣（爬牆，比喻男女偷歡苟合）者可同日語。顧以盡人之所不能，非獨睡而不屑（夜裏孤枕難眠），且淒風苦雨中朝夕莫給，又逼於尊命，非無說之辭；卒百折不回，至白刃可蹈，視死如歸也。斯豈尋常砥礪名節者比乎！壯哉！弱女子雖烈丈夫可矣（弱女子也可與壯烈捐軀的男子漢大丈夫相比媲美了）！（《嘉慶翁源縣新志》卷9《藝文略》，第414頁）

翁源縣另有節婦胡氏，縣學增廣生張立誠之母。張立誠生下來未及周歲，父親即去世，其「孤母年二十二，欲捐生者屢（多次）矣。繼念老姑在堂，黃口（幼兒）待乳，留餘生以奉甘旨（贍養老者），含涕淚以育孤兒。」可以說，胡氏事蹟正是明清時期數以千百計的列女共有的特徵，並無與眾不同的特殊之處。然而，賜進士出身、知廣西昭平縣事的順德人何毅夫，卻為之撰寫了一篇《節孝胡孺人序》的文章，敘述了其事蹟。當何毅夫尚未出仕之時，張立誠正負笈珠江（廣州），參加科舉考試，結識了當時正在廣州招徒講學的何毅夫，於是，拿出記錄其母親事蹟的《節孝錄》，請何毅夫寫一篇頌揚之文。何毅夫之文謂：

……翁源節婦、張（立誠）母胡太孺人，（已）故儒士麗纓公之元（原）配，邑增廣生張立誠之母也。歲之己卯（1819），生員（張立誠）（負）笈珠江，與兒輩同師事友人，而間就予課藝（期間曾在我門下求學）。予見其磊落倜儻，心竊異之。已而（後來）知生（張立誠）生未周（歲）而孤，母年二十二，欲捐生（殉夫）者屢矣；繼念老姑在堂，黃口待乳，留餘生以奉甘旨，含涕淚以育孤兒。生之成立，厥惟母氏是賴！獨（只是）生（張立誠）俯首青衿，所以榮其親者有限（欲使其親人獲得應有榮耀，能力有限）。而生進見之暇，間及其母曩時事，亦常以神龍不云，黃鵠未羽（飛龍無雲可乘，天鵝羽毛未豐），無以顯揚其親為戚戚（不能使母親事蹟為眾人所知而悶悶不樂）。不知幸生有道之朝，雖抱尺寸之義猶蒙矜恤，以母之節孝自當上達宸聰（讓皇帝知道），況海內學士大夫莫不仰體朝廷，砥礪廉隅之意，樂為播揚，重以華衮（崇高的榮寵）而生發憤（奮）

讀書，務求所以顯母者，九重之詔，十賚之文（朝廷的旌表，士大夫的歌頌）固可操券，烏睹窮簷高誼不與古之貞姬淑媛齊日月於穹壤（由此可見，平民百姓的高尚品德與古代著名的烈女節婦一樣，可以驚天地，泣鬼神）也！

乙酉（1826）秋闈（省試），生（張立誠）來省文戰（應試），過予客邸（到我的住處來拜訪），出（所撰）其母《節孝錄》一帙示予，並乞予弁其首（請我在其《節孝錄》之前寫一篇序文）。予披閱再三，知當事（地方官府）已將（其）母行誼上之朝（廷）。報可（朝廷同意旌表）。部使者以天子命旌其門，而吳督學、胡侍御又所謂當代之名公巨卿者，後先題贈並志徽言（給予高度評價），於此見公道長存人心，不沒生當編之家乘（張立誠編寫記錄其母事蹟的《節孝錄》就像那些族譜、家史一樣，有其存在的價值和意義了），永為世寶，寧僅博「松筠」之譽，焜耀一時耶！雖然，人子之報其親者不如是已也（當然，作為兒子，感念、回報其母親的途徑並不只限於請人寫詩作文予以歌頌一種方式），生其勉之！（《嘉慶翁源縣新志》卷九《藝文略》，第 413 頁）

胡定還寫了一篇《節孝胡孺人贊》的文章，對張立誠之母胡孺人極盡歌頌之能事。胡定是清代一位達官顯貴，其身份是賜進士（及）第、奉政大夫、兵科給事中、掌福建道監察御史、協理江南、浙江、山西、山東諸道稽察各部院事、翰林檢討、戊午廣西鄉試主考、內閣《一統志》、《八旗通譜》纂修官。因而其所作之「贊」在當時定當影響匪淺。

也許是所謂「猩猩相惜」，其後，張立誠科舉及第，任連平州學正。他也應邀為鄉人寫了一篇《節孝李氏序》的文章以謳歌頌揚節婦李氏。其文云：

沈母李太君，吾邑（翁源縣）中賢母也。年十八歸（嫁）上舍（生）沈君子浩。越八年而賦柏舟（守寡），奉姑嫜，撫弱息（奉養公公婆婆，撫育幼兒），持家教子，即令（沈）子浩復生，無能或過。邑人賢之。嘉慶戊午（三年，1798 年）太君卒，（年）逾七旬。鄉紳士合詞（聯名）請於當道。旋（不久）奉俞（諭）旨建坊旌表。因錄其節孝事並徵詩為一冊。令嗣（沈子浩之子）世魁以予為世姻（姻親），屬予為之序。余曰：婦德不出閫（婦女的美德在於足不出戶），而惟「節孝」兩字郡邑志乘所必詳（鄭重記錄），朝廷旌獎所

必及，豈非以女子能知大義為世所稀哉？夫婦人不幸失所天（失去
丈夫），求其禮防自持，矢（誓）死靡佗（通「他」），百不得一焉；
然吾謂志即不奪，而非有以成厥子（然而我認為，節婦即使守節志
堅，死不再嫁，但是卻無能力使其子嗣必定有所成就），光大厥家；
未亡人（節婦）即有以自完（即使得以壽終正寢），仍無以慰死者（已
去世的丈夫）於地下，猶非其至也（還不能算是值得欽敬的節婦）；
及乎子成家裕，人咸稱「某氏有子（某氏養育出一個好兒子），又熟
知母氏之殷勤教育，艱苦備嘗，積數十年而枕邊之血淚已盡耶？予
亦不幸幼孤，吾母胡太孺人勖（勉勵）使成立，壬午（1822）得邀
旌旨。邇年（近年來）余得備官司訓（有幸受任為官學訓導），母氏
亦膺贈典（母親亦得到了官府的表彰），然每一念及，輒恨不能酬勤
苦之萬一。今（沈）世魁手編《太君節孝實錄》，豈徒以循例旌表為
榮已哉，當必別圖所以報太君也。幸其勉旃（期望沈世魁先生自強
不息）！（《嘉慶翁源縣新志》卷9《藝文略》，第414～415頁）

三是「顏其門」，即官員為列女門楣題詞以為激勵。

官員為列女門楣題詞之事方志之中俯拾即是。這些給予列女表彰與題詞
的官員，從其官職身份而言，有同知、御史、守道、知府、知縣、學政、教
授、教諭、訓導等。其表彰區額常為四字，一如現代表彰從軍者之家，門楣書
貼「光榮之家」一般。其辭一是突出表彰其節孝行為，如：「節與孝彰」、「節
孝克敦」、「節堅孝至」、「節盡孝慈」、「勵節存孤」、「節勁德純」、「苦節可貞」、
「節孝克臻」、「節立孝彰」、「節孝偕永」等；二是以松、竹（筠）、玉、荻（近
似蘆葦，以莖直為特徵）、風、霜、蘭、冰、水等比喻受表彰者可貴的操守。
如「操勁松筠」、「節操蘭芬」、「清風表潔」、「慈竹長青」、「一片冰心」、「冰清
玉潔」、「冰雪為心」、「清節為秋」、「清操勁節」、「清節高懸」、「冰雪雙清」、
「清比壺水」、「柏操松齡」、「苦節貽芬」、「松貞柏操」、「節並冰霜」、「節並松
筠」、「貞松壽鶴」、「柏節凌霜」、「節勁枝榮」、「風清霜冷」、「畫荻重範」、「於
（與）玉比潔」、「畫荻遺風」、「冰蘗備嘗」、「徽流清白」、「芬留清節」等。三
是以女性歷史人物作類比。如「歐母遺範」、「敬姜遺範」、「媲美貞姬」、「歐規
柳範」等。四是含有報應意味的表彰，旨在激勵後人見賢思齊。如「貞節昌
後」（傳主鄧氏「今七十五，親見孫、曾（孫）焉」）；「節勁枝榮」（傳主白氏
「以二十五守節，今八十七，孫、曾（孫）滿堂矣。」）

「歐母」即宋代名臣歐陽修之母。據文獻記載：「歐陽修母，宋（人），姓鄭氏。修四歲而孤，母守節教育之。家甚貧，常以荻畫地學書（字）。後修以直諫貶夷陵，母言笑自若，曰：『吾家故貧賤，吾處之有素矣。』封韓國夫人。修為《瀧岡阡表》，述其事甚詳。」（臧勵和等編：《中國人名大辭典》，上海書店印行，第1510頁）「歐規柳範」，「歐規」大約指歐陽修之母所定立的子弟應遵守之家規；「柳範」大約指柳仲郢母為子所作之模範。柳仲郢，唐人，元和（806～820）進士，授校書郎，遷諫議大夫，累擢刑部尚書，封河東縣男。咸通（860～874）間出為天平軍節度使，而「柳仲郢母，唐（人），韓皋女，善訓子，故仲郢幼嗜學。嘗命粉（粉碎）苦參、黃蓮、熊膽和為丸，使（柳仲郢）夜咀嚼以助勤。」（同上，第659頁）「貞姬」則是「守節有義」的典範。《中國人名大辭典》載：「貞姬，春秋楚（國）白公勝之妻，（白公）勝死，其妻紡織不嫁。吳王聞其美且有行，使大夫持金百鎰，白璧一雙為聘焉，將以為夫人。（貞姬）不從。吳王賢（讚賞）其守節有義，號曰『貞姬』。」（同上，第718頁）據網文「敬姜教子」：敬姜是春秋時期魯國大夫公父文伯的母親，很有見識，儘管兒子做了大官，仍然在家紡線織布，操勞不息，對兒子諄諄教誨，告誡兒子要保持艱苦創業，勤政為民的作風，如此才會立於不敗之地。

亦有以二字題旌者。如「節孝」、「貞烈」、「節烈」、「貞節」等。

除了題詞張貼於列女之家門楣以示表彰榮寵之外，有時候，地方官還親自登門加以慰問。如明代仁化縣「劉宗鵬妻馮氏，年十六適（嫁）（宋）鵬，奉姑克謹，年三十而孀（守寡），撫三子，女紅度日，鬻珥（出賣女性裝飾物）延師，（三子）俱遊庠序（考入縣學讀書），壽八十四卒。邑令（仁化縣令）袁伯睿高（高度評價）其德，造廬（登門拜訪）而弔焉。」（第753頁）

四是為列女、節婦建立節孝祠、貞節牌坊以推崇之。

明清時期的粵北地方官，通過為列女、節婦建立節孝祠、貞節牌坊、門庭題額、組織編寫地方志為「列女」立傳等不同方式，大力表彰婦女的節烈行為，務使節烈觀念深入民心。

如明代翁源縣「郭明全妻邱氏，年十七歸（嫁）郭（明全），未數年而明全歿，無嗣。夫弟（郭）明玉，方五齡，邱（氏）躬勤紡織撫養之，稍長，令就傅（拜師學習）。既冠，為娶婦胡氏，生二子，明玉又故。（邱氏）泣謂胡（氏）曰：『吾不忍郭氏之無嗣也，昊天幸愍（憂傷，上天哀憐保祐）遺此二孤，奈何？』胡（氏）感泣，誓守（節）無二。嘉靖（1522～1566）中，（韶

州）太守鄭驤、符錫題建雙節坊表之。」（第764頁）清代英德縣「何仕球妻袁氏，喪夫守節，撫孤成立。乾隆壬寅（1782）壽百齡，（地方官府）奉旨建百歲坊，旌曰『貞壽之門』。」清代英德縣「莫滿姐，莫勝琦女，秉性堅貞，幼許字（訂婚）劉某，未嫁而劉卒。父欲再為擇配，女曰：『從一而終，義也』，以死自誓，父不能奪。年二十八，強暴欲污之，女羞憤自縊。父鳴於官，（官）建坊旌之。」（第774頁）

　　清朝雍正四年（1726），廣南韶道按察使司戴倫，在曲江學署前最早建立起了一座節孝祠，表彰婦女的節孝行為。道光五年（1825），韶州知府徐青照將節孝祠遷建學署東。他在為此事而撰寫的《重建節孝祠碑記》中，明確說明了他此舉的宗旨。文謂：

　　　　余以歲之長夏權守韶（代任韶州郡守）。韶（州）為文獻（張九齡，唐代曾官至宰相，諡號「文獻」）故區，不惟傑士輩出，其間即閨秀亦多可紀，蓋沐浴於德禮之化久矣。顧郡志自康熙二十六年修纂而後，百餘年來無有續輯之者。此邦之賢漸致缺略，毋亦（難道不是）守土者之羞耶！余當下車（蒞任）伊始，慮宣揚聖教之無自（沒有正確合適的方式）也，將欲振綱紀，式里閭（為地方民眾樹立學習榜樣），則必以崇尚節孝為先。於是懸示詳訪，倡自首邑（府治所在之縣，此指曲江縣）。計得廿有餘人，錄其尤可憫者上之（請示上級允准旌表）。余皆榜書厥宅（門庭題額），並綜覈其實，存諸檔，匪獨（不僅）備修志先資也，以是推廣皇仁，整飭末俗，庶有所觀感乎！因而問其祠。（其祠）舊附縣學之東，一往謁之，則已旁風上雨，中（內心）益悵然。亟陳（趕緊告知）於觀察容百川先生，商之曲江葉菊有大令，僉曰：「修之宜」。爰屬（於是託付）儒學（縣學教官）梁燕坡、黃文緣兩廣文監厥工，並選紳士鄧生天柏（鄧天柏先生）督其役。越月而祠成。為設龕一、牌（坊）二，其已荷旌表者列（名）於中，志乘可考者居左，檔冊幸存者居右。凡已故而論定者悉書之（列名牌坊），俾得附記，敢謂嫠居潛德（守寡盡節，德行可風）必無遺哉！亦聊志闡揚之苦衷云爾（也算是實現了我表彰節烈婦女的願望了）。

　　此項旨在表彰節孝婦女的土木工程，費用皆出自官員的慷慨解囊：「是役也，制仍其舊，材取其新，計用白金一百七十（兩）有奇，容百川先生捐廉

（捐獻俸祿）百金，餘則余（郡守徐青照）與葉大令（曲江縣令葉菊有）足成之，無取資於民者；又酌撥公款百金給典商（經營典當行業之商人），歲權其子（每年取其利息）得十五金（兩），定為縣儒學春秋分領，專司其祀，而典禮始備。」（《同治韶州府志》卷19〈建置略‧壇廟‧曲江〉，第392～393頁）郡守徐青照還期望韶州府所屬各縣亦建立起表彰本縣節孝婦女的節孝祠以「整飭末俗」。

　　五是官府組織編寫地方志，為列女樹碑立傳。

　　漢代劉向著《列女傳》，開啟了為節烈婦女立傳的體例，其後，史家著史，大多設立同類篇章，記錄各歷史時期列女之事蹟。受此影響，方志中也設立同類篇目，記錄一方婦女節烈事蹟。志家在記錄這些列女事蹟之時，常常乘機發表志家意見，表達了對列女的推崇與頌揚。

　　例如，明代嘉靖年間（1522～1566），粵北發生「流賊」之亂。動亂之中，烈女熊淑英為免於遭賊蹂躪，抱其女赴水而死。志載：「明（代）熊淑英，州人鄧惟明妻。嘉靖辛酉（1561）冬，流賊寇（連）州，熊（淑英）隨姑及妯娌同舟避賊，為賊所獲。姑與妯娌皆被執。熊（淑英）抱其幼女赴水死。」志家在記述了這則烈女事蹟之後，即附上一段議論，謂：「婦之節與烈熟（孰）難？人曰節難！豈不以慷慨殺身者為易哉（這豈不是說婦女面對厄難凌辱而勇於以死殉節為易事）？余曰：是固然（這話當然有一定道理），以之論熊烈婦則不可。方（熊）烈婦隨其姑，偕其妯娌同舟遇賊，其姑就縶（被拘執），烈婦有幼女在懷抱，獨不可思忍恥求活哉？眾人不死而烈婦獨死，烈婦死而生者愧矣。使烈婦為丈夫，遇事有不可（遭遇意外之變），眾人垂首（屈服、投降）之秋，彼必能抗志仗節，視鼎鑊斧鑕甘之如飴（面對酷刑不為所動，泰然處之）者。嗚呼！烈婦誠難哉！」（《同治連州志》卷8《列女三十一》，第759頁）這是志家對於婦女節烈行為的高度評價，極力推崇。

（三）官員（包括教官）及文人墨客的寫詩作文歌頌

　　列女守節既然符合封建倫理道德，自然得到官員及文人等「封建衛道士」的熱情歌頌。他們或刻石記事，或寫詩作賦，歌頌宣揚列女事蹟，頌揚節烈精神，極盡吹鼓之能事。

　　例如，《嘉靖南雄府志》「貞烈」篇記載：「謝氏，鄒永妻，保昌南隅人，年二十八適永（嫁鄒永）。居（過了）四年，生子（鄒）忠。甫十月，（鄒）永得疾，危懼或死，有父母存，且子幼，莫為計，以語覘婦（找話試探妻子）

曰：『吾旦夕死（我不知哪天就死了），然吾家貧，安敢以老親幼子累爾哉？』婦流涕曰：『君豈病而狂易邪（你不是病昏頭腦了吧）？君萬一不幸，養老撫孤妾職也。妾一移足（我若改嫁），忍見鄒氏兒為人奴隸乎？』已而（不久）永卒，窶甚（極度貧窮），甌盎（古代盛食物器具）無朝夕儲（家無儲積，一貧如洗）。謝（氏）躬力蠶織，為布帛易粟以奉舅姑。（鄒）忠八歲，使就鄉師（求）學。節縮服食（節衣縮食）以資束脩（學費）。禮其舅姑，不知其貧。及舅姑卒，鬻所居廬以易櫬櫝（棺材），行喪治葬務合儀則。或閔（可憐）其艱，勸以再事（嫁）富人。謝曰：『我豈不知富人勝鄒氏乎？然鄒氏我所安也。使我食他人（假如叫我另嫁他人過美好如意的生活），八珍九鼎不若飲鄒氏杯水耳！』益自操守不少變，教其子為儒。謝（氏）少曾讀《孝經》、《小學書》，通達義理，故能盡婦道云。」

就南雄府保昌縣謝氏夫死之後守貞而不改嫁，孝事舅姑，蠶織持家，供子就讀的感人事蹟，明代翰林學士、金華人宋濂（《元史》主編）曾為謝氏作了傳，並為謝氏節婦寫了一篇頌揚性的「贊」，云：

> 欲之性，人孰能免哉！能以禮義制之則不入於邪僻矣。婦之事夫，當無恙時，指天地神明，誓生死不相違棄；及遇變故，能如其言者鮮矣。豈非不達禮義之害哉（這難道是不懂得禮義規範的結果嗎）？若（像）謝節婦，夫死困厄，幾不能為生，而處之欣欣然，（踐）行其自誓之語如左券（說到做到），非禮義淪（深入）於心能致然邪？嗚呼！禮義之足以治（影響）人也久矣！

同時，祭酒樂韶鳳也為謝氏作了「贊」；縣學教授鄭貴遠也為之作詩頌揚。

再如明代清遠縣列女「湯氏，庠生白無暇妻，濱江人，年二十四夫故守節。進士鍾萬祿有詩美之。」（《民國清遠縣志》卷7《人物·列女》，第230頁）清代，清遠縣生員黃裳之妻孔氏，丈夫亡故之後，姑老家貧，矢志守節，雍正九年（1731）旌表。清遠縣儒學教諭王兆作了一首詩予以頌揚。其詩云：

> 君不見岸上冰（高山上的冰雪），高寒峻潔塵不侵；君不見井中水，澈底澄清波不起。嗟嗟！節婦孔氏，心如此水兮如此冰。余司邑教屬（率領，引導）斯文，此等節操事當聞。節婦此心姑（婆婆）不知，節婦此心母不知。母言汝少姑言貧，節婦呼天淚如傾！矢心定作黃家鬼，豈肯向人偷（苟且，得過且過）此生。自經不絕（自盡未遂）幾如線，通邑傳聞就不驚。母姑自是不敢強，竭力奉姑勤

紡織。身後哀無供祀人，甘與良人（丈夫）見泉壤。窮詹萬里天九
重，誰能草疏達宸聰（朝廷距離千萬里，天子無由知此情）。門閭黯
黯成缺典（門庭冷落寂寞，令人傷懷），徒令邑士悲貞風。我為作賦
非溢美，古來忠烈同一理。王磬寫詩弔文山，詩照汗青永無已！（《民
國清遠縣志》卷70《人物‧節孝》，第230頁）

　　清遠縣列女孔氏在丈夫去世之後，因無子嗣，生活孤苦伶仃，寂寞難耐，
多次企圖自盡未果。考慮到姑老家貧，無依無靠，別無選擇，只得矢志守節，
肩負代替逝者（丈夫）贍養父母之責。孔氏的事蹟雖不算十分突出，類似事
例在民間亦不知有多少，縣學教諭王兆獨為孔氏作詩美之，實際上是對「忠
君」精神的宣揚和歌頌。因為在封建時代，眾人心目之中，女子忠貞於丈夫，
與臣民忠誠於君主是同類性質的思想與行為，歌頌了婦女堅貞守節，等同於
激勵了臣民忠君愛國。

　　又如，清遠縣「李氏，白圍人，幼許氏上岳朱顧祖（年幼之時與上岳村
朱顧祖訂婚）。後隨父母往三水蔣岸墟貿易，被劣生某入室逼奸未成。女引以
為辱，自投蘆苞河死。宋孝廉銓山有詩美之。」（《民國清遠縣志》卷7《貞節‧
貞烈》，第254頁）清代樂昌縣鄧若玉妻李氏，年二十四守節，事翁姑，撫孤幼，
備極辛勤，卒年五十。太僕歐堪善為之撰寫了《節孝傳》。張宗銘妻谷氏，年
十九出嫁，次年五月回娘家，聞夫病故，急忙奔回，痛哭失聲。問何日葬，告
以期，慟絕而蘇者再。是夜自縊。邑人、沂郡（今山東臨沂縣）守歐煥舒為之
撰寫《節烈傳》。（第747～748頁）

（四）社會輿論對於列女的肯定與支持

　　朝廷、地方官府（員）、文人士大夫們對於婦女節、孝、義、烈行為的表
彰，自然影響到社會民眾對於同類現象的認識與態度。婦女此類行為既得到
官方、文化界的表彰，自然亦得到民眾的肯定與頌揚。這對列女無疑是一種
激勵。

　　如明代曲江縣「譚臺俊妻周氏，歸（結婚）二載生女，甫五月而夫亡。
（周氏）矢志孀守，針紉為活，壽躋八旬。其祖母侯氏及胞姊皆以節聞。人嘉
其宗範。」這是人們對於「皆以節聞」的周氏及其祖母侯氏以及胞姊的頌揚
讚美。同為曲江縣的「監生招奇吉妻鄧氏，吏部（官員）（鄧）光祚女孫也，
十八喪夫，僅遺一女。（鄧氏）柏舟自矢，人皆敬之。」明代曲江縣「庠生鄧
士沂妻廖氏，孝廉（廖）名世女。夫早喪，誓以死殉，念遺孤（鄧）慰宗甫二

齡（歲），勉存食息，矢志二十餘年而終。慰宗子有四，孫枝奕奕（孫輩人口眾多），人謂冰操之報云。」人們都認為鄧氏之所以子孫繁衍昌盛，完全是廖氏矢志守節的「冰操」感動了上天，故上天讓其後嗣昌盛。明代樂昌縣「張繼之妻梁氏，年二十五夫亡，遺孤甫六月，梁割耳誓靡他（割耳發誓守節終身），子母仃伶，形影相弔，撫養（遺孤）成人，六十三卒，人稱苦節。」（第 722～736 頁）

清代仁化縣「劉乾孝妻鄒氏，年二十三夫故，痛哭，殉夫而逝。鄉里咸稱其烈。」清代翁源縣「羅聯芳妻葉氏，性孝謹，于歸（出嫁）後，翁（公公）歿於粵西，（葉氏）脫簪（女性飾物）質貸，扶柩歸葬。姑（婆婆）患瘵（癆病），湯藥親嘗，寢食親奉，始終不倦。鄉人稱孝婦焉。」清代英德縣「高友文妻楊氏，歸友文六載而孀。子（高）蕃耀始晬（周歲），姑又老，楊（氏）孝慈兼至，今五十，歷節已二十八年。過其門者共指曰：『是節孝婦家也。』為書『節以志成』匾表之。」（第 757 頁、771 頁、第 775 頁）

邑人向地方有關部門請求給予某列女旌表，亦是社會輿論對於列女肯定與支持的一種表現形式。如清代樂昌縣「武生扶宗剛妻藍氏，年二十夫亡，孝事翁姑，立夫弟宗貴之子樹樑為嗣，恩勤備至，迄於成立。（藍）氏年現五十有四矣，邑人為請有司給額曰『清標彤管』，旋（不久）臏旌表。」（第 739 頁）

然而，在地方志《列女傳》中，堅貞守節者數以千百計，而能得到官方表彰或文人寫詩作文予以歌頌者畢竟只是少數。其原因何在？清人何毅夫在《節孝胡孺人序》中謂：

　　古來貞姬淑媛（烈女節婦）筆之書（記錄於史書方志）者皆可
考而知。然予謂其人之傳不傳固有幸有不幸，而苟其人果可傳而卒
莫之傳者大略有三：生不逢獎勵節義之時，即（使）抱潔懷清，或
（也有可能）與草木同腐；名公巨卿出一言可以不朽，而宏獎無心，
雖有共姜、伯姬（共姜即衛共姜，周朝時衛世子共伯之妻。共伯早死，
她不再嫁。後常用為女子守節的典範。伯姬，春秋時代魯國王族女性，姬
姓，名不詳。伯姬嫁於宋恭公，十年後，恭公卒，伯姬守寡終身，足不出
戶。後發生火災，眾人勸伯姬出門避火，被拒絕，終遭焚死，被後人認為
貞節而堅，守禮教的範例。伯姬的事蹟得到了《春秋》的讚頌；西漢劉向
在《列女傳》中讚揚伯姬曰：「伯姬專心，守禮一意。宮夜失火，保傅不

備。逮火而死，厥心靡悔。《春秋》賢之，詳錄其事。」）之賢，莫肯吮筆濡毫以垂永久；或朝廷有旌獎之典，士大夫擅揚頌之才，而為之子孫者弗克振拔（錯失良機），上不能籲閣（申請朝廷）以邀嘉許，下不能晉謁當代文行之人（拜見求助於善長寫詩作文之士）鋪張揚厲以求可言。無怪乎斷臂毀耳之列（女）擅美於前，而寡鵠孤鸞（喻喪夫守節婦女）茹蘗飲冰，世卒莫之知也。（《嘉慶翁源縣新志》卷9《藝文略》，第413頁）

以上文字說明，列女能否得到官方的表彰獎勵或文人雅士的題詠歌頌，是充滿了偶然性的。社會輿論對於列女的肯定與支持則可彌補這一缺失。

（五）報應思想的激勵

佛教宣揚善有善報，惡有惡報。一些列女經過艱苦備嘗，終使子孫繁衍，後嗣昌盛，人們常將此視為節婦「冰操之報」，對於婦女堅持守節無疑有著很大的影響力。

如明代曲江縣「庠生鄧士汧妻廖氏，孝廉（廖）名世女。夫早喪。（廖氏）誓以死殉，念遺孤（鄧）慰宗甫二齡（歲），勉存食息，矢志二十餘年而終。慰宗子有四，孫枝奕奕，人謂冰操之報云。」清代樂昌縣「鄧譚氏（佚其夫名），年十七夫亡，孀居，撫前室（前妻）子（鄧）鍾澐成立，卒年八十有九。既殮，值發匪（封建史家對於清後期爆發的太平天國農民起義者的蔑稱）至，焚其宅，（亡夫之）棺獨無恙。人以為節孝之報云。」清代樂昌縣「駱芳勳妻鄧氏，年二十三夫卒，遺孤四，俱幼弱。家貧，衣食不給，託針黹（縫紉、刺繡等針線活）以謀生，尤喜讀書，督課諸孤，靡有暇晷（沒有空閒之時）。卒年八十。孫（駱）哲仕領乾隆戊午（1738）鄉薦。人謂苦節之報云。」（第722頁，第741頁，第743頁）

蕭氏，明代南雄府保昌縣李貴崇之妻，年十七嫁李貴崇，有婦行。及貴崇客死豫章（江西南昌），長子李弘方五歲，二子李傑還在懷孕之中，兩月之後才出生。蕭氏時年二十三，家徒四壁，唯以晝夜紡織為業。二子稍長，即遣從師求學，脫簪珥（女性髮飾）作束脩（學費）。後「二子成立，為鄉善人。諸孫亦濟楚（出眾、出色、興隆），人謂守節之報。」蕭氏孀居三十餘年，里老向上級報告其事，朝廷旌表未下，以壽終。

將節婦事蹟給予神化，也是封建時代人們激勵節烈的一種方式。古代社會男尊女卑，功成名就的男性死後化為神靈的傳說比比皆是，女性而成為神

靈者則極罕見。然而，在古代清遠縣，就流傳著一則節婦因為孝事翁姑，辛勤勞作而死後化為神靈的傳說：盤氏乃清遠縣濱江人，寡守事姑。姑有疾，不能步行者五年。盤氏背負之出入不敢有忘，每日必背姑到田地樹陰之下，耕田自給。恨無錢買肉以奉姑，日撿田螺，捉田鼠以佐食。卒後得為樂昌縣沙堤市下河神。此事載於《民國清遠縣志》卷二十《雜錄・正直為神》之中。另一則被神化的節婦是清代連州的黃氏。志載：清代連州「星江帶水邊何呂標妻黃氏，年十七歸何，未週年而紅巾賊杳（相繼、連續）至。（黃）氏倉卒負姑走避。賊見（黃）氏少艾（年少貌美），蜂擁尾追。氏大呼曰：『賊近矣，姑老，當無恐，媳惟有一死耳！』遂投河以歿。賊驚顧，相謂曰：『此烈婦也！我等不可加害於其姑。』竟逃遁。時值大雨河漲，婦（黃氏）屍環繞村前數日不去。賊退後，何（呂標）獲婦屍，服飾依然，面貌如生，觀者皆為流涕。」（《同治連州志》卷8《列女三十二》，第760頁）

（六）《內則》、《女誡》、《列女傳》等「女性規範」教科書的影響

《內則》，意思是婦女應遵循的婦職、婦道，是儒家傳統典籍《禮記》中的篇名，內容為婦女在家庭內必須遵守的規範和準則。《女誡》是東漢班昭撰寫的一篇教導班家女性做人道理的私書，包括卑弱、夫婦、敬慎、婦行、專心、曲從和叔妹七章。由於班昭行止莊正，文采飛揚，此文後來被爭相傳抄而風行當時。《列女傳》，作者劉向，是一部介紹中國古代婦女事蹟的傳記性史書，也有觀點認為該書是一部婦女史，全書共七卷。作者是西漢的經學家、目錄學家、文學家。不過也有人認為該書不是劉向所著。因此，目前流行的有的版本作者一處會標注佚名。也有人為認為，現在流傳的版本是後人在劉向所做版本之上又增加若干篇得來的。

古代社會，婦女深受歧視，地位低下，失去接受教育的機遇，使眾多女性對於封建統治者所提倡的倫理道德不甚明瞭。故志書有云：「治理之原（根源、根本）基於門內。後世彤史（史家、史書）職廢，婦訓不及於深閨，賢女可紀者遂寥寥焉。」（《同治連州志》卷8《列女志序》，第744頁）

上述「女性規範」教科書，是古代不少女性頗受重視之書，對女性有著重要的影響。

例如，明代英德縣「謝金妻劉氏，幼通《女誡》，年二十一而寡，生子（謝）文升，僅三月，父母欲奪其志，（劉氏）堅不可，撫孤成立，年七□（十）猶以《孝經》授幼孫。邑令、學博皆旌表之。」（第773頁）明代清遠縣「潘氏，

王政妻，淑靜。生男二歲，（王）政歿。潘（氏）年二十一，姑逼改嫁。（潘氏）泣曰：『婦（我）幼時曾讀《烈女傳》，已知守節靡他也！』里老舉其事（向官府報告其事蹟，請求旌表）。」（《民國清遠縣志》卷7《節孝》，第230頁）

　　清代英德縣「張金妻陳氏，年二十六寡，素嫻內則，事繼姑四十餘年，孝養如一日。」（第774～775頁）清代清遠縣列女「潘氏，王政妻，淑靜，生男二歲，（王）政歿，潘（氏）年二十一。姑逼改嫁，（潘氏）泣曰：『婦幼時曾讀《列女傳》，已知守節靡他也。』里老舉其事。」（《民國清遠縣志》卷7《節孝》，第230頁）清代連州「星江（鄉）成淑九妻何氏，年二十七而夫歿，無子，矢志柏舟（守節），足不履戶者數年，以夫弟（成）淑愷之子為嗣，撫育成立，用繼宗嗣。（何）氏年七十三，姑尚在堂，尤能修《內則》之儀云。」（第751頁）

　　一些略有學識的女性還將宣傳「女訓」、「內則」等婦女行為規範視為自己義不容辭之責。如清遠縣「夏氏，恩貢生白加彩妻，性淑懿，深（精通，熟習）於文學，嘗編《女訓》、《姆訓》、《小學》、《格言》之屬於女子者，自《內則》以下編為《閨範》八卷，設講院以教婦女。知縣聘為童子師。」（《民國清遠縣志》卷7《列女》，第254頁）

四、明清時期粵北地區列女的經濟生活

　　許多列女自二十歲左右即遭遇夫逝守寡的淒涼境遇。她們獨居數十年，而且多是「人罕見其面」，那麼，她們是依靠什麼可以維持數十年之久的生活的呢？由於方志對於列女事蹟的記載都極簡略，有些列女僅記其丈夫姓名或其本人姓氏及旌表之年，因而，今人對於列女守節期間的生產、生活等經濟活動難以得到一個清楚的認識。

　　列女既已喪夫，肩負起上養老，下育幼的重任，加之受傳統社會男尊女卑、男主外女主內等觀念、習俗的侷限，她們的生產、生活受到諸多限制，生活艱難，成為「弱勢群體」。大略而言，她們謀生的手段極為有限，不外乎以下幾種途徑：

1. 紡織、縫紉

　　守節之婦無庇護，失依靠，出門在外容易招惹是非，遭受欺凌。如明代曲江縣「周彬妻楊氏，夫亡守節。鄰（居）某欲強犯（奸）之，楊力拒不從，被害。」（第723頁）清代英德縣「范永祥妻張氏，女紅而外未嘗出閨闈。裏有

奸民窺（張）氏殊色，伺間調謔。張（氏）憤罵不已，尋（不久）服毒死。」
（第774頁）這是列女居家而遭遇覬覦欺凌以至憤而自盡之事例。因而，深居
簡出，紡織、縫紉便成為許多列女必然的選擇。這項工作既無須拋頭露面，
招致是非，又可兼顧養老育幼；既可解決家人衣著之需，又可完納賦稅之催，
還可市場出賣以換取生活之資。這方面的事例志書多有記載。

如，明代仁化縣「李元早妻譚氏，年二十二，元早卒，譚（氏）誓不再適
（嫁），侍（奉）姑甚謹，育幼子，紡織以教，（子）成庠士（縣學生員）。年
七旬，始終不渝。」「劉治妻譚氏，年十九喪夫，無嗣（子），惟一女。（譚氏）
甘貧守節，紡織度日。」（第753頁）明代乳源縣「邱鏗妻葉氏，鏗故，葉年二
十八，孝奉舅姑，勤於紡織，備嘗艱苦，教子成立。萬曆三十年，御史林禮獎
焉。」（第759頁）「胡錠妻酈氏，（酈）苑之季女，年十六歸（胡）錠。值當役
（輪到為官府服徭役）破產，廚無宿糧。（胡錠）夭亡，（酈氏）撫四歲子，杜
門紡織以養翁姑。翁姑繼歿，拮据（生活艱難）。喪葬日，攜子至墓所，哭盡
哀而返，見者無不泣下。子稍成，擇師教之。六十餘年，內外無間。」（第760
頁）在家紡織取資以維持家庭生活是明清時期眾多列女的主要謀生手段。

再如，清代曲江縣「蕭廷選妻曾氏，既嫠（守寡），僅一女，四壁蕭然。
或以他適餂之（有人勸之改嫁），弗聞（置之不理）也。精女紅，日夜事針黹
（針線）為舅姑菽水之奉。舅姑歿，竭力營葬，事事盡禮。」（第725頁）在封
建時代，長輩葬事經營是否「盡禮」，被看作是否有孝敬之心的體現，因而成
為許多民家難以負擔的一項不菲的開支。不少人家因為經濟困難，不得不將
先人靈柩放於家中或寄存於寺廟中，多年以後，待經濟條件改善之後，再事
營葬。列女曾氏在這方面能做到「竭力營葬，事事盡禮」，可見其「女紅」、
「針黹」工作的勤勉及其重要意義。又有「黃瑾妻李氏，生子（黃）謙光，甫
周（歲）而（黃）瑾死。時舅姑及繼祖姑俱存，（李）氏矢志守節，以仰事俯
育為己任。堂上（舅姑及繼祖姑）相繼歿，（李氏）葬祭如禮。訓子有義方，
延師課讀，以織紝之資給修脯焉。」（第725頁）家庭成員的生活之資，子嗣
的課讀之資，都是仰賴於李氏的「織紝之資」以供維持。清代曲江縣「庠生古
國賢妻蔡氏，年二十五夫死，遺一子。古（氏家）族故儒（以儒為業，家境貧
寒），蔡（氏）日以針黹為生，今五十二矣，猶自食其力，雖窶（貧窮）甚，
未嘗貸於姻戚，非省墓（祭祀先人）足不出門，其節清履潔有如此。」（第725
頁）清代曲江縣「蔡鎮韶妻孫氏，年十八而寡，孤（兒子）始晬（周歲），舅

姑已耄，家業蕭然。（孫）氏晝夜針紉，奉養不缺。子稍長，親自督課，每更闌柝（古代打更用的梆子）靜，書聲與紡織聲相續也。」（第 726 頁）

清代英德縣人「鄧象訓妻黃氏，年十五歸象訓，十九生子（鄧）日超，二十而寡。越三月生遺腹子（鄧）日治。方象訓病劇，（黃氏）質（出賣）簪珥以市藥，暗自籲天，願以身代。及象訓不起（病逝），幾欲身殉。念舅姑垂老，子幼家貧，且有遺腹，茹痛紡織，易米為乾飯以進舅姑而自啜稀粥。未幾，舅姑相繼歿，迭遭閔凶（不幸），拮据萬狀，卒撫二子成立。以（鄧）日治拔貢，朝考一等，授浙江元和知縣，封孺人，卒年八十有八。」（第 774 頁）黃氏以紡織、「質簪珥」為謀生手段，養老撫孤，終將兒子養育成為國家社會有用之才。

清代樂昌縣「李廷雅妻白氏，恪守婦道。李（廷雅）卒，家（道）中落，子（李）漢成尚幼，（白）氏藉女工鞠之，以二十五歲守節，今八十七，孫（子）曾（孫）滿堂矣。」（第 737 頁）「女工」即「女紅」，指適宜婦女從事的工作，主要指紡織、縫紉等。

2. 既耕且織

與大多數列女在丈夫去世之後深居簡出，以「女紅」或紡織自給不同，也有少數列女不得不操持起本屬丈夫的工作——耕田。中國古代社會以男耕女織為基本社會分工。然而，當家庭棟樑之柱丈夫離世之後，原本「主內」的寡婦便被迫「雙肩挑」，既耕且織了。如清代英德縣「譚啟明妻吳氏，年十九寡，耕織養嫜（婆婆），撫遺腹子成立。」（第 779 頁）清遠縣列女「詹氏，林茂華妻，年二十九夫歿孀守，後偕子（林）雲友卜居於馬鞍岡耕種，朝夕持齋，施建興寧寺。」（《民國清遠縣志》卷 7《人物‧列女‧節孝》，第 231 頁）詹氏憑著辛勤耕種，不僅維持了自家人的生活，還能施建寺院，可見家庭經濟較為寬裕。清代清遠縣「馮氏，福清（今福建省福清縣）薛懿孟妻，隨翁婿宦於粵。翁卒後夫亦卒，馮（氏）時年二十九，矢志自守，偕二弱子就耕清遠，因（於是）卜居焉。」（《民國清遠縣志》卷 7《人物‧列女‧節孝》，第 231 頁）馮氏原為外省人，隨丈夫及家公到廣東來，家公及丈夫去世之後即落藉清遠，耕田自給。

3. 典當

典當較重要的生活物品，換取銀錢以應一時急需。當遭遇重要且開支較大的生活變故，如子女生病治療、結婚成家，或老人病故治喪等等，列女常常被迫翻箱倒櫃，將家中一些稍為值錢的對象（主要是衣物、被褥等用品）

典賣以換取急需之銀錢。如清代曲江縣「增生鄧俊傑妻譚氏，年二十歸（嫁）鄧（俊傑），動（日常行為）以禮法自持。夫亡，姑多病。譚（氏）曲意調護，頃刻不離，數十年如一日。姑卒，典嫁時衣葬之。」（第 726 頁）

4. 採摘野菜為食

如，清代樂昌縣「谷學崇妻曹氏，年二十九守節，撫子四。家貧，采蕨為食。」（第 746 頁）清代樂昌縣「吳集淵妻張氏，年二十七守節撫孤。家貧，采蕨度日，清操愈勵。」（第 750 頁）但採摘野菜為食這種「攫取經濟」畢竟受季節、氣候等因素所限，並非時時都有，因而，一些節婦便只能依靠「生產經濟」，開闢園地，種蔬為食。如清代樂昌縣「李德澤妻吳氏，夫歿守節，種蔬度日，事翁撫孤，不憚勞瘁。」（第 752 頁）

5. 為人傭作

即為相對富有人家勞作而取得傭值以養家活口。如清代英德縣「鄧良夫妻胡氏，良夫卒，遺子開琦、開琛，俱幼。家赤貧，饘粥不給，（胡氏）親操井臼以事舅姑，撫幼孤底於（至於）成（人）。」即為人挑水、春米等勞作以取得報酬。（第 778 頁）如清代英德縣「胡永楨妻張氏，年二十七寡，傭紡撫孤成立。」（第 782 頁）「陸爾業妻吳氏，年二十四寡，子又夭。翁（家公）貧病，欲嫁之得貲（資）以養。（吳）氏曰：『得貲無媳，誰養翁者？媳願傭作以養翁，勿慮，媳餓死不去也！』翁遂止。後撫族子為嗣。」（第 785 頁）「曾秉林妻徐氏，年二十四寡，貧而無子，族微無可繼。或憐其無依，諷（勸）使改適（改嫁），（徐氏）泣絕之，傭紡自給。」「張水養妻李氏，年二十一寡，遺腹（懷孕）四月生子，家徒四壁，族人慾奪其志，為之言。李（氏）厲聲拒之。將迫以勢，李（氏）投石出其門曰：『吾能從夫地下，斷不為若輩（你們）威屈也！有相迫者，余必為厲鬼殛之！』為孤娶媳，甫抱孫而子又卒。李（氏）撫孫傭作，老而不倦。」（第 790 頁）清代英德縣「林贊善妻劉氏，年十九寡，傭作奉嫜（公公），撫孤成立。」（第 791 頁）「鄧毓鵬妻藍氏，于歸（出嫁）月餘，夫即出外貿易。六載，竟卒粵西。（藍氏）聞凶問（聞），椎心泣血，計圖自盡。翁姑泣勸曰：『若（你）自為計誠得，如吾二老何？』（藍）氏忍痛傭作以供朝夕。翁姑相繼歿，先後殮葬，拮据萬狀。」（第 790 頁）這樣的事例還有很多。

一些節婦列女白天從事雇傭勞動，為人紡織，換取微薄薪酬；夜間則在自家從事紡織，手腳沒有一刻停歇。如清代曲江縣「鄧維翰妻劉氏，鄧卒，遺

孤（鄧）上遺甫六月，家本貧，舅（公公）復年邁，苦節貞守，晝傭針黹，夜課紡織。舅歿，預支傭資以葬。教子有法，雖窘甚猶令從村塾師，歲修（學費）亦出十指間。」（第726頁）

6. 其他

如採薪。清代英德縣「羅名新妻王氏，自幼歸名新，年十二夫亡。及長歸寧（回家探望父母），父母欲奪其志。（王）氏不可（不接受），採薪易米以奉翁姑。族人為擇嗣子，俾（王）氏撫之成立。」（第798頁）

亦有寄食於外家者。本家實在過於貧困，而外家經濟條件相對寬裕，只得投靠父母兄弟。如清代連州「歐陽友彥妻陳（氏），年十四父母俱歿，同產（兄弟姐妹）均在齠齔（幼年）中。弟（陳）善政幼，羸（瘦）弱多疾，陳（氏）營藥餌衣食，撫育成人。年十九，歸（嫁）友彥，事媚姑克盡孝道。越三載，夫遭回祿（火災）焚死，未有子嗣，陳慟不欲生。繼念姑（婆婆）年在垂暮，忍死以代子職。有勸之嫁者輒正色拒之。年三十五，姑亦繼亡。陳哀毀幾不勝喪，棺槨衣食靡不盡禮。先是，友彥卒後，陳即取分受田券盡歸伯氏，每歲支膳租自給。迨年四十餘，伯氏歿，而陳之遺產已為歐陽子姓（子孫）售賣無存，陳衣食不充，終無誶語（怨言），惟煢煢（孤獨，憂愁）寄食外家。」（《同治連州志》卷8《列女十一》，第750頁）陳氏年十四時父母已經去世，是她單肩挑起家庭重擔，將年幼的兄弟姊妹撫養成人的，此所謂「外家」，大約是父母去世時留下若干田產，或者兄弟成人以後，家庭經濟條件比其「本家」要好一些，因此只能依靠自己的兄弟為生了。

也有少數節婦因為得到鄉人的同情而獲得眾人合力資助者。如清遠縣節婦「馮氏，湯塘人，幼許字（訂婚）圍鎮村劉家子，年及笄（古代女子盤頭髮用的簪子，喻成年，即十五歲左右），未婚夫死，（馮氏）悲不自勝，徑到劉家守貞。鄉人義之，捐資養贍。」（《民國清遠縣志》卷7《人物·列女》，第253頁）

事實上，儘管方志「列女傳」中對於她們的經濟活動多無提及，而現實生活中，可以說，每一位列女在其一生之中，都無時無刻不在辛勤勞作以維持家庭成員的生活。方志中常以「百務維持」、「辛苦萬狀」、「曉夜力作」、「悉取給十指間」等語簡要概括之。如志載：清代曲江縣「鄧杞妻黃氏，杞歿，痛欲身殉，舅姑以大義諭止之。孤二：炬俊、炬煒。家貧甚，日辨色（天剛亮）輒起操作，夜分乃息。舅姑繼歿，喪葬之費皆（黃）氏平日手中所積也。」（第724頁）黃氏就憑著日出而作，日入而息，艱難維持著一家老少數口的生活。

英德縣「鄧思齊繼室唐氏，年十七于歸（出嫁）。時（已故）元配譚（氏）生子二：俊修、傑修皆幼，唐（氏）視之如己出。已而（後來）思齊卒，家故貧，（唐氏）敬養舅姑，慈鞠（悉心撫養）二子，悉取給十指間⋯⋯」（第776頁）同樣是清代英德縣的「鄧佐漢妻雷氏，年二十一夫亡，無所出，矢志貞守，立族子（鄧）世珍為後，慈愛如己出。家故窶（貧窮），曉夜力作，勵節食貧終其身。」（第779頁）

總之，史志所記載的喪夫之列女大多過著足不出戶的閉塞的生活，而且生活極其艱難。「姑老家貧」、「孀居艱苦，百務維持」、「勤苦終身」、「食貧守節」、「伶仃孤苦」、「清苦自守」、「藿（豆葉、野菜）食自甘」之類文字觸目皆是，可知貧困是明清時期粵北地區列女生存的常見處境。然而，只要生命尚存，生活就得維持，可知列女們在封建禮教的嚴格束縛之下是如何過著艱辛而又寂寞的生活！

五、明清時期粵北地區列女事蹟的社會影響

封建時代，各級統治者之所以要大力倡導、激勵婦女在丈夫去世之後堅貞守節，是因為，如果婦女在丈夫去世之後改嫁，則原家庭的老無所養，幼無所育，必然面臨家破人亡之慘局。這對於維持社會穩定不利，也有違歷代王朝增殖人口，擴大賦稅徭役來源的傳統政策。反之，婦女守節，含辛茹苦，可使老有所養，幼有所育，家庭雖遭遇變故而不至於崩潰，這對於封建統治有百利而無一害。這就是史志無一例外要為「列女」樹碑立傳的奧妙所在。列女雖然大多深居簡出，然而，其社會影響還是不可忽視的。

1. 列女事蹟對親屬的影響

列女受到官府的表彰，文人的歌頌，民眾的尊敬，自然成為人們心目中的「倫理模範」，首先是對家庭成員，如子、女、媳、婿等產生深刻的影響。使「節」、「孝」等觀念更加深入人心。

如明代曲江縣「胡祥妻彭氏，年三十寡，家貧，立志貞守。知府吳（某）給區表之，壽八十三。子（胡）廷獻、婦植氏俱以孝聞。」（第721頁）「譚臺俊妻周氏，歸（結婚）二載生一女，甫五月而夫亡，矢志孀守。針紉為活，壽躋八旬。其祖母侯氏及胞姊皆以節聞，人嘉其宗範。」（第722頁）「陳昭略妻劉氏，年二十六孀，遺孤（陳）以楷，苦節鞠之。以楷受室（結婚成家），甫舉子而亡，（劉）氏慟哭喪明。嘉慶元年（1796）壽七十七，爰以『貞耀騰輝』

表其宅。(陳)以楷妻鄭氏以二十三歲守節,時姑(婆婆)劉氏喪明,鄭(氏)孝養備至,撫育遺孤(陳)會湘,為納婦侯氏,卒年七十六,道光五年(1825)旌。會湘妻侯氏以二十八歲守節,(地方官)為書『徽音克嗣』(美德高尚,後繼有人)額表之,人稱為『一門三節』云。」(第723頁)

　　披閱粵北方志「列女傳」,「一門二節」、「一門三節」的事例不勝枚舉。如同為曲江縣的清代節婦「岑天秀(妻)黃氏,年十八適(嫁)天秀。時天秀病已篤(重),月餘卒。黃(氏)慟不欲生。姑慰之,忍死守節。母黨(外家)有諷(勸)使改適者,(黃氏)正色(嚴肅)以拒。夫兄(岑)天成愍(同情,可憐)其志,以次子有聰嗣(過繼為子)焉。既長,娶鄧氏女為室(妻)。鄧(氏)亦賢,能得(黃)氏心。已而(有)聰亡,遺子(岑)映嵩。黃(氏)率鄧(氏)撫育(映嵩),為納婦曾氏,無所出(不孕或未生育),映嵩又亡。三世(三代節婦,黃氏、鄧氏、曾氏)艱貞,煢煢相依。」(第723頁)清代樂昌縣「鄧芳澹妻谷氏,年十八夫亡,遺子(鄧)蔚柱甫(才,剛)九月。其姑哭之慟。(谷)氏銜哀慰譬,孝敬兼至。姑翻然曰:『得此佳婦,何異佳兒也。』戚(憂愁)漸解。(鄧)蔚柱既長,娶婦黃氏,生子(鄧)選材、(鄧)連材而(鄧)蔚柱又卒。谷(氏)率黃(氏)撫孤,姑慈媳孝,一門雍肅,戚黨賢之。」(第737頁)清代樂昌縣「駱鎮級妻李氏,年十六于歸,以淑慎(賢慧謹慎)稱。夫歿,遺子二俱幼,含哀撫鞠,教養交盡。遇節忌(節慶及丈夫死忌之日),雖戚甚必怡顏以見舅姑。舅姑偶有疾,祈禱備至。及(舅姑)卒,竭力營葬,奩具(典當)一空。以(從)二十七歲守節,嘉慶二十五年卒,年七十五,可謂節孝兼純者。」(第738頁)同為清代樂昌縣的「蘇作宸妻駱氏,年十五歸作宸,十八居嫠(守寡),生子(蘇)世總,(駱氏)孝奉舅姑,甘旨咸備。子稍長,督課不少貸,今乃克(已經)自立焉。(官府)為書『節立孝彰』。」(第738頁)

　　不少婦節對於「舅姑」(家公、家婆)的孝敬還感染了她們的子嗣後代,使後代亦形成了對長輩的孝敬品格。如清代乳源縣節婦「酈氏,胡錠妻,酈苑季女也,幼稟貞靜,年十六歸(嫁)胡(錠)。時值當役破產,廚無宿糧。夫亡,撫四歲孤兒,杜門紡織以食翁姑。及舅姑繼亡,稱家裏事(主持家務,應付諸事)。日常攜子至墓所,一哭盡哀而返。見者無不泣下。子稍成(長),擇師教之。子孫頗以孝聞。人以為節孝之報。六十餘年內外無間(家內家外人際關係和睦)。知縣林文豐廉(瞭解,獲悉)得其實,上(報告)觀風使者,與丘氏同旌云。」(《康熙乳源縣志》卷6《節婦傳》,第520頁)

2. 重視子嗣教育，使之成才

許多列女在丈夫去世之後，不論生活多麼拮据艱難，都極度重視子弟的教育，冀望其健康成長並成為社會有用之才，同時亦可藉之振興家業。如清代樂昌縣的「張宗錦妻李氏，宗錦歿時，翁姑已逝，唯祖姑（祖母）鄧（某）尚存。（李）氏扶持抑搔（悉心照料），靡不至（關懷備至），子（張）先淑三歲，調護備勤。稍長，延師主家塾，敬禮逾於士夫。（張）先淑充（太學）上舍生（優秀生），年四十卒。（李氏）復撫孫（張）正桂、（張）正權，親綜（料理）家務，有條不紊。」（第 737 頁）清代翁源縣「監生許謙方妻林氏，夫故，歷節五十三年，孝事翁姑，撫孤四人。長（子）文程，教諭始興；三（子）文泉，訓導吳川；孫熙堯、曾孫衍福俱拔貢。」（第 770 頁）

3. 激勵子嗣為國而獻身

當國家處於動亂之期，不少列女心懷家國之憂。她們雖手無縛雞之力，又限於封建禮規的束縛，大多足不出戶，對於如何才能使國家轉危為安無能為力；然而，她們將平亂寧國的宏願轉而寄託於子嗣，期望子嗣能在亂世之中有所擔當，有所奉獻。

如《同治連州志》卷八《列女十八》載：清代連州「黃村黃光搖妻吳氏，二十九歲夫故，遺二子。時姑猶在堂，（吳）氏矢志孀居，事姑能孝，訓子尤嚴。咸豐四年（1854），紅巾煽亂（太平天國起義），乃謂其子（黃）德溥曰：『昔范文正公（北宋名臣范仲淹）做秀才時即以天下為己任；今汝幸邀一衿（有幸做了秀才），值茲（此）時艱，獨不能以一堡一鄉為己任乎？』（德）溥於是倡率團練，多著勞績。」清代連州「西溪黃毓禮妻李氏，二十七（歲）夫歿，遺一女，堅冰自矢（發誓守節終身），事姑能孝，立猶子（侄子）國俊為嗣，撫育教誨，備極恩勤。咸豐四年，紅巾倡亂，母曉以大義，令其實力團練，保衛桑梓。未幾，（國）俊以武功保舉六品藍翎把總，署贛縣知縣」（《同治連州志》卷 8《列女十八》，第 753 頁、第 758 頁）以上兩位子嗣都是在母親的激勵之下而毅然肩負起靖亂重任的，亦因為有功而得進入仕途。

古代粵北地區鄉賢事蹟述論

　　古代社會，人們將出身於本鄉，有才幹，有美德，在歷史舞臺上有不俗的表現，贏得了社會的尊重，民眾的愛戴，名載史冊，深受後人懷念的人物，統稱之為「鄉賢」。正如《嘉靖南雄府志‧鄉賢》篇所云：鄉賢「古稱『鄉先生』，沒可祭於社，謂其進（出仕）有益於時，退（致仕）有聞於後世。名臣如張（九齡）尚矣（眾所周知）；其他智以（而）謀，直以諫，惠以牧，廉以風（為官清廉足以成為眾人學習的榜樣），文足以潤身（所作詩文可以陶冶性情），行足以善俗（良好的行為足以影響、改善社會風俗），紹烈嗣聞，鏡觀而善（前人賢良事蹟代代相傳，後人模仿學習而趨向美善），固一鄉之士也（確實是地方值得書寫記錄的人物）。君子其無求備云（讀者諸君請勿求全責備）。」地方志的一大使命就是詳盡記錄鄉賢的事蹟，以作為地方後來之人學習的典範。地方歷史的研究中，地方人物的研究是其中重要課題之一。本文對方志中所記錄的眾多出自粵北地區的歷史人物的生平經歷作了較全面的觀照，通過對這些鄉賢事蹟的綜述，對於他們為人、為官之特點，他們得以成才的原因，他們在歷史舞臺上有何不俗表現等問題，作了初步探討。

一、古代粵北地區「鄉賢」事蹟簡述

（一）精忠報國，死而後已

　　古語有云：「疾風知勁草，亂世識忠臣」。當社會動亂，尤其是改朝換代之際，人物是否具有忠義品格就立可顯然了。

　　五代末期北宋初期，粵北就出現一位以國家統一大業為重，協助宋師滅南漢割據政權而受到宋朝廷表彰的有功之臣李廷琪。

　　志載，李廷珙，連州星子鄉人，其祖佐唐有功，父李處顏生當五代分裂割據之世，以博學善屬文而著名。後唐明宗李嗣源在位的天成年間（926～930），隨後唐軍出征淮南（南唐），累功為武安軍節度幕府掌文翰。當時，李廷珙還是個嬰兒，父親即去世，無所依靠，只得寄食於母家。李廷珙自幼「岐嶷不群」，其舅對他頗為器重，寄以厚望，說：「此千里駒也！」及長，以「勳閥」（父祖之功）除番禺（廣州）主簿。當時，國內四分五裂，其中馬殷割據於湖南，建立楚國（史稱「馬楚」），劉龑割據於兩廣，建立「漢」國（史稱「南漢」），今湖南南部的郴州及廣東北部的連州在馬楚政權治下。看到馬楚統治集團內爭不已，政治敗壞，李廷珙自知不是久留之地，於是南奔，出仕南漢，受任為士軍都知兵馬使。當時已是五代末期，南漢政權由劉鋹主政。劉鋹是一位生長於富貴之中，養尊處優的昏君，胸無大志，猜疑群臣，殺戮不已，弄得政治混亂，人人自危。史載「時劉鋹所為不道，屠戮忠良，戕骨肉殆盡，橫征暴斂，民不聊生」。李廷珙知其必亡，以乾德六年（968）四月投奔北宋王朝。宋太祖趙匡胤嘉其忠義，詔授彬州指揮使、銀青光祿大夫、檢校工部尚書，持節春州（今廣東陽春市）刺史，兼御史大夫、上柱國。李廷珙感激大宋王朝的器重，明年（開寶二年，969年）獻策平南漢。開寶三年（970），北宋朝廷詔潭州防禦使潘美充桂州行營都部署，李從珂副之。李廷珙為嚮導，引導宋師攻克賀州（今廣西賀州市），將東攻連山，南漢將領盧棱率兵駐守騎田嶺。騎田嶺號稱「咽喉之地」，戰略地位極重要。宋師仰攻，屢攻屢敗。李廷珙於是改變戰略，率宋師出春陵，屯平陽，距離盧棱之壘百餘里。聞說盧棱之壘堅固難破，宋大將憂形於色。李廷珙說：「（盧）棱（之）眾皆廷珙故部曲，願輸忠久矣，若招之，必下！」乃單騎揭旗揮之。果如李廷珙所料，南漢軍士「歡噪而降」。盧棱見大勢已去，只得燒壘遁去。南漢主聞知前線軍隊敗退，內外震恐，接連派出將領率軍迎戰，又都紛紛敗退而還。宋師連戰連捷，「明年（971）二月，南漢平，皆（李）廷珙鄉（向）導力也。」擢廣西總管招討使，取五管（嶺南），余逆咸望風歸附。詔廷珙入觀，勞賜有加，改所居（鄉里）為奉化鄉，累遷刑部尚書。（《同治連州志》卷7《人物》，第734頁）

　　在唐、宋兩代的政治舞臺上，粵北韶州府曲江縣曾湧現兩位著名的政治人物，一是唐代的張九齡；一是宋代的余靖，均以精忠報國而著稱。

　　據方志記載，始興郡曲江縣的張氏家族，「其先家（原籍）范陽方城（治所即今河北固安縣西南方城）」。張氏家族所出第一位稍有名氣者大約是張宏

雅。「（唐）高宗顯慶四年（659），嶺南帥府舉（張）宏雅明經，填帖皆中首（名列前茅），得及第。粵俗自是霖霖（玉光色，喻人才輩出）多經學之士矣。」張宏雅雖然在方志中沒有具體記述其在何處任何職，有何政績，但其通過科舉考試而晉身入仕，僅此一點已具有重要意義：「粵俗自是霖霖多經學之士矣」，顯然與其影響密不可分。張宏雅諸兄弟亦與乃兄一般，通過科舉考試而晉身入仕：「第三人：宏矩，洪州（今江西南昌市）都督府參軍；宏載，端州（今廣東肇慶）錄事；宏顯，戎城（今廣西蒼梧縣）令。」

據說，始興曲江張氏家族出自晉司空張華之後。《辭海‧歷史分冊‧中國古代史》載云：張華（232～300），西晉大臣、文學家，字茂先，范陽方城人。晉初任中書令、散騎常侍，曾排除異議，力勸（晉）武帝定滅吳之計。統一後出為持節、都督幽州諸軍事，加強了對東北地區的統治。惠帝時，歷任侍中、中書監、司空。後在「八王之亂」中被趙王倫和孫秀所殺。以博洽著稱。其詩辭藻浮麗，後人評為「女兒情多，風雲氣少」。有的作品也間接表現出對當時政治狀況的憂慮和感慨。原有集，已散佚，後人輯為《張司空集》，另著有《博物志》。可見張華是一位亦仕亦文的「知識型官員」。這一傳統其後為其家族後裔所繼承。

張氏既為北方仕宦大族，是如何落籍廣東曲江的？志載：「始興張氏出自（西）晉司空（張）華之後，隨（東）晉南遷。至（張）君政，因官於韶州曲江。（張）守禮，隋塗山丞，生（張）君政，（任）韶州別駕；六子：子虔、子胄，（任）剡令，子卿、子沖、子謨、子猷。子胄生宏愈；宏愈生九齡、九皋、九章、九賓。」

「張九齡，字子壽，一名博物。曾祖（張）君政，韶州別駕，因（從此）家於始興，今為曲江人。父（張）宏愈以九齡貴贈廣州刺史。九齡幼聰敏，善屬文，年十三以書（詩文或書信）干（拜謁，求見）廣州刺史王方慶。（王方慶）大嗟賞之，曰：『此子必能致遠（仕途光明）！』登進士第，應舉登乙第，拜校書郎。元（玄）宗在東宮，舉天下文藻（有文學才華）之士親加策問，九齡對策高第，遷右拾遺……」這是志書對於張九齡晉身入仕的記載。

在唐朝前期的政治活動中，張九齡的貢獻主要在以下幾個方面：

一是促使統治者重視禮儀建設。

禮儀制度自夏、商以來逐漸形成，至西周得以完善強化，成為治理社會、國家的一項重要的政治制度。其後，歷代封建統治者無不重視禮制建設，將

之視為治國安邦的頭等大事。然而，唐玄宗繼位以後，似乎對於禮儀之事不甚重視，遲遲未行「親郊之禮」。張九齡為此上疏唐玄宗，引經據典，說明禮儀活動、儀式不可等閒視之。疏曰：

伏以天者百神之君（宇宙統治者）而王者（人間統治者）之所由受命也。自古繼統（繼位）之主必有郊配之義（必行郊祀之禮），蓋以敬天命以報所受，故於郊（祀）之義則不以德澤未洽，年穀不登，凡事之故（以及其他各種理由）而闕其禮。《孝經》云：昔者周公郊祀后稷（周族始祖）以配天，斯謂（當初周公通過郊祀的形式祭祀先祖后稷，以示敬天授命，就是一個顯然的例子）。成王幼沖，周公居攝，猶用其禮，明不暫廢（向臣民表明對於郊祀之禮一時一刻也不可忽視廢棄）。漢丞相匡衡亦云：「帝王之事莫重於郊祀。」董仲舒又云：「不郊（祀）而祭山川，失祭之序（不符合祭祀典禮），逆於禮正（違背禮儀規範），故《春秋》非之。」臣愚以為匡衡、仲舒古之知禮者，皆謂郊之為祭，所宜先也（他們都認為，對於君主而言，郊祀禮儀屬當務之急）。伏維（我認為）陛下紹休聖緒（繼承前輩聖賢的優良傳統），其命維新。御極（繼位）以來，於今五載，既光太平之業，未行大報之禮。竊（我私下）考經傳，義或未通。今百穀嘉生（風調雨順，農業豐收），鳥獸咸若，夷（邊疆少數民族）猶內附，兵革用息（戰爭不生，天下太平），將欲鑄劍為農（器），泥金封禪，用彰功德之美，允答神祇之心。能事畢行，光耀帝載；況郊祀常典，猶闕其儀，有若急於事天，臣恐不可以訓。伏望以迎日之至，展焚柴之禮，升此紫壇，陳採席，定天位，明天道，則聖朝典則（制度）可謂無遺矣。

張九齡認為重視制度建設是維持國家、社會秩序穩定，推行仁德之政的先決條件。

其次是促請最高統治者對於地方吏治予以高度重視。

張九齡曾給唐玄宗上疏，論及地方吏治問題。其奏疏大意云：

國家政治不良，就會演變為水災或旱災。此所謂天道雖遠，其應甚近。過去，在東海，地方官錯殺了一位孝婦，結果天旱久之。一個官吏昏聵不明，一個民間普通婦女含冤死於非命，上天亦要昭示其冤，更何況六合之內，芸芸眾生，他們的命運掌握在縣令或州刺史的手中。陛下是依靠這些刺史和縣

令來治理國家的，他們是真正的「親民之官」。這些州縣的地方官，有些原本是在朝廷任職的，或是因為得罪了皇帝，或是因為缺乏行政能力，而被斥逐至地方任職的；或是因緣附會，平步青雲，得登高位；及至勢衰，謂之不稱京職，出以為州縣官員。武夫流外積資而得，並不考慮才幹。刺史尚且如此，縣令就更不用說了！百姓是國家的根本，治理百姓的官職卻為熱衷於官場進取之人所佔據，所輕視。本來生活就已艱難的民眾百姓遭遇這些不肖官員的騷擾，「聖化」無法宣達。這是因為君主不重視地方官員選拔而造成的後果。古時候，地方政績良好的刺史可以入朝任三公，而朝廷中的郎官常常被選拔出任地方官。如今朝廷中的官員，只有入，沒有出。這對於官員自身而言當然是最好不過之事。京師是公卿百官所聚集之處，身（價）名（聲）所出，只要循規蹈矩，就可以功成名就。可見對於官吏而言，大利在於朝廷而不在於地方。因此，有知識有能力之士都懷著利欲之心，哪裏還肯出任地方的刺史、縣令？國家有賴智慧之士以治，而智慧之士又不願出任地方官，這是陛下不願意革新政治的結果。我認為要治理好國家，最根本的莫若重視地方官員的選拔任用。郡守、縣令既受到了君主的重視，則自然會竭智盡力，因地制宜，做出成績來。君主據此品定他們的等級，以便升遷任用。建議從今以後，凡是未擔任過地方都督、刺史者，雖然科舉考試成績優異，亦不得在朝廷中任侍郎、列卿等官；不曾在地方擔任過縣令的，雖有善政，亦不得在朝廷中擔任臺郎、給舍（給事中、舍人）等官。都督、郡守、縣令在地方任職，時間再長亦不應超過十年。如果不是採取這樣的行政措施，以糾正其過失（重視朝官，輕視地方官），恐怕國家要治好是很難的。另外，古代選人任官，最重視稱職。因此，士修素行（廉潔為官）而不為徼幸。如此，姦偽自止，流品不雜。如今，治理國家雖不一定要沿用古法，但事務比過去更加繁雜。假如不是正本清源，而是聽任官員弄機取巧，這只能導致糟糕的政治，是本末倒置了。我所說的「末」，指的是吏部只知道按部就班地選官用人；而有志於出仕任官者又只知道沉湎於文墨之中（只重視文件處理），於是，那些巧吏猾胥便得以因緣為奸，上下其手，謀取私利。我認為，地方官造作簿書，記錄諸事，是為了防備遺忘。如今，考核官員優劣只看簿書而不考量其才能，這是舍本逐末，不知變通了。這就像古代寓言「刻舟求劍」所說的，劍在河的中流沉入了水下，卻在船上刻個記號，以此求劍，豈可得哉！吏部任官，只知道從縣尉升主簿，從主簿升縣丞，按部就班，循序漸進，而不看他們是賢還是不肖。

這豈不是太荒謬了嗎！吏部侍郎是只有賢良者才能出任的，他們任命官員時怎能不考慮官員的賢良與否？有人說，人的才能不易瞭解，選人用官，十人之中五人是有才能的，亦算不錯了。然而，如今吏部卻是依據所謂「格條」，即據資配職以任官，被人們譏諷為「平格」（一視同仁不加區分）。如此，國家無得人之實。我認為，選部（吏部）之法，敝在不知變通。當今，如刺史、縣令，精覈（考核、審察）其人，則管內每年應當選拔晉升者，根據他們的才能與品行，可以入流品者然後選送尚書臺，再加以審核選擇，以所用官員的多少決定州縣官吏的殿最（等級高低），那麼，州縣對於選舉的官員必然會審慎，吏部據此任官即可輕而易舉。而如今，地方官員要通過吏部考核，每年考核的官員數以萬計。萬計的官員聚集京師，物力為之大耗。這哪裏算得上是人才濟濟呢？實際上是魚目混珠。靠寫一首詩，作一道判詞來定其是非高下，恰恰是使真正賢良之人遭到了埋沒。這是聖明之朝的一項弊政。如今國家版圖雖廣，朝廷官員雖眾，如果說想要使得毀譽相亂，聽受不明，也就罷了；如果君主想要知道眾官員中誰賢良，誰能幹，必須做到各有品第。每一官缺，不是論資排輩，而是擇能而任之，這豈不是好辦法嗎？……故用人不可不品第其高下；高下有次序則不可僭越等第，如此，舉國上下，士人必然會刻意修飾約束自己，而刑政吏治自然就清明了。這是國家治亂興衰的關鍵一環……

張九齡的奏疏對於唐朝前期在官吏選任方面存在的種種問題、敝端作了揭露；對於如何改善國家吏治狀況提出了合理的建議，表明了他對國家對社會的深刻思考和憂民之思，對改良政治無疑是有積極意義的。

三是主張選人以德行為重，不唯君主意志行事。

張九齡以才鑒見推於當時。吏部進行「拔萃」科考試，選人（官）及應舉者都讓張九齡與右拾遺趙冬曦考定其等第，多次參與選拔官員，人人都稱公平正確。開元十年（722），張九齡三遷司勳員外郎。當時，張說任中書侍郎（宰相），因為與張九齡同姓，敘為昭穆（同宗），對張九齡尤為親重，稱讚張九齡所作之詞無人可及。張九齡深感於張說對自己的知遇，但對於張說不合理的做法，張九齡是決不苟且迎合的。例如，開元十三年（725），皇上車駕東巡行封禪之禮，張說自定侍從官員，其中多是對自己趨炎附勢者。他們中不少人因此得以封官賜爵。張說讓張九齡起草皇帝的詔書。張九齡對張說說：「官爵者天下之公器，德望為先，勞（功勞）舊（君主的故舊）次焉。若顛倒衣裳（如果命官用人不合理），則譏謗起矣。今登封霈澤，千載一遇。清流高

品，不沐殊恩，胥吏未班，先加章綬，但恐制（詔書）出之後，四方失望。今進草（起草詔書）之際事猶可改，唯今公審籌之，無貽後悔也。」可見，張九齡對於張說的選人任官方案是不以為然的，認為這樣選人任官，不考慮品格的高低，僅憑個人喜好，容易造成黑白顛倒，出現品格低下者得任高官，反之品格高尚者處下位的情況，希望張說對自己不合理的做法有所認識，改轅易轍。不料，張說卻說：「事已決矣，悠悠之談何足慮也！」表示不願意接受張九齡的合理建議。張九齡無計可施，只得按張說的意志起草詔書。結果，「及制（詔書）出，內外甚咎於說（朝野都批評張說任官不合理，太荒謬）。」當時，御史中丞宇文融負責清查田地、戶口之數，每有所奏，都遭到了張說的否決，因此對張說產生不滿。張九齡明察到這一點，勸張說要有所防備。張說卻不以為然，認為宇文融無奈我何。不久，果然不出張九齡所料，張說因為任人唯親而為宇文融所彈劾，被罷知政事（罷相）。張九齡亦受到牽連，改任太常少卿，不久又被出為冀州刺史。張九齡考慮到母親年老在鄉，而自己將要出任官職的河北之地又道里遼遠，於是上疏請求更換江南一州，以便有機會探望、侍候年老的母親，獲得了玄宗的批准，改為洪州（今江西南昌市）都督，不久又轉任桂州（今廣西桂林）都督，仍充嶺南道按察使。玄宗又以其弟張九皋、張九章為嶺南道刺史，令歲時伏臘皆得省親，可見皇帝的知遇之恩。

四是雖為皇帝親幸，卻不唯皇帝馬首是瞻，對皇帝任人不當及處事不合理敢於諫諍。

當初，張說知集賢院事時，常向玄宗推薦張九齡堪為學士以備顧問。張說卒後，玄宗常常想起張說的話，詔拜張九齡為秘書省少監、集賢院學士、副知院事，再遷中書侍郎。張九齡盡職盡責，「常密有陳奏，多見納用」。不久，張九齡因母親去世而歸里守孝。開元二十一年（733）二月，起復（守孝結束起用任官）拜中書侍郎、同中書門下平章事（宰相）。明年（734）遷中書令、兼修國史。這期間，范陽節度使張守珪以擒斬犯邊的少數民族首領可突而有功，唐玄宗想任命他為侍中（宰相）。張九齡表示反對，說：「宰相代天治物，有（得）其人然後授，不可以賞功，國家之敗由官邪也。」玄宗又說：「假其名若何？」只給他宰相之名，宰相之祿，而不讓他參與政事如何？張九齡說：「名器不可假也！有如平東北二虜，陛下何以加之？」任官授職應實事求是，怎麼可以弄虛作假呢！再說，張守珪擒斬了一個犯邊的首領您就讓他作

宰相，那麼假如有一天某位將領將東北地區兩個經常犯邊的少數民族（契丹、
奚）都平定了，您怎麼獎勵他？難道要把皇位讓給他嗎！玄宗聽罷，覺得張
九齡說的也在理，便打消了任命張守珪為宰相的計劃。

　　不久，范陽節度使張守珪屬下的部將安祿山急於貪功冒進，擅自出兵討
伐奚族和契丹族，結果反被打敗，損兵折將。安祿山被張守珪捆綁著送至京
師，請行朝典，依律治罪。張九齡對玄宗劾奏道：「穰苴出軍必誅莊賈，孫武
教戰亦斬宮嬪。守珪軍令必行，祿山不宜免死！」古代傑出的將領穰苴、孫
武都是軍令如山的，不管是誰，違反了軍令就該殺頭！但唐玄宗堅持要免安
祿山一死。張九齡進奏說：「祿山狼子野心，面有逆相，臣請因罪戮之，冀絕
後患！」唐玄宗還是固執己見，最終還是把安祿山放歸藩鎮，這無異於縱虎
歸山！其後不久，安祿山被唐玄宗任命為平盧、范陽、河東三鎮節度使。在
積累了雄厚的實力之後，安祿山及其部將史思明以誅姦臣楊國忠為旗號，發
動了影響深遠的「安史之亂」。面對來勢洶洶的叛亂，唐玄宗匆忙與百官逃往
川蜀以避難。

　　據史籍記載，安史之亂發生後，官軍抵擋不住叛軍的凌厲攻勢，玄宗不
得不匆匆忙忙率領群臣往川蜀逃難。行至駱谷（今陝西周至縣西南，循駱穀
水、儻水河谷至今洋縣，為秦嶺南北交通要道），玄宗對高力士說：「吾聽張
九齡之言，不至於此。」乃命中使（宮廷使者）往韶州以太牢祭之。既而取長
笛吹自製曲，詔樂工錄其譜。至成都，樂工乃進譜而請名。玄宗說：「吾固思
九齡（而吹），可號為《謫仙怨》。」（《同治韶州府志》卷 40《雜錄》，第 838 頁）

　　經歷八年艱苦奮戰，叛亂終於被平定。至此，唐玄宗才知道張九齡確實
是具有遠見卓識，當初沒聽張九齡的建議處死安祿山，遺患無窮，悔之何及！
玄宗回朝之後，派遣官員至曲江拜祭張九齡，可見他內心深處對於張九齡的
崇敬。

　　其時，李林甫不學無術，以善於趨炎附勢而博得玄宗之寵，對於張九齡
以文行為玄宗所知心頗忌之，於是援引涼州都督牛仙客為尚書，知政事，欲
朋比為奸，排擠張九齡。張九齡屢言不可。玄宗不悅。玄宗又欲給牛仙客「賜
實封」。張九齡亦表示反對，說：「漢法，非有功不封。唐遵漢法，太宗之制
也。邊將積穀帛，繕器械，適所職耳（正是他們應盡的職責）。陛下必賞之，
金帛可也，獨不宜裂地以封。」玄宗怒了，曰：「豈以（牛）仙客寒士嫌之也！
卿固素有門閥哉！」難道就因為牛仙客出身於寒士就歧視排擠他嗎！你不也

是出自寒門之家？張九齡頓首說：「臣荒陬孤生，陛下過聽，以文學用臣，仙客擢（自）胥吏，目不知書。韓信，淮陰一壯夫，羞絳（西漢將軍周勃，封絳侯）、灌（灌嬰，以軍功封穎陰侯）等列。陛下必用仙客，臣實恥之！」玄宗不悅。

第二天，李林甫對玄宗說：「仙客宰相材也，乃不堪尚書耶？九齡（只擅長於）文史，拘古義（受古代用人標準的侷限），失大體。」玄宗由是決意用牛仙客不疑。牛仙客既被起用，反對起用牛仙客的張九齡自然不能不受到排擠。不久，張九齡即「遷尚書右丞相，罷知政事。」張九齡既因反對重用牛仙客得罪了玄宗，內心懷著疑懼，只能通過寫詩作賦以表達內心的憂鬱。如一首詩的末句云：「苟效用之得所，雖殺身而何忌！」假如得以為國家所用，能貢獻自己的才智，那怕最終因為小人的誣告陷害而招來殺身之禍亦在所不辭！另一首詩又云：「縱秋氣之移奪，終感恩於篋中。」即使到了秋天，夏天深受喜愛的扇子被棄置不用了，亦會感恩於曾經得到過寵幸。據史籍記載，自從牛仙客被玄宗重用，張九齡失勢之後，「自是朝廷士大夫持祿養恩矣」。滿朝士大夫從這件事中似乎看到，此後的唐玄宗已不再是過去勵精圖治、重用人才的皇帝；而是隨心所欲，聽不進合理意見的剛愎自用的君主了，直言敢諫不僅不再受到青睞，反而因為得罪君主，得罪權臣而給自己招徠不測。既然不學無術，只憑趨炎附勢阿諛逢承就可以平步青雲登上政治舞臺，人有才幹品行又有何用？於是，朝中大臣人人皆「持祿養恩」，得過且過，不思進取，也不思革新了。

儘管李林甫、牛仙客等人「登臺亮相」，張九齡「悄然退隱」，但是在唐玄宗的內心深處，張九齡的正直忠誠的形象仍然是時時刻刻揮之不去的。史載：「後宰執每薦引公卿，上（玄宗）必問風度（為人、作風）得如（張）九齡否？故事，皆搢笏於帶（把記事板插在腰帶上）而後乘馬。九齡體羸（瘦弱），常使人持之，因設笏囊。笏之設自九齡始也。」由於張九齡德高望重，令人尊敬，以至他的一些特殊的、適合自身特點的做法也為眾大臣所效法，成為朝廷中一道特殊的「風景」。也許是遭遇這一挫折，張九齡內心憂鬱，情緒不佳，不久之後「因遇疾卒，年六十八，贈荊州大都督，諡曰『文獻』。」此後人們提到張九齡，常常以其諡稱之，謂之「張文獻」。

除上述之外，張九齡還有其他一些優點，如重視歷史的經驗教訓。張九齡認為，作為一國之主，欲行仁政，欲得民心，對歷史經驗教訓重視與否甚

為重要。史載，張九齡為中書令（宰相）時，值天長節，京師百官紛紛給玄宗皇帝進獻禮物以祝壽。這些禮物大多是四方的「珍異」，吃喝玩樂的東西，搜刮民脂民膏得來的；「唯九齡進《金鏡錄》（《新唐書》作《千秋金監錄》）五卷，言前古興廢之道。上（玄宗）賞異之。」張九齡將自己看書讀史中遇到的有助於統治者治國安邦（民）的歷史經驗教訓，編集成書，期望玄宗能從中獲得教益與啟示，以避免重蹈歷史的覆轍。這與北宋時司馬光組織一群具有史學之才的大臣編纂一部規模浩大的《資治通鑒》以助益君主政治的旨意是相同的。但是，遺憾的是，玄宗僅僅只是「賞異之」，說了幾句稱讚的話，看來並沒有在從政之餘認真去閱讀品味，否則就不會有其後因為重用楊國忠、李林甫，縱容姦佞弄權，敗壞政治，最終導致安史之亂的爆發了。

堅持正義，決不趨炎附勢，謀求日後之利，也是張九齡的一大特點與優點。張九齡身為宰相，又深受玄宗寵幸，在政治上自然具有舉足輕重的地位。當時，受到玄宗寵幸的武惠妃陰謀陷害太子李瑛，讓玄宗廢了李瑛，從而改立自己所生的兒子為太子。如此，日後兒子繼承了皇位，自己就成了炙手可熱的皇太后了，不僅是後宮佳麗三千，而且滿朝文武大臣都得唯其馬首是瞻，何等榮耀！武惠妃派人去聯繫九張齡，期求獲得張九齡的首肯。「（武惠）妃密遣宮奴牛貴兒告之曰：『廢必有興。公為援，宰相可長處。』九齡叱曰：『房幄安有外言哉（後宮女子怎麼能插手朝廷政治呢）！』遽奏之。帝（玄宗）為動色，故卒九齡相（在張九齡任相期間）而太子無患。」張九齡不為利益所誘，堅決抵制武惠妃對於皇太子地位的覬覦，避免了因為太子廢置而造成的大臣的分裂及政治變故，維持了和諧穩定的政治局面。

張九齡的兄弟子侄在唐朝前期的政治舞臺上亦有不俗的表現。

如其弟張九皋，「弱冠舉孝廉，嶺南按察使裴胄先求賢，推為南海郡司戶參軍。及胄先受命徵五溪蠻，奏授贛縣令，倚辦供禮（籌辦供應戰爭物資）。事平，以前後宣撫御史薦授朝散大夫、巴陵別駕，論功進始安太守兼五府按察使。」張九皋在後方「倚辦供禮」，對於支持前線作戰平亂致勝作出了重要的貢獻。其兄張九齡貶謫荊州時，張九皋亦貶外臺，遂歷南康、淮安、彭城、睢陽四郡守，累有政績，詔書褒美。遷襄陽太守，兼山東南道採訪處置使，以惠澤澄清著名，進封南康縣開國男。「屬（正遇上）西南夷騷動，勢連川、廣，乃除南海太守兼五府經略節度使，攝（代任）御史中丞，召募敢勇，繕治樓船，餉運不乏，用省功倍，而嶺南奠安。上（玄宗）賜手詔褒之，特授銀青光

祿大夫。溪洞（少數民族）貿遷，貨舶輻輳，禁其豪奪，遠人如歸。」可見，張九皋並沒有因為乃兄政治失勢，自己被貶官而心生不滿，意志消沉，而是懷著隨遇而安之心，不論到何處任何職，都盡心盡力地做好本職工作，大力推行利民安邦的仁德之政，為維持民生及社會治安作出了應有的貢獻，故深受封建統治者的器重賞識。受先輩的影響，其後嗣在唐代政治上也同樣有突出的表現，如其子張抗，「朔方行軍司馬，檢校戶部郎中，後為侍御史，氣高能直諫」；其孫張仲方「最知名」。

張九齡、張九皋之弟張九章，「歷（任）溫、吉、漕三州刺史，入為鴻臚卿，天寶五載為嶺南經略節度使。好為民興利，務在富之，百姓歸心，戶口倍增。」張九章第八子名張采，「以明經仕至雷州刺史。檢事寬宏，不尚苛細，民醇事簡，恬若無為，人不見其更張（煩擾）而惠之及物者多矣。」

以上關於張九齡及其家族成員事蹟見《同治韶州府志》卷32《列傳・人物・曲江》。

余氏世為閩人，五代之際避亂南徙至粵北，落藉於韶州，自高祖、曾祖以來晦跡無聞；至余靖父親余慶始入仕為官，任太常博士。而余靖則更是青出於藍而勝於藍。曲江僻在嶺表，自始興（原名始興郡，後改曲江縣）張九齡有聲於唐為賢相，至余靖復出為宋代名臣。余氏自閩遷粵，歷四世始有顯仕，而曲江寂寞（人才寥落）三百年然後再出聞人。余靖官至正秩三品，遂有爵土，開國鄉州以繼美前哲，歷來被粵北之人引以為榮。

余靖在北宋之朝官至朝散大夫，守工部尚書，充集賢院學士，知廣州軍州事，兼廣南東路兵馬都鈐轄，經略安撫使、柱國、始興郡開國公，食邑三千六百戶，食實封二百戶。治平元年（1064），余靖自廣州入朝京師，六月以疾薨於金陵（今江蘇南京）。天子惻然，輟朝一日，賻以粟帛，贈刑部尚書，諡號「襄」，故志書常稱之為「余襄公」。明年七月乙酉返葬於曲江龍歸鄉成家山之原。

余靖為人質樸莊重，剛勁而言語信實，喜怒不形於色，自少年起即博學強識，至於歷代史記、雜家、小說、陰陽、律曆外暨浮屠（佛教）、老子之書無所不通。天聖二年（1024）舉進士，任贛縣（治今江西贛州市）尉，以書判拔萃改將作監丞，知新建縣（今江西南昌市），再遷秘書丞。曾刊校二史，充集賢校理、天章閣待制。當時，范仲淹以言事觸犯宰相，得罪諫官。御史不敢言。余靖上疏論之，結果得罪天子及權貴，坐貶監筠州酒稅。不久遷轉泰州。

後天子感悟，重新起用范仲淹，因而被斥逐者皆得還朝。余靖以「便親」（便於看望親人）為由乞知英州（今廣東英德市），遷太常博士，又遷集賢校理，同判太常禮院。景祐（1034～1038）、慶曆（1041～1048）年間，天下太平日久，吏習因循，多有失職者。及西北西夏元昊反叛，宋出師征討，久而無功，朝廷財政困難，民間負擔沉重，天子赫然思拯頹弊以修百度。既更換了幾位主要大臣，又增置諫官四員使言天下事。余靖為諫官之一。「公（余靖）感激奮勵，遇事輒言，無所迴避。奸諛權倖屏息畏之，其補益多矣。」由此而得罪了一些朝中權貴。慶曆四年（1044），西夏元昊請和。宋天子將加封冊。北方契丹族遼朝恰在此時兵臨境上，遣使聲稱為中國「討賊（助攻西夏）」，阻撓北宋與西夏媾和。朝廷患之。考慮到不與西夏媾和，連兵不解，夏人生事北邊，國無寧日，議者未決。余靖認為，北宋與西夏連年爭戰不休，人員財物損耗嚴重，國力削弱，這對大宋王朝是災難，而對競爭對手遼朝卻是好事。遼朝最不願意看到的就是宋夏媾和，息兵養勇，因此極力破壞宋夏議和。余靖建議朝廷對遼朝的要求置之不理。朝廷認為余靖言之有理，於是委任余靖出使西夏媾和。余靖率領十餘騎馳出居庸關，與西夏人相會於九十九泉（今內蒙古察哈爾右翼中旗南），「從容坐帳中辨析往複數十，卒屈其議，取其要領（協議）而還」。宋朝於是遂與西夏媾和。自此，西北息戰和平。此年，以余靖知制誥，史館修撰。其後出知吉州（今江西吉安市）。乘余靖外出任官之機，朝廷中一些對余靖有怨恨之官乘機進讒言誣告，致使余靖左遷（降職）將作少監，分司南京。余靖「怡然還鄉里，杜門謝賓客，絕人事，凡六年。天子每思之，欲用者數。大臣有不喜者，第遷光祿少卿於家。」

皇祐三年（1051），南方「蠻賊」儂智高起兵叛亂，攻陷邕州（今廣西南寧市），連破嶺南州縣，圍攻廣州。朝廷決定將平叛重任託付余靖。於是，「乃即廬中起公（余靖）為秘書監，知潭州（今湖南長沙市），即日疾馳（就道）。在道改知桂州（今廣西桂林市）、廣南西路經略安撫使。」宋朝廷大約認為，今廣西南部、越南北部是儂智高叛亂的根據地，讓余靖到當地任官，改善政治，爭取民心，對於平叛是有戰略意義的。但余靖卻認為，當前儂智高正率兵攻佔廣州，卻讓自己到廣西去任官，不合自己擒賊平亂之志。於是，應其請求，朝廷改詔余靖經制廣州。余靖到任，加強防禦設施及力量，儂智高見久攻不克，只得西走邕州。儂智高叛亂初起於越南北部之時，余靖就曾當機立斷，多次上疏，請求朝廷出兵討賊，但卻沒有下文。至此，因為叛亂愈演愈

烈，朝廷不能不正視之。余靖認為，邕州與交趾（今越南北部）接境，若不及時平叛，一旦邕州被攻陷，那時候要平叛難度就更大了。他建議朝廷遣使者馳至交州（趾），爭取當地的豪族儂、黃諸姓，皆縻以官職，與之誓約，使之聽從朝廷的節制。朝中有大臣認為，交趾豪酋或不可靠。余靖說：「使不與（儂）智高合，足矣！」認為只要交趾的地方勢力不與叛亂的儂智高聯合行動，平叛就有希望了。果然，朝廷接受余靖的建議，爭取了交趾的豪酋之後，儂智高兵至邕州，孤立無援。朝廷又派遣名將狄青為宣撫使，與余靖所率之兵相會合，在歸仁（今廣西東蘭縣東北）打敗了儂智高之軍。儂智高逃入峒中，不知所蹤，叛亂遂平。

平定了儂智高之亂後，余靖奏請朝廷，請准許歸鄉終喪。朝廷考慮到儂智高之亂雖暫時平定了，但宋軍撤退之後，叛亂會否死灰復燃尚難預料，故未准許余靖歸鄉終喪的請求，仍然留余靖於廣西，委以後事。一年多以後，余靖在廣西撫輯完復，使嶺海肅然安靜。余靖猶未罷休，又遣人到交趾，將儂智高之母及其弟擒獲，獻俘於京師，斬之。

嘉祐五年（1060），交趾又寇邕州，殺巡檢。北宋朝廷認為余靖是「恩信著於嶺外而為交趾畏者」，即遣使馳驛召拜余靖為廣西體量安撫使，將荊湖之兵交付余靖節制。余靖至廣西，「移檄交趾，召其臣費嘉祐詰責之。嘉祐皇恐，對曰：『種落犯邊，罪當死，願歸取首惡以獻！』即械五人送（至）欽州，斬於界上。」叛亂再次被平定。這就是余靖的「不戰而屈人之兵」。

在北宋初期平定交趾叛亂過程中，余靖立下了顯赫功勳。當余靖功成身退，要離開廣西之時，「邕人遮道留之不得。明年，以尚書左丞知廣州。英宗即位，遷工部尚書。代還，途中病卒，享年六十五。」

歐陽修在《余襄公神道碑》中總結道：「余靖經制五營，前後十年，凡（共）治六州，所至有惠愛。雖在兵間，手不釋卷，有文集二十卷、奏議五卷、《三史刊誤》四十卷。」（《同治韶州府志》卷26《古蹟略·冢墓·曲江》，第550～551頁）

在宋元改朝換代之際，粵北地區也湧現出一批具有忠君愛國情懷的忠義人物。如仁化縣人李謨（原籍秣陵，今江蘇南京市），其子李襄，隨父任官廣東左參政。李襄見蒙古軍所向披靡，宋軍節節敗退，知無力回天，改朝換代已在所難免，於是勸其父親請求致仕歸隱以避難。其父責備李襄說：「我家世沐國恩，義不可逃！」不接受兒子提出的臨難退逃之議。李襄知父志難奪，想到父親與同榜進士、仁化縣人蒙英昂素敦情誼，請奉母往投，免遭覆巢無

完卯。父許之。於是李襄帶著母親來到仁化縣投靠蒙英昂，始卜居（落戶）古夏，為仁化人。不久，景炎丁丑（1277），元人攻陷廣州，李譲「果以被執不屈死。」（《民國仁化縣志》卷6《列傳》，第530頁）

在古代歷史上，精忠報國的粵北籍人物還有明代的陳熙周、白元潔、白常燦、朱學熙等。

陳熙周，明代清遠人，任清遠衛指揮僉事。明嘉靖四十五年（1566）領兵出征翁源，奮勇殺賊，不幸陣亡。兵備道劉穩作詩表彰其精忠報國的英勇無畏氣概。詩云：

> 陳侯將家子，英雄素自陳。慷慨從出師，悲風動戈鋌。結束辭親去，義重不顧恩。微聲動天地，列後在轅門。悠悠佈陣伍，慘慘煙塵昏。白刃橫殺氣，黃茅吹瘴氛！一戰奮威武，再戰倍精神。醜虜心膽落，巨魁幾生擒。兵驕於旋凱，伏賊沮（襲擊）三軍。臨難斬數顆，惜哉喪其元（犧牲），捷報聞驚駭，令人淚積盤。余有監督責，忍（怎能）不表忠名？一死忠孝備，捐身何足論！清流山下水，哀歌弔忠魂。恤典祚（福祐）一方，颯爽應有聞。（《民國清遠縣志》卷6《先達》，第182頁）

與此同時，粵北清遠縣還湧現了另一位保家衛國，敉平動亂的傑出將領——白元潔。

據《民國清遠縣志》卷六《先達·白元潔傳》所載：白元潔，字靜臣，生而驍果有勇謀，善韜略，嗣世職為百戶。明朝隆慶五年（1571），英德「賊」張廷光入境，焚殺劫掠，甚為慘酷。白元潔率眾平之，有功，升清遠衛指揮使，以善戰名於時。萬曆十一年（1583），倭寇入犯，白元潔受任為惠州碣石寨備倭把總（明各地總兵轄下設把總領兵，為低級軍官）。倭劫海豐，元潔率兵擊退之，斬百餘徒，追至崎沙，復斬敵五十餘級。後又戰於甲子澳，別遣一校（小將）夜焚倭船五艘。激戰之後，倭寇敗走，企圖撤退海上，不料船已被焚燒，無所得渡，結果，倭酋二員、賊徒二百餘、真倭五十二名盡被殲滅。白元潔以戰功晉職，世蔭千戶。萬曆二十五年（1597），白元潔改任漳、潮游擊將軍。當時，宮保陳璘協守漳洲、潮州，重其智勇，甚相得。會倭寇犯朝鮮，朝廷任命陳璘為總兵官，統廣東兵五千北援。白元潔提督千人以從。到達山海關，白元潔即率艦遊弋巡查於釜山浦、忠清、全羅諸海口中，緝拿倭賊百餘。倭寇由是不敢窺伺。適（正值）倭帥平秀吉（豐臣秀吉）死，倭寇遁歸。

白元潔會諸軍暨朝鮮統制使李信臣乘倭寇半渡邀擊之。倭寇敗退登岸，又為其他陸兵所殲殺，溺斃者約萬餘。泗州倭寇首領石曼子率師來救，被白元潔偵知，又協助張良相、陳策等部領水師二十餘艦邀擊之於海洋，焚其舟，殺溺者數千，殘賊退保錦山。明朝麻貴將軍以神機炮攻之。倭寇倚靠岩洞，負隅頑抗。白元潔所部皆粵北疍家之人，奔騰游泳是平素所習。於是率之登岸，夜攀登山後，殊死奮戰。倭寇大驚，落荒而逃。諸軍分道追擊，倭寇無一脫者。倭酋行長於是放棄順天城而逃遁。「是役也，倭之焚殺溺死者二萬餘，全軍幾覆，論功以水軍為首，（白元潔）遂晉都督僉事。」

萬曆二十八年（1600），播州（今貴州遵義市）楊應龍反。廷議分八路進兵，調陳璘為湖廣總兵官，仍領東征軍以從，由偏橋衛（明洪武二十三年置，治所即今貴州施秉縣）進戰之。官軍大軍壓境，龍溪山賊退保四牌（今貴州甕安縣東），即進逼保兒囤。官軍力戰破之；又連破苦菜關。時黔軍總兵童元鎮領黔兵三萬五千中叛軍埋伏，敗於烏江，全軍盡覆，十無一還。湖廣總兵陳璘也懾於其威，恐孤軍深入或遇不測，欲退師以待後援。白元潔力陳不可，遂向貴、楚總督李化龍提出出兵請求。李化龍於是趣（催促）諸道軍速進，由南木橋進攻賊圍。由是乘勢攻破龍爪、囤磨、槍了三關，直抵海龍囤。諸路官軍皆集，相持四十餘日。會天大霖雨，白元潔率「蠻疍」（疍家兵）從泥濘中冒死衝擊賊軍後棚，放火器焚之，於是破敵土城。賊酋楊應龍見勢窮力盡，已無回天之術，自焚而死。白元潔手刃賊將三人，並生擒楊應龍之弟楊兆龍，播州乃平。楊氏自唐乾符（874～879）年間竊據播州，傳十九世八百餘年，至是而死。兵部錄功，白元潔以功晉都督同知。

與此同時，湖南、貴州交界處的皮林寨苗與九股寨苗（貴州臺江境內苗族）、黑腳生苗聯合構亂，陷城戕官，荼毒數載。偏沅巡撫（明朝後期，為在國家西南地區推行改土歸流政策，神宗朱翊鈞於萬曆二十七年，即1599年設置偏沅巡撫之職，先駐偏橋鎮，後遷駐黔、楚重鎮沅江，即今湖南芷江）江鐸命宮保陳璘移師討之。官軍七道並進。白元潔率部為右翼，攻持洞寨，破之，生擒苗酋銀供。緊接著又追賊酋永祿於白沖山，誘之出戰，殲其眾萬餘於洪州西。苗酋吳國佐、石專太逃走，被廣西兵擒戮之。皮林諸苗悉平。錄功，白元潔另加世蔭清遠衛指揮使。其時，陳璘為雲南總兵，白元潔分領其眾。巡撫郭某、總督李化龍奏調白元潔為貴州總兵官。

　　萬曆三十一年（1603），播州反叛勢力死灰復燃，餘孽吳紅等又再次叛亂。巡撫江某以白元潔驍勇善戰且熟悉地勢，調白元潔兼臨沅參將，率軍平叛。白元潔受任之後，即分道並進，「搜殺逆賊數百，吳（紅）賊乃平。」平亂之後，白元潔上書朝廷，認為應該革去土官，改設流官，分割播州之地設立知府。如此，地方才能有久安之日。朝廷接受白元潔所提建議，將播州一分為二，改設遵義、平趙兩府，分別隸屬於黔（貴州）、蜀（四川）。自此之後，「地方安靖，元潔之力也」。

　　其後，白元潔調掌廣東都閫事，剿平亂瑤流賊，總督上其功，迭荷敕書嘉獎。白元潔還將自己在率軍平倭戰爭中所得的經驗教訓加以總結，著成《備倭芻議》四卷。「兵部通飭海防諸軍一體行用，每收奇效」。又著《征播撫苗錄》十二卷，宮保葉夢熊為之作序，並稱傑作。（《民國清遠縣志》卷6《先達》，第183～184頁）

　　明末清初，易代之際，粵北地區也湧現了一批精忠報國，慷慨捐軀，視死如歸的文武英烈。他們的英名是白常燦、朱學熙等。

　　白常燦，清遠人，世蔭清遠衛百戶。祖元檳，父檳，都指揮使。常燦生而穎悟，性孝友，尤機警，善《毛詩》（《毛詩詁訓傳》，為現存最早的《詩經》完整注本）及《左氏春秋》，從陳邦彥遊，補諸生。性真情摯，豪爽好客，具文武之才，文采風流，翩翩一佳士也。屢試不售，承世蔭任清遠衛指揮使，優待士卒，以故得其死力。遇警即率兵迎敵，多次立功，地方賴以安寧。以解韶州之圍有功，升任都指揮使。明朝末年，清兵入關。當京師失陷的消息傳來，白常燦聞耗大哭，遂發憤整飭兵備，結納豪傑，上書總督丁魁楚，請求領兵入京勤王，沒有得到批准。白常燦憂憤咯血。不久，南京、福州相繼淪陷。白常燦與其他眾官員力尊桂王監國，棄官走肇慶行在（古代帝王臨時所在之地）。桂王委為水陸勤王義軍都統制，殿前儀衛使，晉階都督同知，兼理兵部尚書事務。所有西、北江義軍事宜著（令）其編制。白常燦親歷各軍，宣布德意，激以忠義，撫以恩信，朝夕憂勞。隆武二年（隆武為南明唐王朱聿鍵年號，1645～1646）冬，清兵入粵，分掠郡縣。永曆元年（1647）正月，清兵攻陷清遠。白常燦當時正隨駕廣西。會陳邦彥、朱學熙等集議於順德錦嚴，誓圖恢復，乃促白常燦召集舊部以聽命。白常燦接到指令，即星夜馳回粵北，招集舊部及家丁，得五千餘人，旋率赴行在以為殿前儀衛。行至西江，陳邦彥留之，隱伏於新興、高明、九江、甘竹一帶。白常燦遣人潛往桂林奏明留粵征

討。二月，陳邦彥、張家玉等率部伍圍廣州，不克，退保新順。七月，再會陳
子壯、陳邦彥等隊伍攻廣州，以誤失期至敗。陳邦彥乃引兵疾攻三水，據胥
江。十二日，攻高明；復之，分遣白常燦等攻清遠。白常燦先回北江徵兵籌
餉。十六日，攻入清遠縣城，執清知縣殺之；接著分兵襲取連州、韶州。清軍
李成棟還師擊清遠，以水陸之師二萬力爭之，圍之數重。時糧械俱絕，又無
外援，白常燦即傾家資為糧，士皆感泣，氣為之振，且痛哭陳詞，以忠義相
勵。於是，慷慨激昂，誓死嬰城固守，以飛炮轟擊衝梯，敵軍屍橫遍地，清軍
見強攻難以奏效，於是偽裝退師。不料，清軍於城隍廟下挖地道，實以火藥。
至九月十九日晨，戰鬥正激烈進行，城牆被炸崩十餘丈，勢如山倒。白常燦
聞耗，即令妻子合門盡節，向北而拜，而後乘一騍馬直衝木柵而出，巷戰移
時，手刃敵裨將一，斬數十騎，最終為敵捽下斫死。合城男女四萬餘連同族
丁二千餘人無一屈節投降者，皆駢首就戮，其忠義入人心之深有如此者！（《民
國清遠縣志》卷 6《先達》，第 187～188 頁）

朱學熙，清遠人，以貢入太學，被時人視為「中宿（清遠縣古稱）異人」。
宏光（即「弘光」，南明福王年號，1645 年）初，上書言恢復大計，受到朝廷
重視，授翰林院待詔。廣州既陷，朱學熙與白常燦謀舉兵恢復。宏光二年（1646）
十二月，清軍分掠郡縣。永曆元年（南明永明王年號，1647 年）正月攻陷清
遠。當白常燦回鄉組織力量圖謀恢復之時，朱學熙秉力相助，傾家助餉，又
招子弟數百人為義兵。七月十六日，義兵攻入清遠縣城，朱學熙與白常燦執
清遠知縣殺之，遂為死守之計。兵食不給，輒傾家資相助。城被攻破，朱學熙
取先人兵法焚之，自縊而死。志家評論道：「（朱）學熙蓋（大約屬於）天下深
情人也，惟（正因為）情深故能建立大節，光明奇偉若是。」永曆帝贈以翰林
院學士，予諡「忠愍」。清乾隆年間崇祀忠義祠。（《民國清遠縣志》卷 6《先達》，
第 188～190 頁）

古代粵北地區多忠勇義烈之士，究其原因：

一是地方人士對於培養子弟忠義品格的高度重視。如明代清遠人中，黎
安，「天性孝友，持己清潔（嚴於律己，為人廉潔），無象（未出仕）時即以忠
孝廉節自勵」；王宗源，清遠縣井塘人，以「忠孝立身」，「教子義方（養成良
好品格）必先忠孝。」（《民國清遠縣志》卷 6《人物·先達》，第 181 頁）

二是朝廷對於忠義人士的嘉獎與表彰，為民眾樹立了學習的範例。

　　例如，滿清王朝入主中原以後，南明政權正處於流徙之中，對於忠義之士多未能及時予以表彰。永曆三年（1649）二月十二日，御史饒元璜、郭之春、金保等上奏《為報國捐軀未蒙恤典懇乞天恩下部議恤以慰忠魂而作士氣事》。奏疏說：

　　　　臣竊查我陛下即位以來，文武臣工（官吏）間關險阻，擁護皇圖，所在多有，足見我列祖列宗深仁厚澤，養士數百年之大效也！現當賊（清軍）氛孔熾，國事多艱，正宜作勵忠義之氣以為恢復之圖，雖如陳子壯等均已蒙優恤，足以鼓舞群倫；惟查永曆元年（1647）九月清遠城一役，故兼理兵部尚書事務、都督同知、義軍都統制、殿前義衛使、廣東都指揮使白常燦、翰林院待詔朱學熙等忠義憤發，部領勤王義師屢攻強賊，慷慨激昂，再接再厲，功忠並茂，洵（確實）為國家柱石。此次扼據清遠，屏蔽行在（君主臨時駐地），不幸天降鞠凶（多災多難），殲我良士，頓失長城，實由糧械既窮，外援又絕，力盡失城，死事最慘，竟令丹心碧血埋沒郊原（荒郊原野），而其烈魄英魂終存天壤！其最異（最令人感動）者合城男女四萬餘，合族丁二千餘無一屈降，皆駢首就戮，其忠義入人之深有如此者！當日驚聞靈耗，我陛下痛悼尤深，嘗諭部臣從優議恤。適以戎馬倉皇，遂至惜為缺典（因為戰事連綿不斷，未暇加以表彰）。至去年八月，又嘗奉旨照張家玉等例輪部議行（報告兵部，請求給予表彰），亦因司封易人，致未奉行。臣職司風紀，謹採訪諸故臣事蹟，編成《行狀》，以備易名（指古時帝王、公卿、大夫死後朝廷為之立諡號，此指表彰英烈）之典，庶留史冊之光。為此專疏奏陳，伏乞申行前旨，下所部察議，從優予恤，以慰在天忠義之靈而作（振作，激勵）薄海（國內）臣民之氣。臣誠惶誠恐，不勝冒瀆懇誠之至……

　　奏疏上達之後，天子即派遣官員「察驗行狀，訪事實相符，尋（不久）復由禮尚（禮部尚書）黃奇遇、吏尚（吏部尚書）晏清、兵尚（兵部尚書）曹燁先後疏復，請沛恩施。十二月十九日奉旨：白常燦著（批准、同意）贈太子太保、左都督，予諡『忠節』。原有世蔭外加蔭雲騎尉，世襲錦衣衛指揮使，由禮部賜三壇，加祭三壇……朱學熙、關鍾喜著均贈翰林學士，並諡『忠愍』，蔭子監生，各賜祭一壇……著（傳令）國史館（為之）立傳，地方官與他專立祠廟，歲時致祭……」（《民國清遠縣志》卷6《人物‧先達》，第189～190頁）

滿清統治者同樣重視對於忠義之士的表彰，乾隆四十一年（1776）十月，上諭云：

> 崇獎忠貞所以獎勵臣節。凡勝國（被滅亡之國，此指明朝）死事之臣或死守城池，或身隕行陣，事後平情而論，若而（此類）人者皆無愧於疾風勁草（喻忠義），各能忠於所事，豈可令其湮沒不彰！其如何分別定謚之處著（令，請）大學士、九卿京堂、翰詹科道集議以聞，隨奏定特謚、通謚、崇祀三項。十一月初八日奉諭（接皇上批示）：陳邦彥予謚『忠烈』，白常燦予謚『烈愍』，與朱學熙並准崇祀忠義祠。」（《民國清遠縣志》卷 6《人物・先達》，第 189～190 頁）

（二）勇於除弊，樂於助人

地方割據對於統一國家來說是一大弊害。消除割據，助國家實現統一，既符合民心，又順應了加強中央集權的歷史發展大趨勢。在這方面，粵北籍人物也有其貢獻。

如，生活於五代宋初的連州人李廷琲，自幼即「岐嶷不群」，被鄉人視為「千里駒」。南漢割據嶺南為治，李廷琲曾任番禺主簿，擢土軍知兵馬使。當時，南漢後主劉鋹屠戮忠良，沉湎酒色，奢侈無度。李廷琲知其必亡，於大寶九年（966）四月降宋，授任為彬州指揮使、檢校、工部尚書兼御史大夫。次年，李廷琲向北宋朝廷上《平嶺表策》。及至宋命將潘美出師平南漢，李廷琲任宋師嚮導。北宋統一南方後，宋太祖改李廷琲家鄉地名為「奉化里」，以表彰其協助國家統一之功。（《十國春秋》卷 65《南漢八・列傳》，第 918 頁）

北宋英德縣人鄭敦義，通過科舉入仕，曾任潮陽縣令、興慶軍（宋哲宗趙煦元符三年即 1100 年十月，徽宗趙佶登位，升端州為興慶軍。宋徽宗重和元年即 1118 年冬十月，又升興慶軍為肇慶府）節度使。在任期間推行仁政，勇於除害，務農重學，不僅民眾仰賴之，亦得到朝廷君主的讚賞。志載：「鄭敦義，字彥忠，湞陽（英德縣古名『湞陽縣』）人，元豐間（1078～1085）舉文科，知潮陽縣。（時）官市翠羽、黃牛革峻急，竟不奉命。郡劾之。鄭（敦義）上書哲宗，言黃牛善耕，農視如子，既奪民之產，又教犯法（宋代刑法嚴禁屠牛）。朝廷下令禁約。徽宗即位，上封事（上書言事），陳成周（西周）、西漢所以長久者，在於仁德善政以得民心；暴秦、東漢所以短促者，在於凶德虐政以失民心。遷一（官）階，告詞云：『朕何惜一官以為來者之勸！』時升潛藩（端州）為節鎮，開府之初，命（鄭）敦義為興慶軍節度使，務農重

學。常（曾）築石城，民永賴之。」（《同治韶州府志》卷 34《列傳‧人物‧英德》，第 691 頁）作為地方官，基本的職責是奉行朝廷君主之令。而鄭敦義，只奉行朝廷合宜利民之令，對於不利民之詔敢於抵制，這在封建時代是許多官員丟官被貶被逐的一個重要原因。但鄭敦義卻將此置之度外，對北宋朝廷所下的徵收翠羽（翠鳥的羽毛，古代多用作飾物）及黃牛革（皮）之命敢於抵制，並上書朝廷說明利害：迫逼民眾繳納黃牛皮，民眾就不得不屠宰耕牛以取皮，沒有牛，民眾如何從事生產？如何繳納賦稅？因其言之有理，朝廷最終採納鄭敦義的建議，廢除了這一弊政，並給予其官職晉升，以為眾官員學習之榜樣。

再如鄧孝廉，曲江縣人，南宋建炎三年（1129）進士，曾為韶州府學教授，有同僚卒於官，一女無依無靠，鄧孝廉為擇女婿、置辦奩具而嫁之。嶺南盜起，鄧孝廉又協助統制韓京討平之，以朝散郎出任邕州副職，代理郡事。邕州（今廣西南寧市）地近邊界，吏胥多侵盜錢款，朝廷下達的購馬任務不能按時完成。鄧孝廉整飭吏治，嚴懲貪污，弊病得以肅清。遇災荒歲饑，鄧孝廉開倉廩賑濟，不足繼以俸金，全活甚眾。後遷任德慶府（今廣東肇慶市德慶縣）知府，「定歲租輸數以示民，遂絕庾（倉）吏倍取盜用之害。」（《同治韶州府志》卷 32《列傳‧人物‧曲江》，第 643 頁）鄧孝廉一生為人為官慷慨大方，熱心助人。其卒後，中書舍人朱翌為其書寫墓誌銘，其中有「急人之急，傾篋倒笥，仁柔義剛，如漢名吏」的讚譽。這一讚譽被時人稱為「實錄」。

勇於革除社會之弊，為民眾謀福利，不僅是那些出仕在外的「名宦」們之所為，同時也是身在鄉梓尚未出仕任官的「鄉賢」們之作為。

眾所周知，明清兩代統治者為了加強君主集權，對於尚未出仕的讀書之人議論參與政治活動是極力反對的。如，明洪武十五年（1382）就曾頒布禁例十二條於天下，並鑴刻於臥碑，置於府、縣學明倫堂之左。其不遵者以違制論。禁例不准地方官學的生員評論政治。如禁例第三條就規定「一切軍民利病，農工商賈皆可言之，唯生員不許建言。」清朝同樣沿襲了明朝這種專制主義的文教政策。如順治九年（1652）頒布於直省儒學明倫堂的《臥碑》（亦稱《訓士臥碑文》），其中就有規定：「生員當愛身忍性，凡有司官衙門不可輕入。即有切己之事，止許家人代告。」「軍民一切利病，不許生員上書陳言。如有一言建白（提出建議或陳述主張），以違制論，黜革治罪。」（《清朝文獻通考‧學校考七》）這些規定，其實質都是要禁止生員過問社會現實問題，

要求他們做俯首帖耳、唯命是從的「忠臣順民」，心甘情願為封建統治效勞。但是，從粵北方志記載看，明清兩代，粵北地區的士人並沒有完全受這些嚴格的條條框框的約束。他們對於有關民生、社會的利病還是敢於發言的，而將個人利害置之度外。例如，《民國清遠縣志》卷二十《雜錄·祈墳嚴革積弊》條記載：清道光十五年（1835），清遠縣舉人袁懷珠、林燦光等先是向縣令呈文稱：清遠縣屬「北江中衢，上游小邑（鄉鎮）山多田少，土瘠民貧，現更連年潦水，觸目凶荒，落落生涯，鴻聲遍野，奄奄殘喘，鵠面載途。乃（然而）積弊相沿，牢堅莫破，變本加厲，指數難終。即如『蓋戳（戳）錢』，從前不過四十，今漸加至四百矣；『派堂錢』，從前不過數百，今漸加至數千矣；『遵依銀』，從前不過兩餘，今漸加至數兩矣；又若『傳紙銀』、『息訟銀』、『保狀銀』，大部（都）昔減（少）今饒（多）；而『案東』，『燒紙』之誅求動輒百十兩，『壓稟銀』、『懸牌銀』、『值堂銀』悉屬前無今有；而『票本』、『轎夫』之婪索動至數十千（緡）。至於『掛名』、『差白』、『塔差』之種類甚繁，真覺豺狼滿目，『攔路虎』、『巡河虎』之稱名不一，無非魚肉斯民……」

兩位舉人羅列了他們所熟知的地方弊害之後，接著議論道：

嗟嗟！百端弊竇日與俱增，四境窮黎害將何底（禍害何時可以消除）！同居四民（士、農、工、商）之列，難云與己無干。念自一身以還，亦恐或時不免；有懷莫吐，既抑鬱之難安；不平則鳴，諒仁慈所深惻……

於是，諸舉人置個人前途於莫顧，聯名於道光十五年（1835）列款陳述，要求官府嚴肅整治，革除諸弊。當時，清遠縣令是劉師陸（山西洪洞人，道光十五年任）接到諸舉人的呈文，「開誠嘉納，極力易釐」。但劉師陸只是代任縣令，不久就遷轉他官而去，諸弊並未剷除。新來接任的清遠縣令姓楊，仍然是「署篆」（代任），初來乍到，對於地方的情況尚不瞭解，施政辦事有賴於眾胥吏的支持及協助，亦未能大刀闊斧進行改革，只能因循守舊以待來茲。諸舉人想，向縣官陳情，想革除地方積年之弊，看來困難重重，便想到向高級官員陳情。於是，他們向巡撫祈墳陳情，說：

……惟有大憲之典章足繫千秋之景仰。素欽我仁憲公忠體國，快樂同民，易俗移風，興利除害。除稟各憲（上級官員）外，理合瀝訴崇轅（理應向您如實稟報）。伏乞俯順輿情，立施鏡察（立即派員查核），逐條弊跡挨款詳查，宜除者概行革除，可減者量為酌減，

禁其陋習，震雷即甘露之恩，壽以貞珉（將禁止胥吏以種種名目勒
索民眾的規定刻寫於石碑上），一日立百年之法，凜澳汗之大號，積
蠹洗心，留脂膏於窮簷（為民造福），群黎果腹，漸蘇民困……

巡撫祈壎接到眾舉人的上書，瞭解到有關情況之後，對此事極為重視，
他派人調查瞭解到舉人們上書反映的情況屬實之後，斥責清遠縣的胥役「觖
（枉曲）法殃民，莫此為甚」，表示「亟應嚴行禁革以除惡習」。於是，他「除
行司飭縣（令布政使司傳令至各縣）分別遵辦具報外，合行出示嚴禁。為此
示諭清遠縣書差人等（吏胥）知悉：嗣後務宜奉公守法，痛改前非，將『戳記
錢』等項目一概革除，不許藉詞索取；倘敢仍陷故轍，需索滋擾，妄拿無辜，
一經訪問或被人告發，本部院定即提轅（捉拿至官府衙署）嚴辦，並將該縣
參決（追究該縣令執行不嚴之責），決不姑寬（姑息寬容）！各宜凜遵，毋貽
後悔！」（《民國清遠縣志》卷 20《雜錄·祈□嚴禁積弊》，第 653～654 頁）

社會積弊猶如冰凍三尺非一日之寒，乃是長期沿襲累積下來的，它涉及
到政治、社會、民生等各個方面，給地方官吏帶來了「利益」，卻給民眾造成
了痛苦。這些弊端不除，必將愈演愈烈，民眾的額外負擔必將日趨加重，社
會矛盾也將愈發尖銳。通過瞭解民情疾苦的舉人的檢舉揭發，巡撫大人的發
文厲行禁止，使多年的積弊得以一朝清除，雖然不能保證日後不會再有新的
弊端形成，但至少在一個歷史時期內減輕了民眾的負擔，緩和了社會矛盾，
其意義還是不可小覷的。

除了勇於出面為民眾除害謀利之外，樂於助人也是許多粵北人的共有之
特點。輒舉數例以見一斑。

如許敷遠，清朝曲江人，以鄉貢就教職，歷任平遠、興寧縣學訓導，曾
出私俸協助修復平遠縣程孝子祠；嗣後教授潮州，勸學興文，有「山斗（泰山
北斗）」之望。許敷遠退職家居後，熱衷於公益義舉，以助人為樂。志載他「家
居持躬清慎，好義急公，每歲暮（年底），察街里孤貧，次第量恤（酌情周濟）。
戚屬無依者留養於家，助婚賻葬，數十年無倦色。遇大疫，施藥救病，歿者給
槥（棺木），行路相與感激（即使路人聞說也受感動）。縣廟學日久不葺，（許
敷遠）商於邑令劉漢章，拓基重建，宏其規則；相江書院，濂溪祠故址也，榛
莽荒蕪，知府金蘭原就謀（俯就謀議）興復，（許敷遠）為經紀其事，並倡捐，
增設膏火（生員助學金），又先後修建府學宮、東郊塔，鳩工庀材，妥為籌畫：
凡所營作意在興文教，勵士風，當事（地方官員）咸敬禮之。」又如「甘輝

煥，（清代）翁源人，附貢生，就職州同（官名，即州同知，與州判官同為知州的佐官，清代的府、直隸州都設有州同，掌糧馬、巡捕等事，為從六品官），修橋、施樗（棺木），遇荒年捐穀賑濟，貧戶資以全活。」許多未出仕任官的粵北人，在鄉梓，也急公好義，賑濟貧乏，富有愛心，事蹟亦頗令人感動。如白世守，清代「樂昌人，拔貢生，性倜儻（豪爽大方），不樂仕進，居鄉周急好義，嘗（曾）以粟貸於九峰（鄉）、黃圃（鄉）而焚其券。知縣李成棟欽其賢，兩舉鄉飲（鄉飲酒禮，古代嘉禮之一），額（題字）其門曰『名並香山』。既卒，黃圃、九峰（鄉）俱祠祀之。」（《同治韶州府志》卷 33《列傳·人物》，第 651 頁、第 689 頁、第 662 頁）

　　這方面的事例在粵北府志、縣志人物列傳中比比皆是，不勝羅列。這些鄉人的義舉，包括出資修築橋路，置造渡船、茶亭以便行人往來，捐助義學膏火，置義田贍學，或救濟貧困，修築「義冢」（掩埋無主屍骸），災荒之年捐穀賑饑；或平糶，將私家所儲糧米出借鄉人暫渡饑荒，待來年收成之後償還。日常生活中有貧困不能自給者則盡力周濟之；教學設施，如文廟、講堂、師生齋舍等損壞，捐資倡修完善；創建義學或社學（鄉村初級教育設施），資助貧窮人家子弟入學讀書；捐資助修城垣，化解鄰里矛盾，等等。總之，凡有益於社會民生，有利於社會安定之事，無不盡力而為。

（三）秉公執法，鐵面無私

　　封建時代，官員要做到秉公執法殊為不易。古話有云：「衙門八字開，有理沒錢莫進來」。說明古代官府斷案、辦事常常是以錢之多少，禮之輕重為依據、權衡的。有錢者常常可以贏得官司，沒錢者只能徒喚奈何。而縱觀古代粵北籍出仕官員中，能不為利益所誘，堅持秉公斷案、辦事者卻不乏其人。

　　如明代南雄府保昌縣官田鄉人蔡愈濟（後改名忠），弱冠（二十歲）中永樂庚子（1420）鄉試，歷官蒼梧、盰□兩邑教諭，擢監察御史，巡按河南、陝西、甘肅，所至克振風紀，奸貪屏跡……奉命審錄南京三法司（刑部、大理寺、都察院）刑獄，推情訊鞠，多所平反，得到眾人好評。（《嘉靖南雄府志·鄉賢》，第 143 頁）

　　黃裳，明代曲江人，「讀書過目成誦，正統戊午（1438）鄉薦，壬戌（1442）會試進士，授監察御史，一時彈（劾）文多出其手。法司會審疑獄，辨析冤濫，多得其情。都御史陳鎰雅重之。」黃裳雖職在監察，但對於其他種種與民眾生活息息相關的事情同樣關心備至，勇於進言。例如，「（黃）裳嘗言寧（波）、

紹（興）、臺（州）三府疫死三萬人，死者宜蠲租，存者宜賑恤；巡視兩浙鹽政，請恤水災，報可。」只可惜，正統十四年（1449），黃裳與尚書王祐等扈蹕（隨駕）北征，死於土木堡之難。（《同治韶州府志》卷32《列傳‧人物‧曲江》，第644頁）

與黃裳相類似的還有白純素，明代樂昌人，膺（應，接受）永樂乙酉（1405）鄉薦，甲午（1414）春以選俊擢南京大理評事（大理，官署名，掌管刑獄，設有卿、少卿、評事等職）。他「立朝務持大體，首疏恤刑（上任之初即上奏請求皇上實行輕刑之政），上（皇帝）嘉納之。時國家工役浩繁，純素董（負責，主持）役，不事科擾（不用刑罰，不隨意加派），民咸戴之。事竣，廷議僉（都）以為能。復奉命往廣西、蘇、浙各省鞫獄（審理案件），悉平允。」（《同治韶州府志》卷32《列傳‧人物‧樂昌》，第658頁）

清代張維勤，連州高良水人，道光癸未（1823）科進士，以知縣用簽掣山西，初授五臺縣（令），後調陽曲縣，題升代州直隸州，署大同府事，以潔己愛民著稱。歷任皆有惠政。宰五臺山時，當地有一富有之家孫阜昌要建造園亭，派遣工匠往五臺山下取石。不料，被當地刁猾之民楊逢春、史萬年等誣告以「盜取禁地佳石」，赴縣控告。楊、史二奸目的在於敲詐富豪之家一筆錢財。張惟勤知縣派人到現場查勘，發現取石之處原非禁地，重責楊、史二人誣告之罪，將此案批銷。楊、史二奸見撈不到任何好處，並不甘心，竟越級往省上控案。省上委派陽曲縣知縣李某審辦。李知縣或許是因為未能從中得到孫阜昌的利益，竟將孫阜昌定為有罪。孫阜昌大懼，深知盜取禁地佳石可是不赦之罪，必死無疑，還要滿門抄斬的，於是急忙派人到省上去給巡撫以下各官行賄，共用銀四萬餘兩。此事傳開，物議沸騰。御史聽到消息，向皇帝稟報。皇上派揚威將軍長齡趕赴山西查辦。案定，與張惟勤原來的斷案一樣：孫阜昌盜取禁地佳石罪名不成立。於是追查此案細節，結果，陽曲縣知縣李某被斷為死罪，處以絞刑；受賄的巡撫被革職；「藩（布政使）、臬（按察使）、道（道臺）、府（知府）俱降三級」。與此案有關聯的官員只有五臺縣令張惟勤「一人脫然無累，聞者欣服」。（《同治連州志》卷7《人物》，第732～733頁）

（四）施行仁政，惠及一方

粵北地方志中，最早被記錄的行仁政的「鄉賢」大約是東晉時期出自曲江縣的張魴：「張魴，字叔魚，曲江人，涉獵經傳，善事父母，遇旱癘（流行疾病，瘟疫），穀食騰貴，分賚貧窮，鄉閭戴之。明帝太寧（323～326）初舉

孝廉。成帝咸康（335～342）中為含洭（西漢置，治所即今廣東英德縣西北洭洸）令，鑒前令貪暴，節儉自持，愛民如子，蔚有惠政。三年化行，民歌頌之。關口夜色無警，白鹿群遊，取其一獻之。民因（張）魴所（居所）築縣城。又，城南有岡（山崗），皆以白鹿名焉。刺史行部（巡察）至，褒美其政治（政績）以勵屬邑。詔徵為尚書郎。」（《同治韶州府志》卷 32《列傳·人物》，第 629 頁）

　　唐朝於 907 年滅亡以後，至北宋 960 年建立之際，此中五十餘年裏，天下大亂，戰爭相尋，割據政權林立，史稱「五代十國」時期。此時期，在嶺南地區，劉隱、劉龑（龔）兄弟、父子相承，建立起了統治嶺南一隅的割據政權——南漢。在南漢歷史上，有幾位出自粵北，在朝廷任職而以「忠直」、「君子」著稱，大力推行「仁政」的人物。

　　作為地方官，有時候處朝廷政令的執行與紓緩民生艱難的矛盾之中：奉行朝廷之令便不可避免要損害民眾利益，加重民眾負擔，令民生痛苦；憐憫百姓維生艱難，不能貫徹執行朝廷政令，又不可避免會影響個人仕途。在這樣的矛盾抉擇之中，一些粵北籍官員寧願捨棄個人仕宦，也不願讓民眾痛苦。明代樂昌人鄧瑗即為其例之一。

　　志載：「鄧瑗，字良璧，（鄧）容長子，登景泰丙子（1456）鄉試，授大理評事，升湖廣僉事，分巡湖北（洞庭湖以北地區）。（湖北）與貴州接壤，（朝廷）徵調頻繁，民不堪命。（鄧）瑗憫其凋敝，不奉檄，致仕歸。」鄧瑗的兄弟鄧瑄亦具有其兄同樣的品格，即不願為了尸位素餐，苟且偷安而損害民眾利益，當個人仕途利益與民眾利益不可兼得之時，寧可捨棄個人利益。志載：「鄧瑄，樂昌人，景泰丙子（1456）舉於鄉，成化五年（1469）知吳川縣，宅慮（存心）恬澹，用法寬平。當流寇殘破後，公署半淪於灰燼。（鄧）瑄殫力補葺，百廢具興。在任十一年，掛冠而去。百姓戀戀如嬰兒失慈母。」（《同治韶州府志》卷 33《列傳·人物·樂昌》，第 659 頁）眾所周知，封建時代，職官為眾人所趨。職官之失無非兩個主要原因：一、或是因為無能、貪濁，因而招致民眾不滿，甚至引發地方動亂，而被革職；二、或是因為不能奉行朝廷政令，而被迫離任。鄧瑄身在職官，為官清廉，「用法寬平」，「殫力補葺，百廢具興」，離任而去時「百姓戀戀如嬰兒之失慈母」，顯然是一位既有能力、政績又突出，深受民眾喜愛的好官；而他「掛冠而去」，大約也與乃兄鄧瑗一樣，不願為奉行朝廷刻剝之令而摧殘損害民眾百姓，故將個人利益視之蔑如！

此外，明代在各地實行仁政而著稱的粵北籍官員還有：

周昂，明代曲江人，正統三年戊午（1438）鄉薦，七年任贛州府寧都縣知縣，持廉奉公，勸農興學，「時鄰賊鄧茂七倡亂，郡邑騷動，（周）昂獨修武備，賊不敢犯，邑人德之。」保升本府通判，仍掌縣事。後改思恩府（今廣西武鳴縣北府城）。既去，民為立生祠。劉禧，亦明代曲江人，「由選貢任廣西梧州藤縣令，作興（培養造就）士類，勸課農桑，修學宮，鑄祭器，興利除害，凡百政務勉力為之。蒞藤（縣）六年，卒於任。」龍韜，「曲江人，成化元年（1465）任容縣（令），閱險設備（巡視地勢險要，建立防禦設施），嚴督戍捕（防守嚴密，輯捕罪犯），遊（寇）剽（掠）以息。邑自洪（武）、永（樂）間屢經兵變，民病額輸（民眾深受按官府定額輸租之擾），多鬻妻孥、填溝壑（餓病而死）者。（龍）韜甚哀之，率里老赴闕（至京師）奏請（蠲租）。下鎮臣（朝廷派遣封疆大吏）韓雍勘議，檄柳州府同知金廷璽、梧州府推官鄭義履畝（丈量土地）核實，得停征糧米五千六百七十餘石，比舊額蠲五（分）之三，因是民以不困征斂，多復故業。」鍾大賓，「曲江人，嘉靖丙午（1546）舉人，任南直東流縣（南直即南直隸，明永樂後俗稱南京所轄地區為南直隸，簡稱南直。東流縣治所即今安徽東至縣西北東流）令。發倉粟以賑凶荒，審圖格（審核戶籍，按照朝廷所定標準）以平賦役。值親王之（蒞）國，當道（地方官）議辦四倍，（鍾大）賓力省（努力爭取減輕賦役）之。尋（不久）擢鞏昌（鞏昌府，治所在今甘肅隴西縣）通判。（當地）戶多逋糧（民眾逃亡以躲避官府徵糧），賓至，按籍核徵，革除積弊，（民眾）爭樂輸將。邑人立碑建祠以祀之。」鍾大賓任官，同情民眾疾苦，遇災荒大力賑救，按法定標準徵收租賦而不上下其手，中飽私囊；反之，對於達官貴人的任情妄為卻敢於抵制，決不屈從，故甚得民心。譚作相，「曲江人，由貢科任江西德化（縣）令，清理官湖，豪右憚之，業戶得免加緝之累。調廣西蒼梧令，徵米革耗，捐俸助耕，踏勘壩岸，詳求水利（請求批准興修水利），梧民賴焉。」（《同治韶州府志》卷32《列傳·人物·曲江》，第644～646頁）

勇於清除社會積弊亦屬「仁政」的另一方面。如明代清遠縣人朱守魯，由拔貢生授建寧府（今福建建甌縣）通判，在任期間「清稅額，覈（核實）侵冒，革供應（對來往官員的款待應酬）之煩，當事（上級官員）器重。調署（代理）建陽知縣，屏苞苴（謝絕送禮），清宿弊，猾吏舞文、受賄、飛譋（欺詐，詭詐）者則繩以三尺（依法處治）；其因誣陷冤者則力出之。龔直指（朝

廷設置的專管巡視、處理各地政事的官員,也稱「直指使者」)薦其治行第一,升任練兵同知。去任日,民為勒碑尸祝(設像祝福)。近鄉三坑、西坑,寇方煽亂,四境騷然,守魯詣主者(向負責將領)請兵芟除,乃安堵。萬曆丙申(1596)大祲(發生嚴重自然災害),在城隍祠施粥及米,存活無算,而又焚券埋骼,澤遍鄉閭。鄉民莫基因小忿(爭鬥)致被誣成不赦之獄,守魯毅然白其冤,人皆稱之。」可見,朱守魯任官,整飭吏治,減輕民眾負擔,拒絕饋贈,辯解冤抑,大事有關民生,小事有關個人,無不悉悉關心,設法解決問題,讓民眾得以安居樂業。其侄朱珂也許是受朱守魯的教導或任官作風的影響,也極注重仁政的推行。志載:朱珂「歲薦於王(朝)庭,群天下貢士千餘人射策(考試)金門,朱珂列第一,授泉州府(學)訓導,調署安溪(今福建安溪縣)學篆,升酃縣(位於湖南省東境偏南,與江西省交界)儒學教諭,「卻諸生之饋,貧者捐俸濟之,諸生勒碑黌宮(學校)以志莪化(美德)。」(《民國清遠縣志》卷六《先達》,第185~186頁)

仁政不僅表現在治民理政方面,還表現在興修水利,發展經濟等方面。如,明代清遠人孔從先,舉人出身,初任養利州(今廣西大新縣)知州,升淮安府(今江蘇淮安縣)同知,兼管理淮(安)、徐(州)兩屬河務。「都水使者(唐宋時期朝廷設都水監,主官稱「使者」,職掌河渠、津梁、堤堰等事務。明代設總河都使者,俗稱「都水使者」)檄以治河之役(工程),(孔)從先冒霜露,勤奮鍤,嚴破冒(破:耗費、破費;冒:冒充、弄虛作假。即嚴防貪污及浪費)。工既竣,省縣官(節省官府)金錢十萬,而河水無闕(阻塞)潦(水淹)之患。府、院奏績,朝廷嘉獎。徐、淮人民刊刻德政歌以頌之。去任日並建設生祠報其高德。」(《民國清遠縣志》卷6《先達》,第182頁)

清代粵北籍官員之中,以推行「仁政」而著名者同樣比比皆是,不勝枚舉。在此僅舉二例以見之:如歐陽箴,樂昌人,「乾隆甲子(1744)登賢書(科舉及第),壬申(1752)成進士,授湖北咸寧令,秩未滿以丁憂起復(任官未到期,因父母去世而辭官歸鄉守孝,期滿重新任官),補知安徽五河縣,力行廉潔(兢兢業業,為官清廉),愛民如子,時稱良吏。」再如清代樂昌人歐煥舒,乾隆乙酉(1765)登拔萃科,廷試一等,以知縣分發陝西,知武功、興平、郃陽、麟游各縣,「循聲(為官清廉)卓著。」旋補岐山,轉調咸寧,嗣知耀州,知郿縣,知扶風,升署漢中留壩同知、潼關同知,補授西安清軍鹽捕水利同知,皆能清盜源,詰梟犯,講求灌溉,籌辦團防。撫臣察其能,檄(任

命）知延安府興安縣，又檄知商州，「悉能措理裕如」。任內選授山西平陽府鹽捕水利同知。未幾升授山東沂州知府，「教民樹藝（種植），因所利而利之（根據當地情況而種植適宜的作物），凡有害於民者悉為釐剔（廢除），治行稱最」，「歷官三十年，按日注簿考勤（每日將自己所做工作記錄於本子），自參功過，始終如一。」（《同治韶州府志》卷 32《列傳・人物・樂昌》，第 644 頁）

　　值得一提的是，粵北鄉賢之中，無論是出任各地的官員還是在鄉的士人，他們對於經濟建設都高度重視，認識到發展經濟是安定民生，穩定社會的重要方面。例如，黃正，韶州曲江人，北宋天聖（1023～1032）初進士擢第，累授信州大名府司理參軍。當時，天章閣代制王沿主持河北漕運事務，上書朝廷，建議引濟水、御河澆灌懷州、衛州民田，任命黃正為衛州推官，負責疏通水利事宜。因為工作出色，政績顯著，故而，「秩滿，宰相王旦、杜衍交章薦之」。明代乳源縣人鍾萬章，聰敏力學，以明經入太學，授四川保寧府經歷（明清都察院、通政使司、布政使司、按察使司等多置經歷，職掌出納文書），總督朱燮元器重之，擢雲南三泊縣（今雲南安寧市）令，晉知安寧州（治今雲南安寧市），志載他「所至教民燒石灰以糞（肥）田疇，作水車引水灌溉，民甚德之。」一些尚未出仕任官的粵北士人，關心鄉梓經濟發展，憑藉其一副熱心及聰明智慧，也作出了應有的貢獻。如張大義，清代乳源人，「雍正間（1723～1735）於邑（縣）之西嶺下度地倡築新陂（水塘，水庫），壅溪流灌田千畝。又捐設窩鋪（臨時支搭以避風雨的營寨或棚子），修築橋樑」，這些措施對於當地經濟及交通的發展都有所貢獻。這些人物、事例在《韶州府志》卷三十二《列傳・人物》之中都是有案可稽的。

　　此外，古代社會，通過科舉入仕為官之後，在全國各地，對於發展生產，保持地方社會治安，振興教育，安定民生，在「仁政」方面做出了應有貢獻的粵北籍官員還有很多。這些粵北籍的鄉賢們，一身正氣，兩袖清風，敢作敢為，大力推行仁德之政，深受民眾以至「盜賊」的愛戴。例如，志載：「巫賢，字希顏，（乳源縣）斗門都人，由貢（舉）任興國（今江西興國縣）主簿，性平恕，民甚愛之。秩滿歸，興國民屢來乳（源）問安。」「劉彥忠，字廷臣，（乳源縣）斗門都人，由貢任汀州府（今福建長汀縣）知事，廉謹尚義，守法奉公，當道檄署縣上杭（上級任命其任上杭縣代縣令）。梅溪寨賊鄧茂七餘黨突至，（劉彥忠）驚跌重傷，為賊所執，詢其名，賊警（驚），相謂曰：『此前署（上）杭愛民官也！』遂書守令鼓民為盜事（地方官施政不當導致民眾鬧

事）入彥忠懷，舁（抬）於路。時滕御史聞其事，遂命（劉彥忠）入山撫慰，諸賊自相擒斬渠魁（首領），釋其脅從，皆歸順入編。杭、連、汀民留任十餘年，賜七品俸。」此二事例見《康熙乳源縣志》卷六《賢達傳》。他們盡職盡責，敢言敢為，為封建王朝的政治清明，地方安寧，邊防鞏固作出了重要的貢獻。

二、古代粵北地區鄉賢的優良品格

（一）遭遇困厄而意志彌堅

唐代清遠人邵謁的成名就是因為遭遇困厄，然而他卻不屈不撓，心中始終保持著一股浩然之氣。正是這股浩然之氣促使他發奮努力，終於成為獨樹一幟的人才。故後人評論說：「（邵）謁以晚唐一介士獲永其名（史冊留名），其（名）與諸家並行，其詩當不下人矣！使（即使）（柳）宗元見之，當如何其貴（重視，讚賞）之也！世傳（邵）謁巔末（事蹟始末）可異（引人深思）焉：始謁之家食也貧且賤，屈為（縣）吏；後發憤讀書，博通經史百家學。既成，為有司所舉，隸國子學，聲華奕奕薦紳（文人學士、達官貴人）間。嗟乎！謁之成名也由胸中耿耿者激之也！」（《民國清遠縣志》卷20《雜錄·廣州人物》，第 656 頁）

在封建時代，為官清廉者大多不會巴結賄賂上司，遭遇上司忌恨及另眼相待甚至於排擠陷害亦屬常見現象。

明代清遠人鍾萬祿，中進士後授任長樂知縣（今福建長樂市），有德政，具知人之鑒。「丁內艱（遭遇母喪），宦囊如洗，大司馬陳公省為備棺矜（棺木、衣斂），士民相賻（出資相助）乃得歸葬，一時廉聲噪八閩（廉潔的名聲傳遍整個福建地區）」；起復之後補德興縣（今江西德興縣）令，任期屆滿，「德興民詣闕疏留（到京師請求皇帝允許鍾萬祿留任）。不得，乃繪像尸祝（畫像懸掛，祝其康健好運）；迨去，萬載（今江西萬載縣）民又建生祠於阜巔（山頂）。」後又曾任戶部主事、武選郎中。所薦皆才，戎政（軍政）為肅；又出任臨清道（今山東臨清縣）僉事……「去任之日，商民扳留（阻擋車輛不讓離去），哭聲震野」。遷霸州道（今河北霸縣），「亦著政績」。然而，這樣一位政績顯著，深得民心的清官、好官，「歷任皆著循聲（良好評價），各（地）建生祠崇報」、「到處尸祝」的清廉謹慎之官，卻是仕途多舛，際遇坎坷不幸。志載他「以風節自持，恥折腰（不願點頭哈腰，趨附權貴），忌者沮之（嫉妒者千

方百計造謠中傷，使之仕途不順），京察（明代定期考核京官的制度，每六年舉行一次）落職」，遭到罷官。其後大約是因為得到朝廷正直官員的薦舉，又得重新任官。儘管如此，鍾萬祿並無沮喪，仍一如既往地任官處事。「……告歸，無半緡（古代一千枚銅錢穿成一串稱一緡，此謂身無分文，囊橐如洗），借資乃得行道（上路）」。去世之時，「紳民聞而赴哭（到其家哭泣告別），如喪私親（如同自己的親人去世一樣哀傷）」。（《民國清遠縣志》卷6《先達》，第184～185頁）

（二）兩袖清風，循聲昭著

在古代，粵北地區曾湧現出許多以清廉著稱的官員人物。

唐代曾任宰相的劉瞻（連州人）就是一位著名的清廉之官。他在任相期間，秉公辦事，賄賂不入門，家無餘積。後人評價說：劉瞻「位雖不久，然其清操介節炳耀史冊，卓乎為晚唐賢相矣！」程含章（《同治連州志》卷五《職官志》作羅含章，並說明「原姓程」），雲南景東廳人，舉人，清朝嘉慶十六年（1812）署任連州知州。來連州任職之前，他就已經讀過關於劉瞻的傳記。慨然想見其為人，將劉瞻作為自己學習的楷模；到連州來任職之後，他才知道自己頂禮膜拜已久的劉瞻居然出自己任職的連州！是連州人！因此，才到任，他即拜謁連州「劉公祠」。劉瞻去世之後，其靈柩運送回故鄉，葬於連州。後人在《重修唐丞相劉公（瞻）祠墓記》中，開篇即云：「古者鄉先生有功德於民，沒則祭於社，蓋祀死者於前，所以勵生者於後也。」劉瞻生前為官以耿直清廉著稱，鄉人為其建墓祭祀自然旨在激勵後人（包括當地出仕者及外地來此任職者）向劉瞻學習，以他為模範。程含章知州來到劉瞻墓前，只見祠宇歷時既久，早已殘破不堪：「破瓦頹垣，雨漏涔涔直下，神碑漶漫而不可識，苔蘚生處，蓬茅塞路，夜則乞人奸宄棲宿於此。祠左有墓，荊棘荒涼，墳隱蒿萊中，牛羊路斜穿其側。」見此情景，程含章知州不覺感慨唏噓而不能自禁。於是，薄書之暇即籌措經費重修了劉瞻祠墓。程知州又想到，有祠宇而無人管理，有墳墓而無田產供守護維修之費，亦終非長久之計，於是，程知州「博訪紳耆，得福壽廢庵田租若干石，專設廟廡守之。」事後，程知州偕同僚「祀以特羊」，以隆重儀式對劉瞻祠墓作了拜祭。祠既落成，鄉人士請程含章知州寫一篇記。在「記」的最後，程知州寫道：

> ……夫士有曠世（相隔年代久遠）相感者，余亦不自解其何心。
> 公（劉瞻）生於晚唐，距今已九百餘年，而能令人恭敬崇奉而不容

己，謂非其清風介節（清廉作風、耿直氣節）感發人心歟？諸生生
長是邦，日見公之祠，過公之墓，其所以尚氣節而勵廉隅者當更何
如也！（《同治連州志》卷10《重修唐丞相劉公祠墓記》，第819～820頁）

　　文中對劉瞻一生之中「清風介節感發人心」作了高度的評價，並對地方
人士寄以厚望：期望粵北地方人士將劉瞻的為人為官作風（清風介節）作為
自己學習的榜樣。

　　在宋代歷史舞臺上，曾活躍著眾多粵北籍官員的身影，他們任官大多具
有清廉的品格。

　　王式，北宋時曲江人，亦以「耿介自立」而著稱。他是天聖（1023～1032）
初年進士，授秘書省校書郎，歷任廣州、虔州、南安軍司理參軍。入朝除大理
寺丞，知吉州永新縣，明年移知梅州。王式為官以「清謹詳明，獄無隱情」、
「志尚高潔，義不苟合而著稱，被封建史家讚譽為『真所謂古之君子也！』」
（《同治韶州府志》卷32《列傳・人物・曲江》，第640頁）

　　黃正，亦曲江人，宋朝天聖（1023～1032）初進士擢第，累授信州大名
府司理參軍、衛州推官、著作佐郎、監廣州軍資庫、秘書丞、監宣州商稅、太
常博士、歙州判官公事、通判建州、知惠州，累遷屯田員外郎中。歷官甚多，
且多是與經濟相關的重要官職，是許多貪官覬覦的「肥缺」。然而，黃正為官，
人如其名，堂堂正正，兩袖清風，「當官以幹（能幹）稱，治獄以恕聞，其所
薦舉皆當世名公巨人，而所享名不盡其材。終（去世）之日，家無餘資。」不
僅作官清廉，不貪不暴，甚至即使是有限的官俸，亦要與貧困的鄉親分享：
「既登第後，性復恬素，不急進取，每歎（俸）祿不逮親，所得之俸常均給兄
弟及親族之貧者，鄉里無不服其友悌。」（《同治韶州府志》卷32《列傳・人物・
曲江》，第639～640頁）

　　北宋翁源縣人梅佐，登天聖五年（1027）進士，歷官藤州（治所在今廣
西藤縣西北）。「藤州屬蒼梧，彝戎雜糅（少數民族雜居共處），仕其地者率多
（大多）貪婪。（梅）佐招撫蠻獠，出入溪洞，過封蛇之墟而不告劬勤，清白
勵其鋒（以清廉任官，嚴於自律），不染脂韋（貪濁）之行。」（《同治韶州府志》
卷32《列傳・人物・翁源》，第677頁）

　　蒙天民亦為其中之一。據《民國仁化縣志》卷六《人物》載：「蒙天氏（民），
字憲初，（仁化縣）恩村人，登南宋慶元己未（1199）一甲十二名進士。時仁
化初建，上（皇上）以公（蒙天民）諳民情土俗，授縣知事。執政三載，百廢

俱興。以母艱（母親去世）改組（暫時辭官歸鄉守孝）。後不復仕，惟以書史課（教授）兒孫。厥後科甲鼎盛，皆公遺（影響、奉獻）也。」這段文字較簡略，只述其政績顯著，頗有政治才能，為官作風如何則未涉及。南宋名臣、時任江西提刑、知贛州府事的文天祥作於咸淳甲戌（1274）的《恩村蒙氏三世祖文林郎天民傳》所記略為詳細，謂：

> 「公諱天民，字完初，（南宋）慶元戊午（四年，1198 年）以
> 詩領鄉薦，己未（1199）登特奏科一甲十二名進士，授知仁化本縣
> 事。自二帝（北宋徽宗、欽宗）北狩，天下鼎沸；兼以仁化建立（建
> 縣）未久，人心初集，上（皇上）以公（蒙天民）深諳民情土俗，
> 特授斯職（仁化縣知事）。時城池傾圮，百廢未興，公下車，即建營
> 堡，立關津（建立關卡、橋樑），設學校，作養人才，勸課農桑，民
> 有觸法抵禁者不避內外（不論親人、平民一視同仁，依法處置）。未
> 及報政（任期未滿），以母憂（母親去世）去職。時雖解組（辭職歸
> 鄉守孝），而四方黔黎（民眾）遵其德教，猶以上下名分自守，不以
> 桑梓而廢。其生平鯁直寡合，言動不苟。執政三載，宦囊蕭然，惟
> 積書史以課兒孫。故後世書香奕□（奕），衣冠濟濟，咸公啟祐（影
> 響、薰染）云。」（《民國仁化縣志》卷 8《藝文第十二》，第 584 頁）

蕭守中，明初南雄府保昌縣人，永樂丁酉（1417）舉人，授戶部主事，奉命核查鳳陽諸衛軍餉。留守蕭某饋以百金，「守中峻拒之；復偕鄭御史嘉林、錦衣茂（某）巡視京儲（京師倉儲），茂（某）以贓敗（以貪贓之罪被查處）而守中之廉益彰。歷南京吏、刑二部郎中。拔胥吏，決重囚（審查決斷大案要案），請託不行，人服其公。」（《嘉靖南雄府志·鄉賢》，第 142 頁）

戴雲，明初清遠人，「學富百家，文章典正，洪武制科。初闢（薦辟，應舉）即領甲子（1384）鄉薦第四人，乙丑（1385）聯捷南宮（會試及第），授刑部主政，改御史，風紀自持，彈劾不避權貴」。戴雲敢於彈劾其他不法官員，是因為他本人以「風紀自持」，即嚴於律己。其本人作官即以「清」而著稱。翰林待制黃哲曾贈戴雲詩云：「十年慣聽京華雪，忽憶聞雞夢覺時。萬戶曉鐘金氣應，九重仙仗珮聲遲。湟州（清遠）桂樹誰招隱，庾嶺梅花有所思。一曲陽春知和寡，郎官清勝浩然詩。」（《民國清遠縣志》卷 60《人物·先達》，第 178 頁）「梅花」喻戴雲任官不趨炎附勢，耐得寂寞；「清」則點明他的清廉作風。

明朝初年的白思謙亦是一名以「廉能」聞名的清官。白思謙，明代樂昌縣人，積學種德，鄉人以「先生」稱之。以貢入京師，中洪武二十九年（1396）鄉試，三十三年（1400）授冬官（工部）主事。永樂四年（1406）授吏部員外郎，改左軍都督府經歷。滿三載復為員外郎，擢廣西左參政，以清白持身，以大體涖政，不屑屑簿書期會為能。十九年（1421）擢山西右布政使，以推澤奉敕賑濟，活人數萬。所至父老兒童環擁馬首曰：「『此吾父母也。』宣德三年（1428）召入朝，將加京秩（入朝任官），命下而歿。歿之日，解其衣橐，無餘財為殮，其清白之操如此。」（《同治韶州府志》卷32《列傳·人物·樂昌》，第658頁）

《明大學士金幼孜撰墓誌銘》敘述了其出仕的經歷，云：

公諱思謙，號鳳山，韶樂（韶州樂昌縣）平軒白先生（白平軒）之第四子也。生於元至正丁未（1367）年七月初一日申時，早佩（受）庭訓，及冠（成年），有司以俊秀薦入泮宮（縣學），業麟經（學習《春秋》）、子史（諸子著作及史籍）之學，中洪武丙子（1396）春闈（會試，明清時期會試在春季舉行，吏部主持，故名春闈）鄉進士榜。庚辰（1400）秋召入廷試，名登魁甲，任冬官（工部職官）主事，授承德郎。永樂丙戌（1406）夏升尚書員外郎，授奉誥大夫。己丑（1409）又四月，六卿嘉重公有宣德四方之才，交薦（相繼上表推薦）於上（皇上），陞擢廣西左參政，授亞中大夫。時有窗友（同年科舉及第者）蘇恭則與公（白思謙）有姻婭親，同拜左參政之爵，相繼到任，協恭施惠，聲光齊名。故西廣（廣西、廣東）稱為蘇、白二相。何仁厚若是之博哉！辛丑（1421）冬，公秩滿奏績（任期居滿，考核評定政績），天官（吏部）聞於上（皇帝），以公才德優長，越明年冬，奉敕（皇帝詔書）升山西布政史，授正奉大夫、正治卿。公涖任，賑濟軍民，活人數萬，其陰德（美德，聲譽）與宋韓琦、范仲淹輩相等也。今己酉（1429）春，皇上召公入朝，將秉鈞軸（將要委以重任，官居顯職），不幸三月二十四日終於金臺官舍。薨逝之際，囊無餘財，廩無餘粟。名公巨卿皆頌其廉能炳如（明白，顯著）也。享春秋六十有三。（《同治韶州府志》卷26《古蹟略·冢墓·樂昌》，第552頁）

明代乳源籍清官有蘇葵：「永樂乙酉（1405）舉於鄉，官知縣，廉明剛介，有惠政。致仕歸，杜門課讀，不事干謁。」神德善，「登永樂庚子（1420）鄉

薦，任北直府經歷，剛直不屈。致仕歸，行李蕭然。」李大超，「以恩貢任郴州通判，攝州事（代行州刺史職權）。郴（州）有銀礦，上官聽商開取，（李大）超以利害爭。商賂以金，不受。郴（州）民有李青天之頌。」胡俊□，明代乳源人，「由恩貢授永嘉主簿，冰蘗自持，運軍儲，築堤防，卓有成績，晉（升）杭州衛經歷，不就歸。」黃甲，亦明代乳源人，「貢生，任順德（縣學）訓導，以按院薦知福建福令，愛民剔蠹。解組（致仕）歸，宦橐蕭然。永（福）人思其德，舉祀名宦祠。」（《同治韶州府志》卷33《列傳·人物·仁化》，第671～672頁）此類記載在方志中可謂俯拾皆是。

　　鄧容是明代樂昌人，少通詩書，宣德十年（1435）領鄉薦，正統七年（1442）成進士，「奉使湖藩，給賞軍衛，凡贐禮（臨別時地方官民贈送的禮物）一無所受。楚王嘉之，書『廉介』二字餞其歸，且聞於朝。」眾所周知，貪官大都具有一個共同特點：不僅沿襲舊有弊政不除，還要巧立名目，加派徵賦，以便自己可以上下其手，中飽私囊；清官則反其道而行之，能從民眾切身利益著眼，力圖剷除弊政，減輕民眾負擔。鄧容在任廣信府永豐縣知縣期間，「推誠愛民，剗（剷除）宿弊，崇寬政；又為奏減額外之賦，民甚安之。」鄧容在建州浦城（今福建蒲城縣）任官，曾「脫當沒入者三十餘家」，即通過深入調查，瞭解真相，使本來蒙冤被抄家沒收財產的三十餘家得以擺脫不幸。這無異於挽救了百餘口人的性命，使他們免於流徙死亡或沒入官府為奴為婢的悲慘厄運。「又核虔州（今江西贛州市）銀治，免銀課（稅）數千兩。其人報以重貲，皆拒不受。布政使吳潤三上薦章……」（《同治韶州府志》卷32《列傳·人物·樂昌》，第658～659頁）

　　明代仁化縣人劉搖，「性直諒，立身嚴謹，初任貴州都事，監稅永寧，減檢榷課（稅），商旅稱便。升雲南臬、經（「臬」即臬司，按察使；「經」即經略使，明至清中葉，有重要軍事任務時特設經略，職位高於總督，為總轄軍民方面的重臣）。獄有可矜（同情）者力請開釋，滇人甚德之。遷江西斷事。歲餘告休（請求致仕），歸費預取諸家（歸鄉資費預先從家中取給）。歷官清操，始終不渝。」（《民國仁化縣志》卷6《人物》，第533頁）蒙祿昌，「世業儒，力學不怠。應文學才行薦，授麗水縣（今浙江麗水縣）知縣，擢知桂陽州（今湖南桂陽縣），皆有政聲。歿之日囊無餘錢。」葉深，明代仁化縣「江頭（鄉）人，砥行端恪，自處淡然，以貢任藤縣主簿，無暮夜之謁（賄賂不行）。比署縣篆（後來代任縣令之職）尤嚴肅，一塵不染，兩院交獎。歸仕（致仕歸鄉），

行李蕭然，人目為『清白吏』。」（《民國仁化縣志》卷6《人物》，第533頁）明末清初仁化縣人凌雲，「邑城人，拔貢，天啟丁卯（1627）科舉人，崇正（禎）庚辰（1640）會試副榜，授河南推官。蒞任十有九月，冰霜自勵，人不敢干以私。其政績載洛城祠碣中。鼎革（明清改朝換代）時遁跡於蔚州固始者十餘年。順治壬辰（1652）還里，服粗茹糲（粗糙的米）澹如（習以為常）也。所存屋僅一□，自署『□居』，杜門讀書，老而（不）倦，學者北面備弟子禮唯謹，僉曰：『窮視其所不為，貧視其所不取，於吾師信之（這是我們老師的形像寫照）！』當道（官府）未嘗通一刺（刺，古代社交所用文體，報知本人姓名、簡況以便讓主人大致瞭解，再決定是否接見）。巡道周公日燦、司理洪公琮皆敬禮，表其廬（在其住宅門楣上張貼褒揚性文字），著有集《陶杜樂此吟》若干卷。」（《民國仁化縣志》卷6《人物》，第534頁），凌雲於明朝末年任官，在任以「冰霜自勵」著稱，可知為官清廉，循聲昭著；不僅如此，值明清改朝換代之際，凌雲回天乏力，但忠肝義膽，毅然辭官歸鄉，不仕新朝，不交權貴，甘願過寂寞清靜的鄉村生活，充分體現了其清廉忠義的品格。

明代英德縣人黃桂，「天資豪邁，能文工詩，由（歲）貢授廣西潯州府訓導。嘉靖丙午（1546）領粤西鄉薦，遷晉江弋陽教諭，聘南京湖廣考官，累升容縣、棲霞（縣）令。所至皆有善政。歷官三十餘年，家業蕭然如初，人咸稱為『清白吏』。」吳其貴亦為明代英德縣人，「萬曆癸卯（1603）領鄉薦，庚戌（1610）成進士。初授秀水（縣）令，清操自持。以內艱（母親去世）歸，布衣蔬食，泊如一寒畯也。起補邵武縣（令），簡靜廉平，兩地（秀水、邵武）懷德。內（入朝）擢御史，差（奉命出使）關中臨鞏、武洮兼督學，有驗功之役。隆冬經三日夜馳邊城。病卒，橐無長物（行李中沒有值錢的東西）。蓋其歷官片金（分文）不妄受也。」（《同治韶州府志》卷34《列傳·人物·英德》，第693頁）

清代歐鍾諧，樂昌人，「登康熙庚子（1720）賢書，辛丑（1721）聯捷進士，授福建順昌令。政簡刑清，澆風一變。公餘（公務之餘）延集士子，講學勵行。致仕歸，宦橐蕭然，人稱清操吏。」（《同治韶州府志》卷32《列傳·人物·樂昌》，第662頁）

清代乳源縣人，「風流蘊藉，博覽群書，為文清麗，受知學使（督學使者）的翁方綱，選乾隆乙酉（1765）拔貢，遊（學）京師二十年。宦（任官職）湖南，知綏寧縣（今湖南綏寧縣）事，稱良史。歷判（屢任各州判官。判官是地方長官的僚屬，始置於隋代，佐理政事。明清僅州置判官，無定員）澧州（今

湖南澧縣）、靖州（今湖南靖縣），省催科，慎讞決（審理案件謹小慎微），力行善政，卓著循聲，民呼『賢父母』。」（《同治韶州府志》卷33《列傳·人物·乳源》，第673頁）所謂「循聲」，即清廉官風遠近聞名，古代史書多有《循吏列傳》，記載的也大多是清官的事蹟。清官不苛不擾，關心民眾，順從民願，甚得民心，故謂之「循吏」。

楊大林，清代翁源人，嘉慶癸酉（1813）登拔萃科，道光辛巳（1821）應鄉薦，乙未（1835）大挑一等，分發江西知宜春、吉水二縣，栽培士類，設賓興經費。丁酉（1837）鄉試同考官。「在任清廉自矢（誓）。去（官）之日，邑人賦詩餞程，頌其政。」（《同治韶州府志》卷33《列傳·人物·翁源》，第688頁）

郭志融是清朝中後期清遠籍一位正直而又清廉的官員。眾所周知，清朝前期，自順治歷康熙、雍正、乾隆、嘉慶諸朝，天下太平，政治尚屬清明；其後則漸趨敗壞，社會風氣也日趨腐化。在這樣的歷史時期，能不同流合污，傲然獨立，仍然保持清廉官風者則尤屬難能可貴。而郭志融即為其中之一。志載：

> 郭志融，字藕舡，清遠人，道光甲午（1834）科舉人也。生平以正直自勵，人莫敢干以私。嘗曰：「讀萬卷書不如先正一心，君子小人之分在公私之間而已矣。」及後，公（郭志融）在省城捐修虎門炮臺，其時縣差何孖二等在縣之濠基門設白鴿票廠（聚賭之所），日收票三十餘萬。適有里友為公（郭志融）言近日賭風猖熾，有輸至困極，因此而自盡者，作賊者比比（皆是）。公忿然欲稟究（向上級檢舉揭發，追究罪責）。友曰：「狐假虎威，世情積習，不若從而利之！」公作色曰：「知其不可而徇庇（視若無睹甚至給予包庇）之，是教猱（猴子）升木，縱虎傷人矣！」即通稟大憲（向上級報告），蒙布政（使）傅公立將票匪何孖二等按律嚴辦。知縣梁起祥撤（職），參捕廳紀維翊革職，地方肅清。今數十年未有敢開白鴿票者，皆公之力也。甲辰（1844）年，公復在省城捐辦義倉，將成，臘月中遇李希賢，相人也，謂公陰騭紋現，前程必顯，勸速赴（省）會試。公以義倉重任，驟難交卸。適候選官葉某願為接辦，稟准（經請示獲得批准）給資北上。乙巳（1845）會試果登進士。清遠自順治（清初）至此，二百餘年未有發甲（登進士第）者，郭公之捷（登第）信有陰騭（神助）存焉。後分發四川，補大足、成都各縣，致治有

術，盜息民安。去任，士民立清官亭以志（紀念）之。（《民國清遠縣
志》卷 20《雜錄・為善果報》，第 659 頁）

　　郭志融生活於我國封建社會向半封建、半殖民地社會的過渡時期。此時，
西方列強對中國虎視眈眈，正在積極謀劃對中國發動侵略戰爭；而清朝統治
者則過著紙醉金迷、歌舞升平的腐朽生活。官場上貪污受賄之風盛行，以至
胥吏胡作非為，嚴重危害社會也無人干預。郭志融秉持著肅清吏治，穩定社
會秩序之心，敢於剷除社會毒瘤，充分顯示出了其政治才能魄力。而他敢於
對腐敗的官場開刀，就因為他自身為官清廉，無後顧之憂。

　　不僅是政官中清廉者多有其人，粵北籍教官中清廉者同樣屈指難數。

　　黃甲，明代乳源人，「貢生，任順德（縣學）訓導，以按院薦知福建永福
令，愛民剔蠹。解組（致仕）歸，宦橐蕭然。永（福）人思其德，舉祀名宦
祠。」（《同治韶州府志》卷 33《列傳・人物・乳源》，第 672 頁）

　　清初乳源縣上街人酈鴻，「少聰敏好學，善屬文，以勳業自期許（立志建
功立業），□（弱）冠領歲薦，初授端水司訓，政聲藉甚，升澄海教諭。尋（不
久）轉潮郡（州）教授，講學造士不遺餘力，潮之人文蔚起。當道採其清望薦
擢國子監學正，課育成均（在國子監教書育人），遊其門者皆名人魁士。秩蒲
（滿）晉吏部，務益謹飭，冰潔自凜，庭無私謁，大僚咸器重之。」（《康熙乳
源縣志》卷 6《賢達傳》，第 517～518 頁）酈鴻無論是任教官還是後來入吏部任
政官，都以「冰潔自凜，庭無私謁」而著稱，不僅清廉，而且所到之處，皆有
政績，深得人心。

　　清代曲江人許懷舉，「膺乾隆癸酉（1753）拔貢，朝考入選，授三水（縣
學）訓導。己卯（1759）舉於鄉，教諭南海，……兩任邑庠（縣學教官），處
己清廉，周恤寒士，遠近宗仰，以良師稱。」許敷遠，亦清代曲江人，「性嗜
學，尤粹（精）於詩，弱齡食餼（不到二十歲考入縣學讀書，享受助學金），
以貢（舉）就教職。歷訓平遠、興寧（曾任平遠、興寧兩縣學訓導），喜闡幽
隱，修復平遠程孝子祠，嗣（後）教授潮州。勸學興文，有山斗之望。時某生
因事私饋金五百，卻弗受，罰充韓山書院膏火。諸生景（仰）其廉正，為之尸
祝（尸：設偶像；祝：拜祭。古代對崇敬之人設其牌位以為之祝壽）。」（《同
治韶州府志》卷 32《列傳・人物・曲江》，第 649、第 651 頁）

　　但是，在封建時代，清官並不易做。清官不受不義之財，不巧立名目索
取於民，自然大得民心；然而，清官既然囊橐如洗，自然沒有多餘的錢財賄

略上官，這就注定了清官大多仕途不順，以致含冤被逐回鄉，投入牢獄者亦有之。

如明代仁化縣譚曜，「心性剛鯁，學問正大，由貢任遠安縣知縣，懸魚飲水（懸魚太守，指的是東漢時南陽郡太守羊續在任上，廉潔自守，懸魚在屋外拒賄一事。該事至今仍以「懸魚」、「羊續懸枯（指死魚）」、「掛府丞魚」等典故被後人傳誦），清介自持，以不能脂韋（「脂」：阿諛；「韋」：背離，後作「違」，指不善於阿諛逢承，賄賂上司），遭謗歸家。」（《民國仁化縣志》卷6《人物》，第533頁）

由上述部分事例可以看到，明清時期粵北籍「鄉賢」之中，為官清廉者人數眾多。究其原因，筆者認為主要在兩個方面，一是歷史上粵北籍清廉官員的模範作用。俗語說，榜樣的力量是無窮的。粵北籍出仕在外的官員，他們為政清廉，受到當地民眾的感念愛戴，受到當局的表彰。他們的事蹟被記錄於方志之中，對其後出仕的粵北籍仕宦者有重要的影響；二是若干清廉官員受到「當道」的關注及表彰，成為士人學習的典範。開明而有作為的地方官，對於屬下為人謹慎，清廉能幹者，常常給予格外的青睞。例如：「劉焜，字乃晃，仁化人，乾隆五十年（1785）恩貢。性耿介，不苟取予。當道聞其賢，擬薦辟。（劉焜）力辭不就，邑人高（推崇、讚美）之。」（《同治韶州府志》卷33《列傳・人物・仁化》，第669頁）

清官不僅為統治者所表彰，為民眾所敬仰，亦為反叛作亂的「盜賊」們所欽敬。志載：劉彥忠，明代乳源縣人，「由貢授汀州府（今福建長汀縣）知事，廉謹守法，當道（上級）檄置上杭（今福建上杭縣）。後遇賊鄧茂七餘黨突至，被執，（賊）詢其名，驚謂曰：『此前署（上）杭愛民官也！』」因為劉彥忠為官清廉，嚴謹守法，名聲遠揚，連反叛者都感激佩服得五體投地。因此，當劉彥忠被反叛者擄獲之後，不僅未被誅殺，反而被隆重送還。當時，御史滕某聞知此事，知道反叛者還是有仁義之心的，可以招撫爭取，不必虐殺，「因命（人）入山撫慰，諸賊盡降。」劉彥忠也因此受到朝廷的敬重，「留任十餘年，賜七品俸」。（《同治韶州府志》卷33《列傳・人物・仁化》，第671頁）

但是，在封建時代，欲做一名清官並非易事。雖然清官毫無例外地都得到了民眾的擁護和愛戴，當他們調任或致仕歸鄉時，民眾或千百人攀轅送行，或設生祠虔祀以為祝福；但清官耿介獨立，既不受賄，也無以賄賂上司，因而可能不受上官的青睞，難以獲得升遷的機會；清官不僅自身為官清廉，對

於身邊手下的胥吏常常也律之甚嚴。這就損害了他們的利益，以致遭到胥吏的攻擊甚至陷害，以至無法在當地繼續任職而被迫調離。一個例子是：張道幟，清代乳源人，「幼在鄉塾讀書，言動不苟。師奇之，屬為文援筆立就。長登庠序（長大後入縣學讀書），卓犖其志（志向遠大，與眾不同）。乾隆丙子（1756）膺鄉薦，庚辰（1760）成進士。歷知渠縣、清溪縣，劭（勸勉）農勸耕，教民爍石為灰以美土疆（增添土地肥力），歲獲豐稔。」可以說，張道幟不僅品德優良，有行政能力，而且政績突出，受民愛戴。然而，由於他「居官鎮靜不事逢迎，旋以吏議改官任瓊山（今海南省瓊山縣）教授。居海島悠然自得，惟日與諸生課文，榮辱無所介於懷也。」（《同治韶州府志》卷33《列傳·人物·仁化》，第673頁）可見，由於張道幟「居官鎮靜」，不巧立名目克剝百姓，又「不事逢迎」，故「吏議」不佳，最終不得不被調官至海南島偏僻落後的地方去任教。實際上是遭到了「大僚」的打擊和排斥。

　　在制度健全，利益豐厚的當今，要做到盡職盡責，甘作清官，尚且並非易事；在專制主義的封建時代，上自君主將相，下至官僚吏胥，無不視職官權力為漁利之工具，貪官污吏遍布，在這樣的歷史背景之下，能不受官場腐敗風氣影響，端正自身，以清廉律己，盡職盡責，至死不悔者，就顯得格外稀罕了。然而，從粵北方志「人物」傳中，可以看到，這樣盡職盡責，為官以清廉著稱者卻比比皆是！

　　古代粵北仕官之中清廉者多，與粵北人重視對子弟的品德教育（所謂「庭訓」）有關。粵北之人深明，知識教育固然重要，但一個人如果品德有欠缺，則知識越多，仕途再顯，或者不但無益，甚至有害，所謂「爬得越高，摔得越慘」，故十分重視對子弟的品德，尤其是為人清廉的教育。例如，志載：「李正，翁源人，幼知學問，制行端方。康熙辛卯（1711）舉於鄉，教諭順德，讀書課士，遊其門者率皆知名。長子（李）之藩，康熙甲午（1714）舉人，知樂亭縣；次子（李）之蓉，康熙戊子（1708）舉人，知德平縣，轉知寧河縣，皆能奉庭訓，為官箴（制定任官應守之規則），清廉自矢，懋著循良（父子皆以為官清廉著稱）。」（《同治韶州府志》卷33《列傳·人物·翁源》，第686頁）。

（三）嫉惡如仇，敢忤權貴

　　在朝廷，在地方任職的粵北籍官員們，對於官場中的腐敗罪惡行為，大多表現出嫉惡如仇，決不與之苟合的精神。在這方面，有兩種表現形式：一是當朝廷之中邪惡勢力佔據了上風，而且控制了皇帝的時候，正直的大臣如

果直面抗爭，不僅無濟於事，反而招致殺身甚至滅族之禍時，急流勇退而不與之苟合就是一種明智的鬥爭方式；而當邪惡勢力雖然囂張，但皇帝還不至於被惡勢力控制，還算明白事理之時，勇於與邪惡勢力鬥爭，將個人利益置之度外，就是有正氣，有膽略的表現。他們的事蹟讀之令人敬佩。

漢代，連州曾出現一位以「性恬淡」和「忠直」而著稱的人物，即唐珍。《同治連州志》卷七《人物志‧忠讜》記載：「唐珍，字惠伯，桂陽（原注：今連州）人，幼時聞人讀書即能記誦，人謂神童。及長，狀貌瑰偉，善事父母，天性恬淡，荊州刺史度尚甚稱重之。及就（應）辟召，累官太常（太常是中國古代朝廷掌宗廟禮儀之官，位列漢朝九卿之首，地位十分崇高，兼管文化教育，也統轄博士和太學）。（東漢）熹平二年（173）秋，代楊賜為司空（漢代三公之一），常（曾）奏請沿海立堠戍（設置哨所，駐兵防守）以防夷寇。其先世家本潁川，大父（祖父）南遷，至（唐）珍已三世。時同族有中常侍（宦官）（唐）衡與左悺等竊弄威福，衡常呼（唐）珍為弟。珍恥之，遂陽喑（假裝聾啞），不復出言。明年以病罷歸，居公（三公）位者僅期（滿）月。」唐珍在位期間正遇上宦官專權弄政，朝中大臣多有趨炎附勢，狐假虎威者，而唐珍卻與眾不同，他以裝啞方式拒絕與宦官勾結，沆瀣一氣，被朝廷以為真的得了喑啞之疾，得罷官歸家。其剛直的秉性深為時人景仰，家鄉連州人為他建廟致祀。

明代連州人曾象乾，「（連）州城外升俊坊人，登萬曆丁丑（1577）科沈懋學榜第五名進士，欽點翰林院庶吉士，隨（隨即，接著）典試山西，擢福建巡按御史，綽有風裁。所至持廉秉公，剔扶幽隱，宜吏畏其神明。轉遷南京學政，首拔寒士朱之蕃等，後俱掄（選拔）會狀（會試中狀元）。復升河南道都察院僉都御史，直節勁氣，百折不回。時東廠太監張鯨擅權，（曾象乾）抗疏論之，大奸伏罪，天下稱快。彗星一疏洞究天文，為當時傳誦……」（《同治連州志》卷 7《人物》，第 727 頁）其中，曾象乾上疏指斥宦官張鯨等擅權妄為，理應嚴肅查辦一疏，在當時影響頗大，對宦官專權擅政起到了震懾作用。

東廠太監張鯨狐假虎威，胡作非為，罪惡累累。經貴州道御史何出光等交章論列，續經刑部審查明確，理應受到嚴屬處罰。然而，皇上似乎有意庇護，處罰頗輕，只是「著（令）鯨痛加省改，策勵供事」，曾象乾認為皇上這樣處置，不但不會抑制宦官專權作惡，反而會助長其囂張氣焰，今後會更加肆無忌憚。於是，他上疏，要求皇上對張鯨嚴屬斷遣。其疏謂：

　　臣等竊謂張鯨身為近臣，不能自靖，以致臺諫交章，中外切齒，
即令問證已明（罪證確鑿），獨（張）鯨得從寬宥。皇上之宥鯨誠
謂鯨無罪歟？據臣等所知，冒領（偽稱）內府王令者鯨也；李登雲
挾詐孫銘財物，先事者（主謀）鯨也。其他賄賂、交通十九入鯨之
彙，聲勢恐嚇大半藉鯨之威。今劉守有革任矣，邢上智論闢（處死）
矣，李登雲等問戍（流放邊地充軍）矣。群狐就縛而嵎虎（據山之
虎，喻罪魁禍首）尚存；走狗已烹而發縱（指使者）無恙，臣等誠
莫測其故。以為錄其勞則鯨奔走役使乃其職事，非有翊戴之功也。
功當錄，勞不當錄；勞而見錄，人皆可以（為）鯨也；以為冀其省
改則鯨之招權納賄，所謂大惡，非止註誤之過也。過可宥，惡不可
宥；惡而見宥，人皆欲為鯨也。鯨不知有言官（不把諫官放在眼
裏），不知有法司，所忌者在皇上之明。言官之敢言，法司之執法，
所憚者在皇上之斷。去邪者嫌於疑（有懷疑就無法除去邪惡），去
惡者莫如盡。今鯨之惡已彰彰如是，即不為兩觀之誅（語本漢劉向
《上災異封事》：「自古明聖，未有無誅而治者也，故舜有四放之罰，而
孔子有兩觀之誅，然後聖化可得而行也。」後遂以「兩觀之誅」喻指為
了國家安定而對亂臣賊子所施行的必要的殺戮），亦當示三苗之竄（即
使不受誅戮，亦應斥逐荒遠）；乃（而竟然）使之依然就列，宴如
（像平常一樣）供事，將謂國法可以僥倖，聖意可以轉移，（彼）
將睥睨（輕視）言官，以為莫敢誰何；將號召黨羽，以為不必畏忌，
異時雄心（野心）再逞，故志復張。（劉）守有雖去，（邢）上智即
誅，為（效法，接踵）守有、上智者豈其微（少）哉！語有之：「不
見其形，顧察其影」（形：行為；影：輿論、評價。喻見微可以知
著，觸類可以旁通）。鯨之罪惡貫盈，情狀暴露，人已目視手指（怒
目而視，千夫所指）之，不但影而已！皇上尚可匿其形乎！且人主
整齊其下者惟法與令，主持於上者惟信與公。皇上令行與於馮保，
在鯨其捨而不行（治罪），非所以示天下之信也。臣等待罪西臺（職
任諫官。西臺為西御史臺之簡稱），義不容默（沉默）。伏乞皇上法
行自近，獨斷乃心，勿憐其不足錄之微勞以（而）赦（其）今日之
顯惡；勿冀其不可必之後效（未必今後真的能改邪歸正）以啟將來
之隱憂，將張鯨照馮保事例按法正罪，遠加屏斥（貶謫至荒遠地

方），上以昭法紀，下以快人心，臣等幸甚！天下幸甚！（《同治連
州志》卷9《藝文志·疏》，第778頁）

宦官是皇帝身邊的近臣，為皇帝而奔走效勞，常常容易得到皇帝的信任
與寵幸。東漢、唐朝、明朝末年形成嚴重的宦官專政局面，其根源都在於此。
敢於與宦官作對，被宦官借助皇權而加以迫害甚至慘遭殺身者不知其數幾
許！曾象乾將個人利益安危完全置之腦後，敢想敢說，敢作敢為，不怕宦官
報復加害，表現出了封建時代諫官應有而少見的可貴品格，亦體現了古代粵
北人士剛正不阿的正直品格。據志載，此疏上達之後，「大奸伏罪，天下稱快」，
起到了激濁揚清的作用。

（四）耿直任官，敢於諫諍

諫諍，即對於君主作出的錯誤決策或做法提出批評，期望君主改邪歸正。
在專制主義的封建時代，君主總認為自己高高在上，下面的臣民對於自己必
須絕對服從，不管自己是正確或是錯誤。因而諫諍是件吃力不討好，冒大風
險之事。很有可能，臣子的諫諍本是出於維護封建統治的長治久安，使君主
的地位得以鞏固，然而，在君主看來，臣子諫諍君主即是對君子的「大不敬」，
一怒之下，貶斥者有之，誅戮者亦有之。故而敢於諫諍需要具備忠君愛民思
想，能將個人地位、安危置之度外的氣魄。從粵北方志的記載來看，在古代
歷史上，在朝廷中，敢於諫諍的粵北籍官員不在少數。

在唐末五代時期，粵北地區曾湧現幾位以耿直任官，敢於諫諍，不怕得
罪君主，不把個人仕途命運甚至生命安危放在心上的人物。他們是楊洞潛、
陳用拙、黃損等。

先述楊洞潛。

《十國春秋》卷62《南漢五·列傳·楊洞潛傳》云：「楊洞潛，字昭元，
始興（今廣東韶關市）人也。」楊洞潛出身於仕宦之家，先人在唐朝曾任祭
酒、遂寧（治所在今四川遂寧縣）太守等職。唐末戰亂，由蜀逾嶺，因而落籍
始興。史載，楊洞潛幼好經史，開爽有政略。唐末為邕管（唐朝政區名。乾封
二年即667年置邕州大都督府，開元二十一年即733年置嶺南五府經略使，
上元年間即760～761年置邕管經略使，設經略使1員，駐邕州，即今廣西南
寧市，掌管軍、政事務）巡官，秩滿客居南海（今廣州），南漢烈宗劉隱師事
之，表薦試大理評事，清海（治所在今廣東廣州市）、建武（治今廣西南寧市）
節度判官。時時為烈宗劉隱出謀畫策，略取湖南容管，頗為楚（指同時期馬

殷在嶺北以湖南為核心建立的割據政權）人所懼，由是顯名。劉隱死後，其弟劉岩（又名陟、龑、龔等）繼位，以廣州為興王府，稱帝，建立南漢國。五代十國時期，中原封建政權都在沿用一項制度：地方刺史多由武將擔任。武將任刺史，是政治敗壞的根源，也是戰爭連綿的原因之一。吸取歷史及現實的教訓，楊洞潛「首言刺史不宜用武流（武將），當廣延中州人士置之幕府，選為刺史，俾宣政教，則民受其福」。南漢高祖劉岩接受了楊洞潛這一合理建議。這是南漢國內戰較少，局勢相對比較穩定，與中原五代政權戰爭不休，改朝換代頻繁有別的一個原因。當時，粵北地區尚不在南漢國政治版圖之內。先是，鎮南軍（五代方鎮名，治所在洪州，即今江西南昌市）將黎求（一作球）殺節度使盧延昌自立。不久，黎求又被其他將領所殺，牙將李彥圖代知留後事（代理節度使）。楊洞潛力請劉岩南漢政權乘此有利時機出兵奪取粵北重鎮韶州。劉岩接受楊洞潛的建議，令刺史廖爽遂出征。不料，廖爽遂戰敗，不敢南歸，投奔了北方的楚國。楚國武穆王馬殷亦認為粵北地區是塊「肥肉」，也來爭奪。劉岩「復用（楊）洞潛等謀，累戰俱捷，遂盡有五管諸地。以功表洞潛為節度副使、御史中丞。」所謂「五管」，指唐朝自永徽（650～655）以後分嶺南道為廣州、桂州、容州、邕州、交州五都督府，由廣州都督統攝，總稱「嶺南五管」。

自此，嶺南的南漢政權與嶺北的馬楚政權為著爭奪毗鄰之地而爭戰不休，互有勝負，無有寧日。南漢及馬楚此時都尊奉中原後梁政權。後梁自然有「義務」派遣使節調停雙方的爭端。「居二年，（後）梁以右散騎常侍韋戩來和楚、（南）漢之難。洞潛力勸高祖（劉岩）聯姻楚國以靖邊隅。乾亨元年（917），高祖即皇帝位，擢（楊洞潛）兵部侍郎、同平章事。洞潛以（後）梁使趙光裔（乃）故宰相（趙）光逢之弟，遜使位居己上；高祖嘉其意，從焉。洞潛遂乘間陳吉凶禮法，請立學校，開貢舉，設銓選，國家制度精有次敘（序）。」可見，楊洞潛為人很嫌遜，與那些爭權奪利無所不為者大相徑庭；而且他具有遠見卓識，能以國事為重，從多方面為割據政權的建立創造了有利條件。割據雖與統一背道而馳，但在中央集權力量已然大為削弱，分裂混戰無從止息的特殊時代，割據畢竟可使一方暫時穩定，又有其特殊的意義。

南漢高祖劉岩在位前期尚能勵精圖治，故能開拓境土，政治、教育、外交各方面亦有建樹；然而，當割據政權建立起來之後，劉岩就由「有為」之主而迅速轉變為昏庸之君了：「傾之（不久），高祖作水獄以毒罪人，（楊）洞潛

極諫不聽。大有（南漢劉龑年號，928～942）中，又命秦王（劉）弘度募宿衛兵千人，中多市井無賴子弟，洞潛諫曰：『秦王，國之冢嫡（王位繼承人），宜親端士，使治軍旅已過（錯誤）矣，況昵群小乎？』高祖曰：『小兒輩教以戎事，乃過煩公慮（讓小孩熟習軍事，你何必為此操心）！』一日，衛士掠商人金帛，商人不敢訴。洞潛見之，歎曰：『政亂如此，安用宰相為！』因謝病歸。久之不召，卒。」（清吳任臣：《十國春秋》卷 62《南漢五·列傳》，第 888～889 頁，中華書局，1983 年）

在南漢國前期，政治相對清明，楊洞潛可以作君子，行仁政；而至南漢建立之後，君主漸趨昏庸，政治陷於敗壞。楊洞潛意識到自己在南漢國政治舞臺上已無用武之地，於是「謝病歸」，以身有疾病為由，請求回鄉奉養，退出了政壇。南漢國亦因為政治敗壞，宦官專權，人心離散，軍無鬥志，不久即為北宋所滅。

次述陳用拙。

南漢朝廷中另一位以「忠義」著稱，堪稱「君子」而同樣抑鬱不得志的人物是陳用拙。志載：

> 陳用拙，本名拙，連州（今廣東連州市）人，用拙其字也。少習禮樂，工詩歌，長遂以字顯。唐天祐元年（904）擢進士第，授著作郎。心惡（反對）梁王（朱）全忠所為，假（借機）使節南歸，加烈宗（劉隱）請為節度、同平章事。烈宗留用之。未幾，梁王全忠篡位（建立後梁政權），改元開平。用拙力勸（劉隱）仍奉（唐朝）天祐年號。烈宗多（讚賞）其義而不能用。遂（任為）掌書記，攝（代任）觀察判官。比（至）烈宗病革（危），用拙撰表請高祖（劉隱之弟劉巖）權知留後。高祖繼立，益信任之。乾化四年（914），（陳用拙）奉使吳越。吳越武肅王（錢鏐）與語，嘉（讚賞）其專對（善於應對），賚（賜，給）以金帛甚厚（多）。用拙遜謝，歸以獻高祖。高祖自立為皇帝，擢用拙吏部郎中，知制誥。久之，卒。
>
> （《十國春秋》卷 62《南漢五·列傳》，第 901 頁）

可見陳用拙亦是一位忠義之士。他對唐王朝忠心耿耿，反對朱溫篡唐稱帝，亦反對劉巖割據稱帝，顯示了其忠肝義膽。

黃損亦是唐末五代時期連州人，少負大志，刻苦勤學，於五代初期進士及第，歸自京師。當時嶺南與中朝隔絕，黃損遂家居，不復入汴（汴京，今河

南省開封市，篡唐而立的朱溫即以汴京為都城建立後梁王朝）。劉岩在嶺南建立割據政權南漢之後，對科舉及第而未出仕的黃損「頗加親任」。黃損向劉岩進獻政治計策，表示願意留居幕府效力。因為秉性忠直，「中間多指切權貴，眾皆疾怨（恨）之」。逾年，授永州（治今廣西南丹縣西北巴峨）團練判官，累進尚書、左僕射。黃損在南漢王朝中，對政治、軍事有重大貢獻：「高祖（劉岩）取湖南（馬楚）諸州，其策皆自（黃）損出也。」不久，劉岩大興土木營建南薰殿，雕沉香（木）為龍柱，務極工巧，少不如意輒誅殺工匠，前後被誅十餘人。黃損為此對劉岩提出諫諍，規勸其以治國安民為重，勿將人力財力用於大興土木，勞民傷財方面。結果因此得罪了劉岩。劉岩懷恨在心。會宰相位缺，群臣多推舉黃損，劉岩卻說：「我殊不（一點也不）喜此老狂！」失去了統治者的信用，苟且取祿已無意義。因此，黃損「無何（不久）嬰（患）足疾，退居永州滄塘湖上，詩酒自娛，竟病卒。」（《十國春秋》卷62《南漢五·列傳》，第893～894頁）

北宋前期的余靖也是耿直任官，敢於諫諍的典範。

余靖，北宋韶州曲江縣人，自少不事羈檢，以文學稱名於鄉里，舉進士，天聖二年（1024）起家為贛縣（治今江西贛州市）尉，遷秘書丞，以「數（多次）上書論事」而聞名朝野。例如，范仲淹是北宋著名的忠直之臣，以此得罪了皇帝，被貶官至饒州任地方官。當時，朝廷中諫官、御史都不敢作聲，怕以此獲罪，自身不保。那些嫉妒范仲淹地位及才能的大臣不僅不予救助，反而有落井下石者，所謂「大臣肆忿，臺諫緘默」。唯有余靖及歐陽修二人將個人利益置於度外，「交章辯論，義氣所激，非為私也」。余靖置個人仕途命運於不顧，所謂「狗拿耗子多管閒事」（余靖時任集賢校理，掌秘書圖籍等事），上書皇帝說：「仲淹以刺譏大臣重加譴謫，倘其未合聖意，在陛下聽與不聽耳，安可以為罪乎？汲黯（西漢大臣）在廷，以平津為多詐；張昭（三國大臣）論將，以魯蕭為粗疏；漢皇、吳王熟聞訾毀，兩用無猜，豈損令德？陛下自親政以來，屢逐言事者，恐鉗天下口，不可。」疏入，余靖被落職監筠州（今江西高安縣）酒稅。其他忠直敢言的大臣如尹洙、歐陽修亦以為范仲淹鳴冤而獲罪，相繼被逐出朝。「（余）靖由是益知名」。

余靖在被貶斥之後又遭遇了一連串不幸。為余靖所著《武溪集》二十卷作跋的宋人韓璜在跋中說：「果有利心肯為是耶？是舉也，有東漢李（膺）、杜（密）之風。」所幸北宋與東漢二朝政治氛圍有所不同，東漢一朝將正直敢

言，反對宦官弄權的大臣一概定為「黨人」，不僅被貶官，還被禁錮終身，不允許做官，故稱「黨錮之禍」；而宋代則無此現象，歐陽修曾著《朋黨論》，評論歷史與現實，「意為規於後也」，但也無濟於事，未能改變正直官員遭打擊被貶逐的事實。

余靖在地方曾監泰州稅，知英州（今廣東英德縣），遷太常博士，復為集賢校理，同知禮院。至宋仁宗即位，慶曆年間（1041～1048），仁宗銳意欲革天下弊事，增設諍諫官員使論得失，以余靖為右正言。時四方「盜賊」竊發，州郡不能制。余靖上言曰：「朝廷威制天下在賞罰。今官吏弛事（玩忽職守），群盜蜂起，大臣齷齪（腐敗，無能）守常，不立法禁可為國家憂也。請嚴捕賊（重）賞罰。及定為賊劫，質（根據）亡失器甲除名追官（削奪官職）之法。」即請求通過「立法禁」、「嚴賞罰」等辦法促進地方官改變「齷齪守常」（得過且過，不求有所作為）的消極無為作風，以此保證社會秩序的穩定。適逢司天監進言「太白犯歲星，又犯執法」，余靖又利用這一有利時機「上疏請（皇上）責躬修德以謝天變」。不久，余靖受命出使契丹。出發之前，余靖考慮到還有許多要事要向皇帝稟奏，為防止遺漏，上朝前先將應奏之事，每事以一字為記號，書於笏板（古代大臣上朝時拿著的手板，用於記事）之上，共有幾十件事。皇帝讓余靖逐條上奏，直至日落西山才把事情稟奏完畢。仁宗皇帝崇信佛教，曾下詔索取「舊瘞舍利（古代佛教高僧去世後火化所得顆粒形骨灰）入禁中閱視。」傳說神僧（高僧）舍利具有神異性，能使人逢凶化吉，消災卻禍。然而，某一日，收藏高僧舍利的開寶寺卻發生了大火，把寺院焚毀了。余靖認為可以利用此事揭露佛教的虛妄，君主崇佛的錯誤，於是上疏言事，謂：「五行之占本是災變，朝廷所宜戒懼以答天意。聞嘗（曾）詔取舊瘞（掩埋，埋葬）舍利入禁（宮廷）中閱視，道路（世上）傳言舍利在內廷有光怪（奇異光澤）。竊恐巧佞之人推為靈異，惑亂視聽，再圖營造。臣聞帝王之道能勤儉厥德，感動人心，則雖有危難，後必安濟；今自西陲用兵（按，指宋與西夏之戰），國帑虛竭，民亡（無）儲蓄，十室九空。陛下若勤勞罪已，憂人之憂，則四方安居，海內蒙福；如不恤民病，廣事浮費，奉佛求福，非天下所望也；若以舍利經火不壞遽（以）為神異，則（舍利）本在土中，火所不及；若舍利皆能出光怪，必有神異憑之，是妄言也！且一塔不能自衛，為火所毀，況籍其福以庇民哉！」奏疏有理有據，余靖期望藉此讓皇上放棄對於「舍利」的盲目崇拜，以抑制佛教勢力的發展。

此外，余靖對於皇帝的用人不當也敢於進言。如：「嘗（曾）論夏竦姦邪，不可為樞密使；王舉達不才，不宜在政府；狄青武人，使之獨守渭川，恐敗邊事；張堯佐以修媛（身高貌美）故除提點府界公事，非政事之美；且郭后之禍起於楊，尚不可不鑒……」總之，事事諫諍，無所顧忌。

太常博士王翼奉命至西京治獄，朝廷賜五品服。余靖認為此舉不當，上奏言：

> 治獄而錫（賜）服，外人不知，必以為（王）翼深文重法（嚴刑峻法），能希（迎合）陛下意以取此寵，所損非細事也。嘗有工部郎中呂覺以治獄賜對，祈易章綏（期望得以職位升遷），陛下諭之曰：「朕不欲因鞫囚（治獄）與人恩澤。」（呂）覺退，以告臣，臣曾書之《起居注》。陛下前日論（呂）覺是，則今日賜（王）翼非矣。是非予奪貴乎一體（統一標準），小人望風希進，無所不至。幸（懇請）陛下每於事端抑其奔競（不正當的競爭，僭越）。

在此奏疏中，余靖指出皇帝對於大臣的所作所為，存在前後不一，意氣用事的問題：此前，工部尚書呂覺以嚴厲治獄，期望得到皇帝的稱讚和獎賞，並沒有達到目的；如今，太常博士王翼在西京以嚴刑峻法治獄，卻得到了皇上的表彰獎勵，這是不合理的，建議取消對王翼的獎勵，以免給其他大小官員傳遞錯誤信息，以為皇帝喜歡嚴刑峻法，這對民眾必遺害無窮。

據載，余靖給皇帝的奏章，「其說多見納用」。

在北宋歷史上，宋與北方的遼朝與西夏的戰爭與媾和成為朝中大臣爭議的主要焦點。這是主和派與主戰派形成的分歧所在。主和派主張給遼朝與西夏一定的「歲幣」，以換取其停止發動戰爭。余靖是反對一味妥協投降，以不斷增加「歲幣」來換取和平的屈辱做法。志載，會西夏厭兵，西夏主元昊請和，朝中大臣「議增歲賜」，即通過增加「歲幣」銀絹數量以與西夏締結和約，避免戰爭。余靖對此表示反對。他在給皇帝的奏章中說：

> 景德（1004～1007），契丹（遼）舉國興師，直抵澶淵。先帝（宋真宗）北征渡河，止（只）捐金繒（帛）三十萬與之；今元昊（西夏）戰雖累勝，皆由（宋）將帥輕敵易動（輕易退卻）之故。數年選將練兵始知守戰之備而銳意解仇，所予至二十六萬。且戎（戎）事有機，國力有限，失之於始，雖悔何追！夫以景德之患（按，指景德年間宋與遼之戰爭）近在封域之內（指契丹軍隊深入至澶淵，

迫近京師汴京），而歲賜如彼（三十萬）；今日之警遠在邊鄙之外，
而歲賜如此（二十六萬），若元昊使還益有所許（又增加給西夏的歲
幣銀絹），契丹（遼）聞之，豈不生心？無厭之求自此始矣！倘（假
如）移西而備北（按，指一旦宋遼矛盾尖銳激化，就必須將原來駐
紮於西北用以防禦西夏的軍隊轉移至北方防禦契丹遼朝），為禍更
深。但思和與不和皆有後患，則不必曲意俯狥以貽國羞……

西夏元昊既罷兵「歸款」，宣布停戰，朝廷欲加封冊。遼朝認為西夏如與
北宋停戰議和，對自己利用宋夏矛盾勒索詐取大宋王朝的錢財不利，於是，
「契丹以兵臨西境，遣使言為中國討賊，請止無和，朝議難之。」宋朝廷對於
遼朝的施壓感到左右為難：屈服於遼朝，則宋與西夏的戰爭難以停息；不屈
服於遼，難免又要與遼開戰。這時候，余靖又站出來反對宋朝屈服於遼朝的
淫威。「（余）靖數言契丹挾詐，不可輕許。」北宋朝廷於是即派遣余靖為使
節，出使西夏與遼朝。經過余靖的據理力爭，壓制了遼朝的囂張氣焰，使遼
朝的訛詐未能如願。

余靖多次出使契丹。為了更好地完成使命，余靖刻苦學習契丹語，甚至
會用契丹文字寫詩。然而，荒唐的是，御史王平等人卻彈劾余靖「失使者體」，
有損大宋尊嚴，余靖因而被貶官，出知吉州（今江西吉安市）。其他因在官場
中與余靖曾有利益衝突而懷有怨恨者亦乘機落井下石。如余靖為諫官時，曾
劾奏太常博士茹孝標為人不孝，遇母喪而不報，不歸鄉守孝，貪戀官位俸祿，
結果被罷官。獲知余靖被貶官的消息後，茹孝標「詣闕言（余）靖少游廣州，
犯法受榜」，誣告余靖年青時在廣州拜師求學期間曾經犯法而受到刑罰。余靖
聞訊，無意辯解，「求侍養去」，請求罷官回鄉奉侍年老父母。朝廷「改將作少
監，分司南京，居曲江；已而（不久）授左神武軍大將軍、雅州刺史、壽州兵
馬鈐轄。（余靖）辭不就，再遷衛尉卿，知虔州。丁父憂去（因父親去世而辭
官歸鄉守孝）。」

即使被貶官到了地方，余靖仍然以治理好地方為自己任官職志，敢於上書
陳言。如在以尚書右丞知廣州期間，就「首罷番舶裝船稅；又請立法戒廣南官
吏不得市南藥、諸蕃貨」，希望通過立法形式抑制地方官插手對外貿易事務，以
從中獲得豐厚利益。（《同治韶州府志》卷32《列傳·人物·曲江·余靖》，第 642 頁）

宋代與余靖同年登科的粵北籍人物還有一位，這就是梅鼎臣，同樣以忠
直而著稱。但方志對於其事蹟的記載則甚為簡略，謂：

梅鼎臣，翁源人，系出漢臺侯梅鋗〔《中國人名大辭典》「梅鋗」
條云：「梅鋗，漢益陽人，秦番陽令吳芮之將。從高祖（劉邦）攻析酈，
降之。項羽立（吳）芮為衡山王，封（梅）鋗十萬戶為列侯。（項）羽死，
帝（劉邦）以（梅）鋗有功，從入武關，故德芮（感謝吳芮分兵助戰），徙
為衡山王。」〕之後，天聖二年（1024）與曲江余靖同登宋郊榜進士。
慶曆間（1041～1048）官至殿中丞。殿中省舊掌六尚，其屬有監有
丞。至鼎臣時，尚食歸御廚，尚藥歸醫官院尚衣庫，尚捨歸鑾儀司，
尚乘歸驥院，尚輦歸輦院，皆不領於本省（殿中省），惟郊祀元日、
冬至天子御殿及禘祫（祭名，宗廟五年一次的大祭）後廟神主赴太
廟供其織扇（織絲縷製作而成的扇子），為寄祿官而已。（梅）鼎臣
以為不有諫諍非所以奉至尊也，乃修廢舉墜，乘間而進諫，以直聲
聞。（《同治韶州府志》卷34《列傳·人物·翁源》，第677頁）

可知，梅鼎臣作為諫官，還是富有責任心的，敢於直言進諫，與那些尸
位素餐，只求取寵保祿，害怕得罪皇帝及權臣而噤若寒蟬者是截然不同的。

明清時期，粤北籍人士通過科舉晉身入仕之後，在朝廷中擔任諫官者不
乏其人。諫官的職責在於對君主的錯誤行為提出批評，對朝廷及地方官員的
貪污、受賄、以權謀私等瀆職行為給予揭露，是個得罪人的角色。封建時代，
因為身任諫官而得罪了君主或將相，招致打擊報復甚至引來殺身之禍者不乏
其人。然而，在粤北方志中，記載了不少曾任諫官的粤北籍官員的事蹟。他
們大都具有一個共同的特點：敢於直言進諫，將個人仕途及利益完全置之度
外。

如，白塋，樂昌人，登明朝正統戊辰（1448）進士，授戶科給事中。此職
主在抄發章疏，稽察違誤，兼有建言（提出建議）及進諫的責任，其權力很
重。白塋「能以言責自任，如奏請土木（堡之變）陣亡諸臣子弟宜徵入國子學
讀書俟用；又奏罷樂昌河泊所及減桑絲、紅船諸額（各項編派指標），邑人賴
其惠。又請賜鄧文進、譚必、鄧容議，並入張文獻（張九齡）祠配饗，皆見施
行。而當時六科（吏、戶、禮、兵、刑、工）奏稿多出（自）塋手，有裨於風
化政教者多所建明（被採納實施）而家無藏稿，故凡有（建）言無人知者。在
任兩考（考：考核、考察，明清時對京官三年一考察，兩考即任給事中六年），
廷議推其直。」直，剛直，剛正不阿之謂。（《同治韶州府志》卷33《列傳·人物·
樂昌》，第659頁）

三、古代粵北地區鄉賢的若干特點

總觀古代粵北地區入仕為官的「鄉賢」，他們的事蹟、生平具有以下幾個共有的特點：

（一）對教育事業的高度重視

在封建時代「學而優則仕」任官制度的刺激之下，粵北地區不少人家對於子弟接受教育都高度重視。表現之一是不少貧窮人家也極力支持子弟接受教育，冀望憑藉子弟的科舉入仕而改變家境及社會地位；表現之二是出現不少以經學傳家的「經學世家」；三是不少粵北人士將從事教育視為一項崇高而神聖的事業。

在古代粵北籍士人之中，不乏家庭極貧困者。然而，即使在這樣極度貧困的生活狀態中，許多士人還是以頑強的精神，堅韌的毅力，精研苦讀儒家經典，而終至通過科舉考試而得入仕為官者。

在古代粵北民間，社會上不少人家都高度重視教育，將子弟或夫婿讀書入仕視為高尚行為，否則將會受到歧視或輕視。一個典型的事例是，北宋時期翁源人成倬，「年二十餘始知讀書，妻父母待諸婿不以少長，惟力學與薦（鄉薦）者上坐。（成）倬恥之，發憤辭家，遠方就學，不數年通經術，尤深（精通）《易》數（《易經》之學），熙寧（1068～1077）間王安石用事，以其通經術置門下。（成倬）懇歸（懇請告辭回鄉），安石惜其志未遂，特薦得右選，嘗為閤門祗侯，終西京左藏庫使。」（《同治韶州府志》卷34《列傳・人物・翁源》，第 677 頁）成倬二十餘尚未讀書識字，受外家重視學識與薦舉入仕觀念的影響，發奮讀書，不幾年即能精通儒家經典而得以入仕任官。可見社會觀念對於鄉間年青人有著重要的影響。

宋代韶州曲江縣人黃仲通，「家本寒素」，後來通過科舉入仕，歷任信州大名府司理參軍、著作佐郎、監廣州軍資庫、秘書丞、知南儀州、監宣州商稅、太常博士、僉書歙州判官公事，尋賜緋，通判建州，知惠州，累遷至屯田員外郎，六十八歲致仕。一生仕途也算顯達了。黃仲通由一介平民子弟而得入仕為官，依靠的不是顯赫家世，不是萬貫資財，而是刻苦勤學。他「少勤學，家貧無書，手寫五經注疏及文賦數萬篇」。因為勤學而富有學識，故得「登龍門」。因為及早受學，自小即受到官員的重視賞識：「刺史潘公見之曰：『此奇童也！』命其父使從學。及冠（二十歲左右），以辭賦知名場屋間（科舉考試）」。（《同治韶州府志》卷26《古蹟略・冢墓・曲江》，第 649 頁）

　　再如邱作礪，清代乳源縣人，家貧，無以為學，日採薪自給，夜則於家祠燈下恣力讀書，精製義文如水傾瓶（擅長八股文寫作，如行雲流水），一湧而出，嘉慶庚申（1800）副榜中式，辛酉（1801）成舉人。「制義」即八股文。《明史‧選舉志二》云：「其文略仿宋經義，然代古人語氣為之，體用排偶，謂之八股，通謂之制義。」又稱「制藝」。清代樂昌人歐德槐，「苦志力學，膺乾隆辛卯（1771）亞魁（古代科舉考試中鄉試第六名。明、清兩代鄉試中式稱為舉人，第一名稱「解元」，第二名稱為「亞元」，第三、四、五名稱為「經魁」，第六名稱為「亞魁」。中試之舉人原則上即獲得了選官的資格。凡中試者均可參加次年在京師舉行的會試。也有學者認為「亞魁」為第二名），春闈（會試）未第，益肆力經史，夜以繼日，手不停披。後以精神過耗致成目疾，人咸惜之。」也有刻苦攻讀，學成之後並不以出仕為目的，而是專注從事教育工作者。如李近霄，清代「樂昌人，拔貢，天資卓犖，博學多聞。家故貧，課徒以養……善說《中庸》，尤精《易》理，門下士多衍其傳（傳播其學說）。」（《同治韶州府志》卷 33《列傳‧人物‧樂昌》，第 662 頁、664 頁）

　　古代粵北地區有許多的「世代簪纓」的士宦之家。這些人家，世代攻書，世代為官，深受地方士民的敬重。中國古代社會，所謂「萬般皆下品，唯有讀書高。」因此，經濟條件較優越的人家都將子弟讀書求仕視為最神聖的追求與價值取向。世代攻書，世代任官的現象在粵北地區很常見。

　　唐代名相張九齡就是官宦世家。據徐浩所撰《張文獻公神道碑》可知，張氏之家其先為范陽（今河北涿縣）人，「代有大賢，時稱盛族」。其四世祖張守禮隋朝時任鍾離郡塗山縣令；曾祖張君政唐初任韶州別駕，大父（祖父）張子胄任越州剡縣令；烈考（父親）張宏愈任新州（今廣東新興縣）索盧縣丞，贈太常卿、廣州都督；張九齡更是仕途顯赫，先後任職左拾遺、禮部司勳員外郎，加朝散大夫、中書舍人，封曲江縣男，轉太常少卿，出為冀州刺史，改洪州都督，徙桂州都督，攝（代）御史中丞、嶺南按察兼選補使，擢秘書少監、集賢院學士、副知院事，拜尚書工部侍郎兼知制誥，遷中書侍郎、同中書門下平章事，遷中書令、集賢學士，知院事修國史，加金紫光祿大夫，進封始興伯。張九齡的仲弟（二弟）張九皋歷任宋、襄、廣三州刺史、採訪使，節度經略等使，殿中監；季弟（三弟）張九章歷任溫、吉、曹等州刺史、鴻臚卿。張九齡之子張拯遭遇安史之亂，未能正常通過科舉之途入仕，卻不為利祿所誘，拒絕叛將的授官，「陷在寇逆，不受偽官」，大義凜然；「及收復兩京，特

製拜朝散大夫，太子右贊大夫」。張九齡之孫張藏器曾任河南府壽安縣尉；侄張杭曾任殿中侍御史等。(《同治韶州府志》卷26《古蹟略·冢墓·曲江》，第547～548頁)

再如宋代名臣余靖。余氏世為閩人，唐末五代之際逃亂至粵北韶州。自高祖、曾祖以來還是默默無聞，「至於博士府君（余靖之父）始有祿仕，而公（余靖）繼之以大。」余靖在北宋一代官高位重自不必說；至於余靖的子孫入仕狀況，歐陽修撰《余襄公神道碑》云：「子男三人：伯（長子）莊，殿中丞，早卒；仲（次子）荀，今為屯田員外郎；叔（第三子）英，大理評事……孫男七人：嗣恭、嗣昌皆大理評事；嗣隆，太常寺奉禮……」(《同治韶州府志》卷26《古蹟略·冢墓·曲江》，第550～551頁)

清代樂昌縣人白潤顯，郡庠生。祖父白雲端，官至澄邁縣學博士；父親白世守，明末崇禎年間拔貢。志書說他家是「世以經學相傳」。歐堪善亦是明末清初樂昌縣一經學世家。志載：歐堪善先世由豫（河南）遷楚（湖南），復遷至粵北樂昌黃圃鄉，清初始遷家至樂昌縣城。其曾祖歐士擢負母避賊，恪著孝行；祖父歐鴻紹、父親歐鍾論都是縣學生員；歐堪善生而聰穎，飽讀詩書，能以制舉文（八股文）闡心性之學，雍正丙午（1726）膺鄉薦，乾隆丁巳（1737）成進士，除翰林院庶吉士。樂昌人歐煥舒，其祖歐鍾彝、父歐堪瞻俱贈朝議大夫；歐煥舒幼負遠大志向，工書能詩，丰姿雋爽，亭亭有凌雲氣，乾隆乙酉（1765）登拔萃科，廷試一等，以知縣分發陝西，知武功、興平、郃陽、麟游各縣，循聲卓著。可見也是一個經學傳家，世世仕宦的家庭。以上事例見《同治韶州府志》卷33《列傳·人物·樂昌》。《同治韶州府志》卷三十二、三十三、三十四《列傳·人物》中記載了不少「二世登科」以至「三世登科」人物的事蹟。三世登科者如宋代鄧戡，曲江人，博通經學，登天聖五年（1027）第，累官至殿中丞；其子鄧堂登皇祐二年（1050）進士第，官至郡守；次子鄧擴授奉議郎；鄧堂之子鄧弼亮登元祐三年（1088）進士第，「三世登科，有聲南土」。(《同治韶州府志》卷33《列傳·人物》，第670～671頁)

這些經學世家因為代代科舉及第，也可名之為「科舉世家」。如清代清遠人郭儀長，乾隆癸卯（1783）科舉人，歷任刑部主事、員外郎、郎中；其子、孫、曾孫、玄孫，還有侄、侄孫、曾侄孫等皆科舉及第而出仕；其「次子見陽，廣西平南縣、永淳縣知縣；三子見猷，字駕舫，初任龍川縣教諭，以軍功擢山西襄垣知縣，在任八載，政績足觀。孫志融，進士，（任官）皖南道；志

清，舉人，麗江府通判，志衍，平譚府同知；志覃，光祿寺良醸署丞；志興，養利州知州，曾孫嵩祖，西域兵馬司正指揮；香祖，戶部山西司主事；蕙祖，松溪知縣。玄孫鳴藻，邑增生；鳴藻子策，庚子科舉人；其胞弟儀達，連州學正；儀晃，崖州學正；侄見晟，舉人；侄孫志聰，文安知縣；志信，詹事府主簿；曾侄孫昌祖，世襲雲騎尉；任祖，延慶州吏目，廉徵督標千總；隆祖，歲貢：歷世簪纓，為邑中閥閱。」（《民國清遠縣志》卷 6《人物·先達》，第 193 頁）

　　粵北籍官員大多重視教育。體現之一是，任政職的官員，將振興一方教育事業視為自己義不容辭之職責。

　　如北宋時期的劉暐，翁源人，登熙寧庚戌（1070）進士第，博學洽聞，百家九流之書無所不窺。崇寧（1102～1106）中置廣南東路提舉學事司，掌州縣學政，每歲巡歷所部，以察師儒（教官）優劣，生員勤惰，而專舉刺（薦舉優良，貶抑拙劣）之任。朝廷以劉暐任此職。據志載，劉暐「其教士子，立課程，懸賞罰，責實行，崇信讓，雖鄉曲（同鄉官員）一無所私。自是人才輩出。」

　　體現之二是，通過科舉晉身入仕的粵北人士，除在朝廷、地方擔任行政職務外，也有不少人被安排分赴各地任教官者，儘管學校是「清水衙門」，沒有「灰色收入」，難以中飽私囊，然而，這些粵北籍教官卻是無怨無悔，孜孜不倦地致力於興教育人工作，不僅深受當地師生的好評，也深受當地民眾愛戴。其中不少人身後還被祀於名宦祠。如明代仁化縣人蒙榮，「年十七以《易經》登賢書，講學南京七年，大夫（當地官員）咸相推重，及門（弟子）甚眾。每（常常）卻束脩之饋（婉拒生員送禮）。友人以緩急叩其門，未嘗以有無為辭（從不藉口推辭，盡力相助）。」（《民國仁化縣志》卷 60《人物》，第 533 頁）再如鄧鎮，明代「曲江人，由貢科授龍門訓導，遷香山教諭，與諸生講學，咸稱宗匠（教官典範）……後香山人思其德教，舉祀香山名宦祠。」李相，明代樂昌人，自少穎異，十三歲為諸生（縣學生員），博通經史，以鄉貢任天河（今廣西羅城縣天河鎮）縣訓導。天河縣文化教育向來較為落後，李相蒞任後，與縣學生徒約法五章，「嚴規訓迪，士風為之丕（大）振，且以俸給士之貧者。」白世師，清代「樂昌人，慷慨磊落，淹通經籍，以選貢歷任雷州、徐聞（縣學）訓導，所至課士有方，鐸聲籍籍（任教好評如潮）。」（《同治韶州府志》卷 33，《列傳·人物》，第 645 頁、660 頁、662 頁）朱澧，清代清遠縣人，「乾隆丁酉（1777）拔貢，廷試一等，充武英殿校錄，選授連山教諭，旋補長樂教

論，振文風，端士習，歷署電白、鎮平、樂昌學宮，卓有賢聲。解組歸，長樂人奉祀德政祠。」(《民國清遠縣志》卷6《先達》，第192頁)

體現之三是，許多粵北籍士人入仕為官或任教異鄉，治政理民，教書育人，盡職盡責，貢獻突出；致仕歸鄉後仍然人盡其才，以私學教授鄉間子弟，可謂「鞠躬盡瘁，死而後已」了。例如白彬，明初清遠人，曾於「兵部歷事，恪共(恭)厥職，授武選司主事，曹務(政務)修明，莫敢干以私。考滿(任期屆滿，考核通過)，敘升員外郎，遂以老告歸。(歸鄉後)以《毛詩》教授，學者稱竺山先生。著有《毛詩集義》，以韓詩鄭譜會通之，義最精整，堪稱近世大儒。」(《民國清遠縣志》卷6《人物‧先達》，第179頁)明代仁化縣人劉選，「以貢授永寧訓(導)，歷臨桂、承天，典教三庠(歷任永寧、臨桂、承天三處官學教官)，多所成就。致仕歸，郭公時敘(地方官郭某不時登門敘談請益)……居家孝友，惇睦表正。鄉閭立會課文(建立文會，聚徒講學)，誘掖後輩，士之通顯者每出其門。」(《民國仁化縣志》卷6《人物》，第533頁)粵北籍官員致仕歸鄉後熱衷於從事教育工作的，在方志中例子不勝枚舉。明代虞煥，連山縣人，出仕任荔波縣知縣，有善政，士民勒石紀之。後為郿西縣知縣，一如在荔波時。上級官員郭子章以「治行第一」薦之，將超擢(越級提拔)，適遇家中父親去世，即不出仕，結廬城南隱居，教授以終。鄧邦棟，亦明代連山縣人，「以歲貢為康州司鐸(教官)，課文講學，省奉錢置祭器，葺宮牆，貸(借錢)貧生，賑饑民。解組(致仕)歸，創『洗心精舍』，立文社，集後進講學其中。」(清‧姚柬之《道光連山綏傜(瑤)廳志‧人物第七》，第539頁、540頁)

體現之四是，明清時期，不少粵北人士學有所成之後，並非都是選擇科舉入仕之途，而是熱心於招徒講學，從事私學教育。《民國清遠縣志》卷二十《雜錄‧教育大家》記載：「清遠向來設塾最久者首推舉人麥瑞芳、舉人郭見鑾、舉人陳謨、貢生朱鑾觀、增生孔憲中；而貢生黎景昕以和平，增生鍾俊以嚴厲，皆教學數十年，循循善誘，從其遊(學)者無不進庠(縣學)。白清楷，字秀峰，性和平，清靜寡欲，樂育後進，從其遊者塾(私辦學校)常滿，著有《職思居類稿》。同時歲貢黃紹香，字靜山，增生廖華開，字清浦，佾生白元章，字啟堂，皆博覽善文章，誨人不倦。(黃)紹香任雲橋書院監院十餘年，薪水年六十金，每行醫以自給，(廖)華開文章博雅，乳源知縣某延聘為書院山長，以祖母年老辭，薦(白)元章自代。元章善古文辭，勤訓誨，屢試前

列，未清一衿（始終未出仕任官），乳源令重其文，即欲延聘，以限於資格而罷：此皆邑中教育大家也。」（《民國清遠縣志》卷20《雜錄‧教育大家》，第658頁）

　　體現之五是重視家庭教育。教育是造就人才的重要途徑。社會教育、學校教育、家庭教育是教育的三種主要方式。其中，由祖輩及父母為主要實施者的家庭教育，對於子弟的成人、成才尤為重要。許多社會棟樑之才的造就顯然與家庭教育密不可分。一些仕宦人家為了教育好後輩，還將歷史上教育子弟成才的經驗教訓薈萃成冊，謂之「家語」、「家訓」，在家庭教育中發揮了重要的作用。

　　例如，明代清遠縣人徐兆鼎，志載他孝友性成，博洽強記，早歲蜚聲（出名），少年之時已有令譽（好評），中式萬曆己卯（1579）科舉人，揀選福建晉江縣令。歷任六載，案無留牘，薦升大理寺平事。「政績多以仁愛稱」，晉江之人建（生）祠祀之。可見政績突出，頗孚人心。徐家對於子弟的教育十分重視，「有《徐公家語》存焉」，因而自「先世」以來一直保持著優良家風，矢志苦學，歷代仕進：「其先世以誠、（以）彥、（以）麟俱列郎署（明清稱京曹為郎署）；父（徐）士唐兩贈文林郎，敕書嘉其惇倫（敦睦人倫）好古；子（徐）寅諒亦膺（獲得）恩選（古代皇帝因為即位、生日等喜慶事而舉行的選舉），任英德縣訓導，世稱廉吏子孫焉。」（《民國清遠縣志》卷6《先達》，第185頁）

（二）文能安邦，武能定國

　　古代粵北人士之中，能文能武者亦多有其人。他們在國家遭遇內亂或外敵入犯之時，能將個人生死置之度外，奮勇上陣，為國為民救平動亂，以致多有獻身者。

1. 南北朝

　　南朝（宋、齊、梁、陳）時期，對南方社會影響較大的事件之一是侯景之亂（548～552）。侯景原是北方東魏一員大將，因爭權奪利與執政的高澄發生矛盾，遂投奔南朝，表示願獻所據河南十三州之地降附蕭梁。梁朝大臣知其反覆無常，桀驁難制，多不贊成接納侯景。但梁武帝欲藉此實現統一夢想，遂力排眾議，接受侯景投降，封其為河南王、大將軍等重要之職，並派宗室蕭淵明率兵前往接應。不料，蕭淵明被東魏軍擊敗於彭城，他本人也做了俘虜。侯景則因其吸引了東魏軍事力量而得順利投奔南朝。這時，東魏乘機挑撥侯景與蕭梁的關係，表示願意用蕭淵明交換侯景，與梁朝重修舊好。利令智昏的梁武帝答應了東魏這一要求。結果，侯景進退兩難，走投無路，於548

年八月反於壽陽（今安徽壽縣），然後渡江，很快攻下了梁朝都城建康（今江蘇南京市）的石頭城和東府城。次年三月，侯景攻下建康臺城，大殺蕭氏宗室子孫，蕭梁統治至此崩潰。552 年，王僧辯、陳霸先起兵平亂，攻下建康，侯景企圖逃跑，被部下殺死於船中，侯景之亂結束。

在平定侯景叛亂之中，粵北亦湧現了若干有突出表現的平叛將領。

一是張偲。志載：「張偲，曲江人，多智有勇力。侯景之亂，郡太守陳霸先起兵入援，（張）偲與侯安都各率千餘人歸之，破蔡路養，殺李遷仕。其後，（陳）霸先與（侯）景戰於石頭城西落星山，（張）偲率鐵騎衝其中堅，大破之。梁元帝承制授（張偲）江州刺史。」（《同治韶州府志》卷 34《列傳·人物·曲江》，第 629 頁）

一是侯安都。侯安都亦為始興縣曲江人，世為郡著姓。父名文捍（《南史》作「父捍」），少仕州郡，以「忠謹」著稱，因功富貴至光祿大夫、始興內史、秩中二千石。安都能文能武，工隸書，能鼓琴，涉獵書傳，為五言詩亦頗清靡，兼善騎射，為邑里豪雄。梁朝始興（治今廣東始興縣西北）內史蕭子範辟為主簿。侯景之亂發生，侯安都招集甲兵至三千人。陳霸先〔陳霸先，南朝陳朝建立者，557～559 年在位，吳興長城即今浙江長興人，小吏出身。梁朝太清三年（549）在始興（今廣東韶關西南）起兵，與王僧辯會師，討滅叛亂的侯景，任征虜將軍。西魏攻破江陵，梁元帝被殺。他與王僧辯在建康（今江蘇南京市）奉蕭方智為梁王、太宰。天成元年（555），王僧辯納北齊扶植的蕭淵明為帝，陳霸先又襲殺王僧辯，立蕭方智為帝，改元紹泰，執掌實權。同年擊敗北齊的進攻，受封陳王。不久代梁自立，建立陳朝，是為陳武帝。陳武帝在位三年，於 559 年駕崩，諡「武皇帝」，廟號「高祖」。任子臨川王陳蒨繼位〕率兵入援京師（今南京），侯安都引兵從之。

侯安都攻蔡路養，破李遷仕，克平侯景，都力戰有功。梁元帝授猛烈將軍、通直散騎常侍、富川縣子邑三百戶。後隨陳霸先鎮京口，除蘭陵（治今江蘇丹陽縣東）太守。

平定侯景之亂，陳霸先與王僧辯與有力焉。然而，所謂「一山不容二虎」。陳霸先在滅侯景之後將王僧辯視為眼中丁、肉中刺，陰欲兼併消滅之。志載：陳霸先謀襲王僧辯，諸將莫有知者，惟與侯安都定計，仍使安都率水軍自京口趨石頭城；陳霸先自率馬步軍從江乘、羅落會之。侯安都至石頭城北，棄舟登岸。王僧辯對於陳霸先的軍事行動毫無察覺。石頭城北接岡阜，雉堞不

甚高峻。侯安都被甲帶長刀，軍人捧之，投於女垣內，眾人隨之而入，進逼王僧辯臥室。陳霸先所率大軍隨之亦至，與王僧辯軍戰於廳事前。侯安都自內閣出，腹背擊之，遂擒王僧辯。紹泰元年（555），侯安都以功授使、持節散騎常侍，都督南徐州諸軍事、仁威將軍、南徐州刺史。其後，陳霸先東討杜龕，侯安都受任留臺居守，可見其深受陳霸先之信任倚重。徐嗣徽、任約等將勾引北齊軍入據石頭城，遊騎至於闕下。侯安都關閉城門，偃旗息鼓以示之弱，令城中曰：「登陴看賊者斬！」傍晚，敵軍收軍還石頭。侯安都夜令士卒密營禦敵之具。次日，天將拂曉，敵騎又至。侯安都率甲士三百人開東、西掖門與敵兵戰，大敗之，敵軍乃退還石頭城，再不敢進逼臺城。陳霸先聞訊回軍，至，以侯安都為水軍，於中流斷敵軍糧道；又突襲秦郡（即今江蘇六合縣北，東晉安帝時以堂邑郡改名，治所在堂邑縣），破徐嗣徽柵，收其家口並馬驢輜重，得徐嗣徽所彈琵琶及所養鷹隼，遣使致信謂徐嗣徽曰：「昨日至弟住處得比，今以相還。」徐嗣徽見之大驚，不久即請和。陳霸先聽其還北。及徐嗣徽等濟江，北齊的其他軍隊還佔據采石（今安徽當塗縣北采石），守備甚嚴。陳霸先又遣侯安都攻之，多所俘獲。

明年春，陳霸先令侯安都率兵鎮守梁山以備北齊。徐嗣徽等軍復入丹陽以至湖州、常熟。陳霸先追侯安都還，率馬步軍拒之於高橋，又戰於耕壇之南。侯安都率十二騎突其陣破之，生擒北齊儀同（官名，即儀同三司）乙伏無勞；又刺北齊將東方老墮馬。會敵騎至，救東方老獲免。敵軍北渡蔣山，侯安都又與北齊將王敬寶戰於龍尾，使從弟侯曉前犯其陣。侯曉被槍墜馬。侯安都馳往救侯曉，斬敵騎士十一人。北齊軍見侯安都軍勇悍異常，不敢進逼。陳霸先與北齊軍戰於莫府山，命侯安都領步騎千餘自下橫擊其後，北齊軍大敗。侯安都又率所部追至攝山，俘獲首虜（斬首、俘虜）不可勝計，以功進爵為侯，增食邑五百戶，給鼓吹一部，又進號「平南將軍」，改封西江縣公，仍都督水軍出豫章（今江西南昌市），助豫州刺史周文育討伐蕭勃。安都軍未至，周文育已斬蕭勃，並擒其將歐陽頠、傅泰等，唯余孝頃與蕭勃、蕭孜猶據於豫章之石頭作兩城據守。余孝頃與蕭孜各據其一，又多設船夾水而陣。安都至，乃銜牧夜燒其艦。周文育統率水軍，侯安都領步騎登岸結陣。余孝頃俄斷後路。安都乃令軍士多伐松木，堅柵列營漸進，屢戰屢捷。蕭孜窮途末路，被迫投降。孝頃奔新吳（治所在今江西奉新縣西），請入子為質。侯安都許之。

　　當時，陳霸先立蕭方智為帝，執掌軍政大權。將領王琳不服，於太平二年（557）五月，大治船艦，進攻陳霸先。六月，陳霸先命平西將軍周文育、平南將軍侯安都等領水軍二萬會師於武昌，討伐王琳。師將發，王公以下餞於新林。至武昌，王琳將樊猛棄城走。周文育亦自豫章（今江西南昌市）至。時兩將俱行，不相統攝，因而部下交爭，稍有不平。至郢州（今湖北武漢），王琳將潘純陁於城中遙射官軍。安都怒，進軍圍之，未能克，而王琳已進至弇口（今湖北武昌西，即弇水入長江之口）。安都乃解郢州之圍，悉眾往沌口以御之，遇風雨不得進。王琳據江東岸，官軍據西岸，相持數日乃合戰。安都等敗績。安都與周文育、徐敬成並為王琳所囚。王琳總以一長鎖繫之，置於大船之下，令所親宦者王子晉看守之。侯安都等人低聲下氣，許諾給予王子晉厚賄。王子晉心有所動。於是，他偽裝成以小船依傍大船而釣，乘夜載著侯安都、周文育、徐敬成等人上岸入深草中，步投官軍。安都脫身回歸後上書請罪。陳朝君主下詔並赦數人之罪，復其官爵。

　　不久，侯安都受任為丹陽尹（今安徽當塗縣縣令），出為都督南豫州諸軍事、鎮西將軍、南豫州（治今安徽宣城縣）刺史，令周文育攻金孝勵及王琳將曹慶、常眾愛等。安都自宮亭湖出松門，躡常眾愛之後，周文育為熊曇朗所敗，被害。安都回取大艦。正值王琳將周炅、周協南歸，與戰破之，生擒周炅、周協。金孝勵之弟金孝猷率部下四千人慾投奔王琳，遇周炅、周協敗，乃詣安都降。安都又進軍於禽奇洲，破曹慶、常愛眾等，焚其艦船。常愛眾奔於廬山，為村人所殺，餘眾悉平。

　　侯安都凱旋而歸。至南皖（今安徽安慶市南皖水入長江之口）而陳高祖（陳霸先，諡武帝）崩，安都擁陳蒨（即其後的陳世祖）還朝，欲扶持其繼位。

　　陳蒨雖為陳霸先侄子，但有戰功，有威望，較得將士人心。然而，陳蒨考慮到自己為陳高祖侄子，繼位怕不合封建禮規，可能引發統治集團內部紛爭，於是「謙讓弗敢當」。太后亦不贊成讓陳蒨繼位，而屬意衡陽王，故未肯下令。群臣亦猶豫不能決。在此關鍵時刻，侯安都對眾大臣說：「今四方未定，何暇及遠！臨川王（陳蒨）有功天下，須共立之！今日之事，後應（反對）者斬！」便按劍上殿，向太后稟明，請出璽書，扶立陳蒨繼位，是為陳文帝（諡號世祖）。侯安都因為扶立有功，得遷司空，仍為都督南徐州諸軍事、征北將軍、南徐州刺史。天嘉元年（560），王琳敗，投奔北齊。安都進軍湓城（今江西九江市，為江洲治所），追討王琳餘黨，所向皆下。

　　陳世祖陳蒨以侄子繼位為帝，陳霸先諸子不服。衡陽獻王陳昌率軍入都，「致書於世祖，辭甚不遜」。世祖不悅，召侯安都從容而言曰：「太子將至，須別求一藩，吾甚老焉，請自迎（陳）昌。」這一番「自謙」之詞的背後，實際上是讓安都出面應對擺平宗室內部的權力之爭。結果，「昌濟漢（水）而薨」。估計是安都派人將陳昌刺殺或毒死，以免皇位之爭造成內哄。安都因此「以功進爵清遠郡公、邑四千戶，自是威名甚重，群臣無出其右。」不僅如此，其父母兄弟亦因而得以蔭及。

　　王琳敗退後，北周兵入據巴、湘（巴州，今重慶市；湘州，今湖南長沙市）。侯安都奉詔西討。及留異擁眾東陽（今浙江金華縣），安都又奉詔東討留異。留異本以為官軍自錢塘江而上，而安都卻出乎其意料之外，步由會稽之諸暨出於永康。留異猝不及防，大驚失色，奔桃枝嶺，處嶺谷之間，以岩口堅柵以拒王師。安都作連城進攻留異，身先士卒，為流矢所中，血流至踝。安都乘車指揮軍隊，容止不變，因其山隴之勢築起一道堰壩。天嘉三年（562）夏，暴雨水漲。安都於是乘船入堰，起樓艦與留異所築之城平等，放拍竿擊碎其樓雉。留異見城難堅守，與第二子留忠臣脫身奔晉安（今福建福州）。安都虜其妻子，盡收其人馬甲仗，振旅而歸。以功加侍中、征北大將軍，增邑並前五千戶，仍還本鎮。

　　總之，侯安都在南朝末期協助陳霸先平定各地反叛勢力過程中，可謂所向克捷（雖然其間也曾一度被打敗甚至成為王琳俘擄），功勳顯赫，為南朝陳朝的建立、鞏固立下了極大的功勞。但是，方志記載了侯安都的「晚節不忠」，謂：

　　　　其年，吏民詣闕，表請立碑頌美安都功績。詔許之。自王琳平
　　後，安都勳庸（功勞、功勳）轉大；又自以功安社稷，漸用（因而）
　　驕矜，數（多次）招聚文武之士並為之賓客，齋內動至千人。部下
　　將帥多不遵法度，檢問收攝則奔歸安都。世祖性嚴察，深銜之。安
　　都弗之改，日益驕橫。初，重雲殿（火）災，安都率將士帶甲入殿，
　　帝（陳世祖）甚惡之。自是陰為之備。天嘉三年（562）冬，安都又
　　遣其別駕周宏實自託於舍人蔡景歷，並問省中事。景歷錄其狀具奏
　　之。世祖慮其不受制，明年春乃除（任命）安都為都督江（今江西
　　九江市）、吳（治今江西波陽縣）二州諸軍事、征南大將軍、江州刺
　　史，自京口還都。部伍入於石頭（城）。世祖引安都宴於嘉德殿，又

集其部下將帥會於尚書朝堂，於坐（宴席間）收安都囚於嘉德西省，又收其將帥，盡奪其馬仗（馬匹、兵器）而釋之。因出舍人蔡景歷表以示於朝。明日於西省賜死，時年四十四歲。尋（不久）有詔宥（赦免）其妻子家口，葬以士禮，喪事所須務加資給。長子（侯）敦年十二，為員外散騎侍郎。天嘉二年墜馬卒，追諡桂陽國愍世子。太建三年（571），高宗追封安都為陳集縣侯、五百戶；子（侯）亶為嗣；從弟（侯）曉累從安都征討有功，官至員外散騎常侍、明威將軍、東衡州刺史、懷化縣侯、邑五百戶。天嘉三年卒，年四十一。

以上據《陳書‧侯安都傳》及《同治韶州府志》卷32《列傳‧人物‧曲江‧侯安都傳》。侯安都功高振主，企圖謀亂，事真事偽難以辨析；陳世祖以侄子繼位，不合封建禮規，名不正，言不順，對於大臣，尤其是對於功高之將心懷猜忌，陰欲除之，以解不測之患，亦屬難免。此所謂「飛鳥盡，良弓藏；狡兔死，走狗烹」。陳世祖只是誅殺了侯安都及其部將，卻善待其家屬，沒有株連九族，看來侯安都「謀反」之事未必為真。

據臧勵龢等編《中國人名大辭典》（商務印書館1980年版）「侯安都」條：「侯安都，（陳）曲江人，字成師，工隸書，能鼓琴，涉獵書傳，為五言詩亦清靡（清新靡麗），兼善騎射，為邑里雄豪。初隨（陳）武帝鎮京口，與帝襲王僧辨，敗徐嗣徽，平王琳，有殊功。歷南豫州刺史。帝崩，定策立（陳）文帝，漸驕橫，文帝不能堪，除江州刺史，還都賜死。」（第622頁）所謂「漸驕橫」，也只是依據《陳書》的記載。

2. 隋唐五代時期

在隋朝及隋唐易代之際，粵北地區都曾發生過動亂。在維持地方穩定秩序，維護國家統一方面，粵北籍人氏區澤、區世略等人的事蹟及其貢獻都值得一提。志載：

> 區澤，字伯仁，連州人，少以學行重鄉閭。（連）州近荊（州）、衡（州），多流徙者。（區）澤招集至門，擇智勇者與之貲，使得經商，因編為什伍，鄉閭藉以捍衛。隋大業（605～617）中，改州為熙平郡，拜（區）澤為郡守。時盜賊蜂起，大江以南日久儌擾（漸趨動亂）。（區）澤練集驍壯以遏要路，且耕且守，蠻寇不敢犯。鄧文進保有廣、韶二州，（區）澤惟（以）生殖休息為務，絕不與通。會唐高祖代隋，（區）澤舉郡歸附。荊粵得免兵戈，澤之功也。天下

甫定，澤閉門謝事，不受唐爵，士論高之。卒後，民立祠祀，號區
太守廟。

又載：

區世略，連州人。隋亡，世略籍（登記）境土歸唐。唐以世略
為本州刺史。既卒，連（州）人德其保全，廟祀之。（《同治連州志》
卷7《人物》，第733頁）

唐代，粵北亦不乏以勇悍著稱，在平定社會動亂中有突出貢獻者，其中
之一是何昌期。

何昌期，連州人，幼健捷，力制奔牛，群兒畏之。及長，能挽二石之弓，
以是知名。天寶十四年（755），安祿山、史思明反叛，朝廷詔郡邑徵武士以赴
闕應援，何昌期應募。郡守試其能，奇之，遂隸元戎帳下。時賊帥高秀岩來
侵，河北振動。昌期時為裨將，與眾謀曰：「秀岩故哥舒翰將，驍勇有謀，陣
一成難與爭鋒，不如乘其未陣擊之！」乃先士卒而大呼陷陣，賊眾披靡，遂
敗之。秀岩退走。時承平日久，士氣弛靡，安、史叛軍所至，郡邑皆望風奔
潰，及何昌期以勇敢倡，（唐）諸將皆相謂曰：「南人孱弱尚爾（向來都說南方
人懦弱，尚且如此勇敢善戰），吾曹可出其下乎！」於是俱踴躍自效。祿山之
敗自秀岩之敗始也。有司上其功（向上級呈報何昌期之戰功），上（皇帝）嘉
之，遷金牛衛上將軍，封寧國伯。昌期於兵書不甚讀（所讀兵書不多），然仗
忠義，奮威武，氣蓋三軍，軍中目為「何十萬」，言材勇足敵十萬云。這是《同
治連州志》卷七《人物》篇對於何昌期精忠衛國事蹟的扼要述略。

又有李玉圭，字少襟，亦連州人，少以勇聞，身長八尺五寸，手垂過膝，
聲如洪鐘。天寶之亂（即安史之亂）與何昌期同應募赴義，後為郭子儀部將。
郭子儀愛其勇膽而有魄力，常置於左右。平安史之亂，收復兩京（東都洛陽，
西都長安）與有力焉。摧鋒陷陣，所向無敵，人服其勇。後隸元戎募府，官至
右衛將軍。及卒，鄉人廟祀之，至今（清代）不替。（《同治連州志》卷7《人物》，
第733頁）

唐末五代時期，藩鎮割據，戰亂不休，社會秩序大亂，傳統的薦舉制、
科舉制難以實行，嶺南人士晉身政治舞臺之路幾乎被切斷。因而，在這段歷
史時期，出身於嶺南地區而有顯著表現的歷史人物極罕見，出身於粵北地區
者更是寥若晨星了。然而亦有例外。黃起龍就曾在五代時期後漢王朝的歷史
舞臺上有所表現。志載：「黃起龍，字騰霄，英州（今韶關英德市）人，負奇

節，慷慨有大志，號『南山主人』，能屬文，尤工於詩，仕後漢，敗契丹，累官荊南招討使。（後）漢成大業，（黃）起龍與有力焉。」（《同治韶州府志》卷34《列傳·人物·英德》，第690頁）後漢為唐朝以後「五代」（後梁、後唐、後晉、後漢、後周）之一，而且是統治中原地區歷時最短暫的一個朝代，僅有四年，可謂「曇花一現」；但儘管如此，後漢歷史亦有其可以稱道之處：與前朝後晉相比，它雖依附於北方強盛的契丹，但不唯契丹馬首是瞻，俯首帖耳；對於契丹的乘亂來犯敢於抗擊，表現了漢民族不屈服於外來入侵勢力的民族氣節。在此過程中，出身於粵北的黃起龍有其功績，故得青史留名。

3. 宋代

北宋仁宗皇祐年間（1049～1054），嶺南發生了一場影響較大的動亂，即儂智高之亂。在平定儂智高之亂中，曲江籍官員余靖亦有其功。

11世紀時，居住於邕州（今廣西南寧市）左、右江流域的羈縻州的壯族，以韋、黃、周、儂四姓人數最多。其中，儂氏聚居的廣源州（今廣西憑祥市附近）也是邕州所管轄的羈縻州之一。因其地理位置的關係，唐宋以來實際上是「役屬」於交趾（今越南）的。11世紀40年代，儂智高為反抗交趾的暴政，與其母親一起發兵攻佔了儻猶州（今雲南文山附近），建立了「大曆國」。交趾出兵鎮壓，儂智高兵敗被捕。不久，儂智高被釋放，擔任了廣源州（治所即今越南高平省廣淵）知州。儂智高怨恨交趾，欲建立獨立政權。他襲據了安德州（今廣西百色市靖西鎮）後建立了「南天國」，改元「景瑞」，並多次派遣使者向北宋政府獻金銀和馴象等物，上表要求宋廷正式授予其邕桂節度使之職，企圖借北宋的援助以抗衡交趾，達到其割據自立的政治目的。北宋朝廷亦明瞭儂智高的野心，拒絕其不正當的請求。儂智高多次遣使至邕州（今廣西南寧市），請求宋朝保護，並與宋朝進行互市貿易，亦遭到北宋朝廷拒絕。由此，儂智高對北宋懷恨在心，舉起反宋旗幟，企圖佔據邕州，再進一步佔據廣州，割據稱王。儂智高乘北宋朝廷對嶺南州縣不作重兵防守之機，沿鬱江東下，相繼佔領了橫（廣西橫縣）、貴（廣西貴港市）、潯（廣西桂平市）、龔（廣西平南鎮）、藤（廣西藤縣）、梧（廣西梧州市）、封（廣東封開市）、康（廣東德慶市）、端（廣東高要市）等九州，來勢洶洶，直抵廣州城下。圍城近兩月而不能下，才退兵西去，經清遠攻賀州（今廣西賀州市），破昭州（廣西平樂鎮）、賓州（廣西賓陽鎮），再入邕州。

　　宋朝廷委派樞密使狄青為宣撫使，率兵南下鎮壓儂智高之亂。狄青會合廣南西路安撫使孫沔、知桂州余靖及兩廣官兵共三萬人，在邕州打敗儂智高叛軍。在這場平定儂智高之亂中，粵北籍官員余靖有其不可抹煞之功。

　　據方志記載：

　　　　儂智高反邕州，乘勝掠九郡，以兵圍廣州。朝廷方顧南事（正
　　　　在謀劃平定儂智高之亂），就喪次起（余）靖為秘書監，知潭州，改
　　　　桂州，詔以廣南西路委（余）靖經制。（儂）智高西走邕州，（余）
　　　　靖策（預料）其必結援交趾（今越南）而脅諸峒（強迫各部落鄉村
　　　　隨其征戰）以自固。（余靖）乃約李德政令會兵擊賊於邕州，備萬人
　　　　糧以待之，而詔亦給緡錢二萬助（李）德政興師，且約賊平更賞以
　　　　緡錢二萬；又募儂、黃諸姓首長，皆縻以（官）職，使不與（儂）
　　　　智高合。既而朝廷遣狄青、孫沔將兵共討（之）。（余）靖偕（狄）
　　　　青敗賊於歸仁（廣西南寧市東北）。智高走入海。邕州平。

　　平亂之後，余靖就遷給事中（為門下省要職，在侍中及門下侍郎之下，職掌駁正政令的違失）。御史梁茜上言對余靖的獎賞過薄。朝廷又遷余靖為尚書工部侍郎。起初，狄青所率官軍未到，傳令前線軍隊莫輕於擊戰，以免致敗，挫傷士氣。余靖急於求功，強令鈐轄陳曙出戰，結果被打敗。狄青至，按軍法處斬了陳曙及指揮使袁用於坐。余靖「瞿然起拜」，深明責任在己，卻讓屬下將領成為「替罪羊」，心裏疚愧。及儂智高被打敗，諸將凱旋班師，余靖獨申請朝廷，留駐廣西，肩負守邊重任。余靖立志將功贖罪，「遣人入特磨道擒儂智高母、子弟三人，生致之闕下。」儂智高本人逃亡（或說逃入大海，或說逃至大理），後不知所終。一場危及北宋邊疆和平安定的動亂終於被平息。余靖在這次平叛中雖一度指揮失誤，導致暫時挫敗，但他「擒賊擒王」，將發動叛亂的罪魁禍首擒拿驅逐，避免了叛亂的死灰復燃，也算是將功贖過了。

　　儂智高之亂平定後，又發生「交趾蠻申詔泰寇邕州」之亂，殺五巡檢。邕州即今廣西南寧。宋朝廷命余靖設法安撫廣西，余靖召見交趾用事之臣費嘉祐詰問之。費嘉祐至，偽稱近邊種落（部落）為利益互相侵伐，誤犯官軍，表示定加追究，並歸還所掠財物及繫械罪人以自贖。余靖信以為真，「厚謝遣去」。誰知「（費）嘉祐遂歸，不復出」。雖然沒有達到懲治叛亂罪人的目的，但從此「交趾蠻」再不敢輕舉妄動，余靖之功亦是不可抹煞的。（《同治韶州府志》卷32《列傳·人物·曲江》，第641～642頁）

北宋末年，金人入寇，中原板蕩；南宋一代，宋與北方女真金朝政權及南宋末年與蒙古元政權先後南北對峙爭戰。在這一個半世紀裏，粵北籍人氏尤其是官員有著不俗的表現。

南宋時期始興（後徙家曲江）人鄧酢在平定地方動亂方面也有貢獻。他先後在虔州（今江西贛州市）、梅州、廣西、吳川等地任官。所到之處，地方發生動亂，在其主持之下都得以平定。眾所周知，南宋一朝為「多事之秋」，不僅外有北方女真金朝的軍事進攻，且內有各地叛亂不時發生，地方官在維持社會治安上的壓力也頗大。鄧酢在入仕為官之前已頗關注社會平安問題。「紹興初，詣闕上書，召試授官，進攻守三略。上（南宋高宗）嘉納之。」鄧酢後出知虔州化縣（今江西寧都縣）。虔州地方軍隊桀驁難馴，一度據城猖獗，使周鄰九縣形勢危急，只是鄧酢主持的虔化縣早有預防，亂軍不敢來犯。州府以聞，鄧酢接到朝廷任命，攝虔州郡守事。鄧酢率兵攻城，即日克之。後瓊州（今海南）黎族反叛，鄧酢又奉命前去招撫，「親擒叛首戮之，他峒望風振礐（振動，驚恐），海南帖然」。授任廣西轉運判官。「適逢劇賊凌鐵嘯聚，嶺海以西皆震。有旨委帥（安撫使）、憲（提點刑獄）、漕（轉運使）協力收捕。（鄧）酢移檄（讓人傳送文書）約其降，遂行部（率軍進發）至吳川。賊黨有詐來降者，見（鄧）酢軍伍嚴整，縛二渠（渠帥、首領）致麾下（軍中），協從者萬八千人皆釋之使歸業。」鄧酢在平定嶺南地方動亂中功勳顯赫，然而，地方大員在上報平賊戰功時，卻將功勞歸於自己，將鄧酢排斥在獎賞之列：朝廷「移文靜江（今廣西桂林市），俾之列奏。帥、憲自以為功，皆受賞而（鄧）酢獨不及，人皆為扼腕。既卒，臺憲交章論列，以功贈奉直大夫。直秘閣龍圖胡銓為銘其墓。」（《同治韶州府志》卷 32《列傳·人物·曲江》，第 644 頁）可謂生有奇勳，死有哀榮了。

4. 元代

元代，蒙古族統治者君臨天下，推行民族歧視與壓迫政策，造成民族矛盾極其尖銳。元朝末年，大規模農民起義爆發。粵北雖地處邊鄙，亦受到波及。在此期間，有幾位粵北籍人士在努力維持地方社會治安方面做出了重要貢獻，有人因此而英勇獻身，留下了可歌可泣的一曲。

在元末動亂中保護民眾免遭屠戮，維持社會安定方面有貢獻者有李鼎。李鼎，其先湖南人，先世曾任潮州刺史，經過樂昌，認為樂昌是風水寶地，因而落籍樂昌。李鼎與韶州路同知、蒙古人買住友善。時值元末，農民起義

風起雲湧，粵北地方也騷亂頻生，有「少年結眾剽掠」。買住以「善戰嗜殺」
而著稱，對李鼎表示，要將這些犯上作亂的「少年」斬盡殺絕。李鼎勸買住
勿行屠戮之策，改以「開誠招慰」之術，被買住接受。買住以李鼎為護民巡
檢，「與士卒分甘（同甘共苦），招頑撫附」，頗見成效。僉事劉楚奇將李鼎
事蹟報告朝廷。朝廷授任李鼎為高勝司巡檢，後以功升任乳源縣主簿，不久
再升任乳源知縣。適逢「寇賊」攻乳源縣甚急，李鼎親冒矢石與「賊」戰。
「賊人」望見李鼎旗幟，「咸相詫曰：『是嘗救吾輩（免遭）屠戮者！』皆解
甲去。乳（源縣）得以全。」由於在保全地方治安上有突出貢獻，當李鼎卒
於官時，乳源縣「民號（哭泣）送百里」。（《同治韶州府志》卷 28《宦績錄》，
第 576 頁）張聞韶、張惟謀父子亦有捍禦之功。《同治韶州府志》卷 33《列
傳・人物・樂昌・元》記載：「張聞韶，樂昌人，曲江（張）九齡裔，舉茂
才，授韶州尉。至正間，譚清據韶州（叛），（張）聞韶以義兵至樂昌，攻走
之，為一方保障。歿贈大元帥。子（張）惟謀攝父眾（代領父親所率之兵），
捍禦著勞，號『小元帥』。」

在元末平亂過程中，不僅是地方官、地方軍事將帥有維穩之功，甚至一
些粵北平民百姓亦有其功，有不少人因奮起捍禦地方而英勇獻身者。

如乳源人鄧可賢，家世業儒。元至正年間（1341～1368），湖南郴州發生
「寇亂」。亂兵擄掠至乳源，鄧可賢率領民眾在山上築寨固守，以忠義激勵民
眾說：遍寇擄掠而來，我們誓不可降！眾人齊心堅守此寨，捨此寨將何去何
從？於是，鄧可賢親自抄近路趕往韶州，向知府進獻平寇方略。韶州同知買
住率兵隨鄧可賢至乳源，將「郴寇」擊敗。「郴寇」由是懷恨在心，「深嫉之，
復攻砦（寨）兩月，糧盡水絕，可賢力屈，同子弟七人俱被執（往）湖南，同
日殺之。砦破，民四百無一降者。」（《康熙乳源縣志》卷 6《賢達傳》，第 514 頁）

明朝嘉靖十二年（1533），鄭騮來任韶州郡守。政通教洽，旁求忠義。祠
宇舊者葺之，圮者重建之；又崇仰鄧可賢事蹟，乃捐金買地，於縣學東面建
義士祠以祀之。陳綻在有關此事的「記略」中頗有感慨地說：「嗚呼！忠臣義
士無地無之，在郡為郡之光，在邑（縣）為邑之光。仁義為政首務（崇尚仁義
是君主大臣施政的重要內容），發潛闡幽（將那些具有仁義品格而獻身社會又
默默無聞者的事蹟給予張揚表彰）又（為）激勵後人之機也。鄧公（鄧可賢）
儒流，非有民社之寄（沒有維持治安，保障民眾的責任），爵祿之重也，而能
抱義全節，視死如歸，斯不忝（不辱、不愧）孔（子）、孟（子）之訓也。表

而揚之，可以勸世也，可以愧乎偷生者也。」（《同治韶州府志》卷19《建置略·壇廟·乳源》，第401頁）

5. 明清時期

明代清遠縣水東鄉人白廷用，有膽略，原為在學生員，因為一場「瑤亂」，一家十餘口不幸被慘殺，遂立志復仇，從此棄文從武，在平定「瑤亂」和「倭寇」中屢立功勳。

據《民國清遠縣志》卷八《先政·白廷用傳》所載：清遠縣濱江地帶有瑤寨四十餘處。瑤人「花衣短裙，跣足露頂，強悍猜忍（疑心重，為人殘酷），仇殺好鬥，就耕山谷。」從元朝開始，地方官府每年向「就耕山谷」的瑤人徵收地租稅米三百石，由縣派差收解。明朝洪武十八年（1385），清遠縣黃姓縣令整理田賦制度，或許觸犯了瑤人的利益，「西山瑤賊」李天平遂籍口煽亂，連結四會、連陽（連州、陽山）、英德、瀧水、德慶諸處「流賊」劉第二、盤阿旺、全阿清等焚劫擄掠，戕殺官差（官府派遣到瑤村辦事之人員）紳民，使毗鄰八縣深受其害，北江因此「梗塞二十五年」。動亂影響極大，「勢益甚」。瑤人「肆劫各村」，將白廷用一家十餘口殘殺殆盡。當時，白廷用正與從兄就學於外，幸而僅免。聞耗悲憤，密向御史陳訴。三司派都指揮使花茂將軍統兵萬人嚴辦，檄白廷用領兵五百為前鋒嚮導。大軍戰勝於珠坑河洞，至沙河，以奇兵挑之，伏發，殲「賊」二千餘人，將之逼上土峒山，又大敗之，斬首五百餘級；追至陽山三坑尾，生擒「賊首」李平天，解赴軍門正法。是役斬獲三千餘級，奪回被擄九百餘口，兵部奏績。白廷用因而獲賞署萬戶府職，准予世蔭錦衣衛百戶。

洪武二十六年（1393）春，瑤人「餘孽」又蠢蠢欲動。花茂將軍於是向朝廷奏陳四事。其奏略云：此次白廷用部領大軍間關險阻（引領官軍通過艱險小道征剿「瑤賊」），艱苦備嘗，指揮尤為妥協（妥當，順利），故能斬級數千，膚（大）功迅奏。今宜將該鄉「猺巢」山地給予白廷用世代管轄，令其按畝收取租賦，每年輸納糧米三百石，責令就地撫餒，隨時約束。一則藉此餘威以銷萌孽（消除禍亂根源）；二則永免差役徵收為煽亂之口實。廷用既奉恩給錦衣衛百戶世職，現查清遠衛初建尚無土著世襲人員，廷用世職宜改蔭本衛，該職子孫供職者限定中所一缺，令其專當猺峒之衝以充糾察之任。

花茂將軍的上奏獲得朝廷批准。白廷用被朝廷委任為署理清遠衛指揮使，飭辦善後。於是，「廷用嚴辦首要，安輯善良，解放脅從（釋放被脅逼作亂的瑤民），招集流亡，釋放無辜，勸督耕墾，由是一方得安。」

　　白廷用不僅使波及一方的「瑤亂」得以平息，他還在抗倭戰爭中大顯身手，屢立戰功！

　　志載：洪武末年，「海氛甚熾」，海疆形勢緊張，朝廷特委陸安侯吳傑、永定伯張金寶為巡海使，專備倭寇，並令沿海各省遴（選）員分剿。粵巡按三司會議，以白廷用驍勇善戰、卓著謀猷、討平「瑤寇」、功忠並茂保奏。（洪武）二十九年（1396），詔授福州後衛指揮使，聽調沿剿。至則搜殺土匪三百餘，真倭百餘。由是，漳（州）、泉（州）夷舶（外國船舶）乃獲安航。建文元年（1399），大隊倭又至。廷用激勵所部邀擊之半洋（於海洋之中截擊之），俘馘倭酋長崎義真大夫、松肥、竹盛祥等一百五十人，而浙海倭奴聞風始遁。故疊奉文綺（精美絲織品）及御書「越海波清（東南沿海風平浪靜）」扁額之賜。永樂元年（1402），倭聚廈門。（白廷用）一偵知，即偕千戶王斌力戰之，擒斬倭酋深澤義一等五人、真倭二百五十一，土賊三百四十。從來海上之戰以是役為最劇（激烈）。明成祖大喜，親製詩軸，題詞曰：「賜福州後衛指揮使白廷用（升任）福州後衛千戶，擢升清遠衛同知。」王斌句云：「將軍膽雄奮威武，古來將士徒比數。要知青史至今傳，不及彤庭眼前睹。」人皆榮羨。（《民國清遠縣志》卷8《先政》，第258～259頁）

　　在明代，一些粵北籍官員發揮自己的聰明才智，在武器的製造、使用方面有所創造發明，提高了克敵制勝的能力，在平定叛亂中發揮了重要的作用。

　　如明代英德縣人胡澧，宏治癸丑（1493）進士，授刑部主事、工部員外郎，後轉四川松潘（明洪武十一年，即1378年，置松州、潘州二衛，不久合併為松潘衛，治所即今四川松潘縣。1387年改為松潘等處軍民指揮使司）副使。「先是，番人（少數民族）作逆（反叛），官軍不能克。（胡）澧至，製神機火箭討之，遂焚其營帳積聚，一日而五寨俱平，番人震懼納款。督府胡世寧疏其功。」對於邊疆地區「番人」的作逆，原來曾發官軍前往鎮壓，但由於武器落後，未能逞功。及至胡澧蒞任之後，發明創造了「神機火箭」，遂焚其營帳積聚。反叛者失去了依據，故能「一日而五寨俱平，番人震懼納款」。叛亂的平定可以歸功於胡澧的聰明才智及其創造發明。總督胡世寧為胡澧平叛有功向朝廷請功嘉獎。但其時因為朝廷內部的勾心鬥角，平叛有功的胡澧並沒有得到嘉獎，反而因此而「忤柄臣」。為了避免打擊陷害，胡澧只得「棄官歸」。當時的都御史吳廷舉欣賞胡澧的才能，曾向朝廷疏薦。但胡澧堅持「不起」（不願出任官職）。當時，明代著名的粵籍大臣霍韜正在「山居」（因故退

居回鄉），「素（經常，多次）聞（胡）澧名，因試（胡）澧（之）箭，驚以為
神。」可見胡澧發明的這種進攻性武器頗有威力。只可惜因為官場上的政治
鬥爭，胡澧的發明創造被壓制隱瞞，束之高閣，未能及時得到推廣應用。其
後，霍韜被起用為吏部侍郎，「值大同兵變（即「土木堡之變」），（霍）韜薦
（胡）澧並進（獻）其箭，詔徵（胡澧）赴京，令兵部傳其技，擬授僉都御
史，開府西北，命未下而（胡）澧遽卒。」（《同治韶州府志》卷34《列傳·人物·
英德》，第692頁）

　　一些粵北人乍看似乎是只知武功，不知文墨的，而事實卻不然。受祖輩、
父輩或當地崇重文化的傳統之影響，他們依然是文武兼通的。如明代清遠人
朱士諒，平生「以保障為己任」，熟讀《古陰符》（又稱《黃帝陰符經》或《陰
符經》，通篇以軍事術語寫成，不知者初見會認定是一部兵書，其實是借用軍
事原理講養生之術）、《司馬法》（春秋時期軍事著作之一，包含現存最古老的
軍事思想，比大名鼎鼎的《孫子兵法》還要古老，保存著春秋前期的一些非
常古典的作戰原則。《司馬法》流傳至今已兩千多年，亡佚很多，現僅殘存五
篇）等兵書。志載他「賦性真切豪爽，讀書明大義，厭章句陋習，志意開發，
膂力過人……行視如虎，氣猛烈，怒號則林木震動，蕭然如虎也。邑（清遠
縣）近山，多寇，輒馳駿驃，手運精鐵鋼鞭，八鄉盜出，（朱士諒）則蓐食（蓐：
豐厚。古代出兵作戰之前，將領設宴款待士卒，冀其奮勇力戰取勝，稱「蓐
食」。《左傳》有謂：「訓卒利兵，秣馬蓐食」），截險要。賊聞風遁去。邑人皆
依賴之。」明朝嘉靖四十四年（1565），「土賊」石國廉屯聚白石湖作亂，四處
擄掠。「制府（即總督，俗稱「制臺」、「制軍」或「制府」）檄剿之」，地方軍
政府決定出兵平亂。朱士諒熟悉當地情況，建議官軍乘著水漲之機出其不意，
攻其不備，可以致勝。但此意見不被官軍接受。「官軍竸事囊橐，為窮寇反攻，
兵溺千人」。官軍只顧著擄掠財物，坐失良機，反過來被「土賊」乘機突襲，
損失慘重！危急之際，「士諒發二艇馳救援四百餘人，又向游擊戴衝霄保回陷
賊良民三十餘人」。「當剿平白石湖之寇，功成不受爵賞，諸溺兵（落水被俘
之官軍）咸德之，釀（籌集）千金報之，卻不受。戴將軍（游擊戴衝霄）因嵌
鐵鞭、犀甲以銘其功。」朱士諒「生平唾罵腐儒偽學」，沒有潛心苦讀，沒有
應科舉考試，似乎只是一介有勇無文的武夫，而事實則不然。朱士諒與明代
顯宦名流如海瑞、葉夢熊、楊起元等人都有交往，若胸無點墨顯然是不可能
的。事實上，朱士諒頗有知識學問，著述頗富：「著有《壁觀》四卷、《炳燭餘

篇》六卷、《家誡》二卷、《康爵堂詩草》四卷」等。(《民國清遠縣志》卷6《先達》，第186頁)

明代，在平定國內邊疆地區動亂，維持社會秩序穩定方面，以下幾位粵北籍文武官員的事蹟最為感人。

一是明代的陳璘。

陳璘，韶州翁源縣人，嘉靖末年任指揮僉事，從討「英德賊」有功，晉升廣東守備。後又平定「大盜」賴元爵及嶺東「殘寇」。萬曆初年討平高要「賊」鄧勝龍，又平揭陽「賊」及「山賊」鍾月泉，屢進署(代)都指揮僉事，僉書廣東都司。官軍進攻佔據諸良寶反叛的「賊徒」，副將李成立戰敗，廣東總督殷正茂「請假」，身為參將的陳璘自將一軍，終於將「賊」平定，授肇慶游擊將軍，徙高州參將。其後，總督凌雲翼將分十道大徵羅旁「山賊」，陳璘親率一軍從信宜會諸軍，終將羅旁「山賊」平定，以其地置羅定州(明萬曆四年即1576年升瀧水縣置，即今廣東羅定市)及東安(今廣東雲浮市，明萬曆五年即1577年置)、西寧(即今廣東鬱南縣東南建城鎮，明萬曆五年置)二縣。陳璘因戰功得升副總兵，署(代)東安參將。

時過不久，「羅旁賊」又死灰復燃，「餘孽殺吏民」。朝廷責成陳璘進兵攻討。陳璘會合其他將領朱文達攻破石牛、青水諸賊巢，斬捕三百六十餘人。時東安初定，陳璘大興土木，營建寺廟，役使部卒，且令士卒出資。結果，士卒因此發怒，藉事倡亂，搶掠州縣，為巡按御史羅應鶴所彈劾。詔奪陳璘官職。既而兵亂被平定，乃除陳璘之罪，改為狼山副總兵。

陳璘為將有謀略，善將兵，故屢戰屢捷；「然所至貪黷」，因此又常被彈劾，削奪官爵。

萬曆二十年(1592)，朝鮮用兵。四月，日本豐臣秀吉以小西行長、加騰清正為先鋒，統兵15萬，由釜山登陸，長驅直入，很快攻陷了王京漢城、開城、平壤等城市。朝鮮八道沉淪於戰火之中。明朝廷以陳璘熟悉倭情，命添注神機七營參將，至則改神機右副將。不久，擢署都督僉事，充副總兵官，協守薊鎮(即薊州鎮，明「九邊」之一，治所在三屯營，即今河北遷西縣西北)。萬曆二十一年(1593)正月，詔陳璘以本官統薊、遼、保定、山東諸軍協助禦倭防海。會有「封貢」之議(日本請求進貢)，暫且休兵，改陳璘協守漳州、潮州。又因受賄，陳璘復被大臣參奏，又被罷官。

　　萬曆二十三年（1595），戰事再起。陳璘被復職，統廣東兵五千馳援朝鮮。明年二月，陳璘擢升禦倭總兵官，與麻貴、劉綎並為將領。部伍至山海關鼓譟作亂，陳璘被問責。尋令陳璘提督水軍與麻貴、劉綎及董一元分道並進，副將陳蠶、鄧子龍、游擊馬文煥、季金、張良相等皆受節制。兵共一萬三千人，戰艦數百艘，分布忠清、全羅、慶尚諸海口中。據《明史紀事本末》卷 62《援朝鮮》所載，起初，倭寇泛海出沒，因明朝官軍缺乏舟艦，故而得志；及見陳璘所率舟師，懼，不敢往來海中。

　　萬曆二十五年（1597），當明朝廷與日本貢使往返商議冊封、奉貢事宜之際，日本豐世秀吉再次派兵 40 萬發動對朝鮮新的進攻。六月，倭船數千艘沿海登陸，配合釜山殘軍，再次進犯朝鮮王京漢城。明朝聞訊後，即派兵部尚書邢玠總督薊遼，以麻貴為備倭大將軍經理朝鮮，又派都督陳璘和老將鄧子龍率領水陸大軍再次大舉援朝。中朝兩國軍民緊密配合，連敗倭寇。

　　「萬曆二十六年（1598）八月，豐臣秀吉死，日軍動搖。在日軍敗退中，陳璘『舟師協堵，擊毀倭船百餘』。70 餘歲的老將鄧子龍和朝鮮統制李舜臣的水師，在海上同日本海軍展開激戰，給 500 艘日軍戰艦以毀滅性打擊。這兩位傑出的水師將領也在這次決戰中壯烈犧牲。援朝抗倭戰爭終於贏得了最後勝利。」（詹子慶主編：《中國古代史·下冊》，北京：高等教育出版社，1986 年，第283 頁）

　　關於陳璘在這次援朝戰爭中的表現，方志記載道：

　　　　（豐臣）秀吉死，賊將遁，（陳）璘急遣（鄧）子龍偕朝鮮將李舜臣邀之。子龍戰歿，（陳）蠶、（季）金軍至，邀擊之。倭無鬥志，官軍焚其舟，賊大敗。（逃）脫登岸者又為陸兵所殲，焚溺死者萬計。時（劉）綎方攻（小西）行長（倭寇指揮官），驅入順天大城，（陳）璘邀之半洋，擊殺之，殲其徒三百餘。賊退保錦山。官軍挑之，不出。已（其後），（倭寇）渡匿乙山，崖深道險，將士不敢進。（陳）璘夜潛入圍其岩洞。比明（待到天亮），炮發，倭大驚，奔後山，憑高以拒，將士殊死攻。賊遁走。（陳）璘分道追擊，賊無脫者。論功，（陳）璘為首；（劉）綎次之，（麻）貴又次之。進（晉升）璘都督同知，世蔭指揮僉事。（《同治韶州府志》卷 34《列傳·人物·翁源·陳璘傳》，第 678～679 頁）

　　援朝平倭之役剛剛勝利結束，陳璘又接到朝廷征戰播州（今貴州遵義）苗族之亂的指令。明朝廷命陳璘為湖廣總兵官，由偏橋（即偏橋長官司，治所在今貴州施秉縣東北）進軍；副將陳良玭由龍泉（治所即今貴州鳳岡縣）進軍，受陳璘節制。

　　萬曆二十八年（1600）二月，陳璘率官軍進至白泥（今貴州餘慶縣），叛軍將帥楊應龍之子楊朝棟率眾二萬渡烏江迎戰。陳璘分兵三路，中軍迎戰，分兩翼包抄叛軍。叛軍敗退。追奔至龍溪山，叛軍與四牌寨（今貴州翁安縣東）「賊」軍會合，共拒官軍。由於官軍對險惡地形不熟悉，叛軍又得到當地少數民族苗族等的援助，使官軍的進軍難度極大。陳璘一方面用招撫計，另一方面則不放棄軍事進攻，指揮軍隊向龍溪進軍。偵知「賊」軍設有埋伏，陳璘令游擊陳策用火器擊之。「賊」佔據險要地勢，矢石雨下。陳璘身先士卒，捷足先登。有一小校畏難而退，陳璘斬之以徇。把總吳應龍等亦衝鋒陷陣。「賊」大潰退。四牌寨「賊」退保兒囤。陳璘二裨將追擊之，中埋伏。陳璘募敢死士從吳應龍等奮擊之，「賊」復潰，奔據囤巔，夜里乘黑暗由山後逃遁。官軍黎明追及於袁家渡，再敗之。四牌寨之「賊」於是被全殲。三月中旬，官軍搭造浮橋渡烏江，獲悉「賊」將張祐、謝朝俸、石勝俸等在七牌野豬山結寨，欲與官軍對抗。陳璘即指揮軍隊乘夜進軍，抵達苦練坪，前鋒與「賊」戰，後軍繼至，兩軍夾擊，「賊」敗逃深山叢林。官軍乘勝進入苦萊關。然而，童元所率鎮守烏江之軍卻被「賊」軍打敗，影響了官軍對殘敵的追殲。陳璘擔心孤軍深入，缺乏後援，將陷於危局，請求退師。而總督李化龍卻不允許退師。陳璘既無路可退，只得孤注一擲。進至楠木橋結營，師次湄潭。「賊」眾全部聚集於青蛇、長坎、瑪瑙、保子四囤（按，囤是用木柵圍成，填以土石，作防禦工事之用的設施）。四囤地皆絕險，其中青蛇尤甚。陳璘思忖：官軍兵力有限，同時進攻四囤則兵力不足；若集中兵力進攻其中一囤，則其餘三囤必將相助。於是決定先攻三囤，三囤攻下再集中力量攻青蛇囤。陳良玭亦率師來會。陳璘令良玭設伏於囤後以備策應；另以一軍守板角，以防「賊」戰敗而逃。陳璘親自指揮諸將力攻三日，「賊」死傷無算。三囤終於被攻克。青蛇囤四面陡絕，易守難攻。陳璘督兵圍其三面，懸賞招募敢死士從瑪瑙後附葛攀援而上。至山背，舉炮轟擊。據守青蛇囤的「賊」眾頓時驚煌失措，如被搗的馬蜂窩一般亂作一團。官軍諸軍齊攻，焚其茅屋。「賊」退入囤內。將士冒死進攻。毀其大柵二重，前後夾擊之。「賊」大敗，斬首一千九百有奇，

七牌之「賊」全部被殲。陳璘又分兵六道，攻克大、小三渡關，乘勝抵達海龍囤下，四面圍攻，相持四十餘日。「賊」眾自知勢難支持，於是對官軍採取賄賂、收買手段。部分官軍將領士卒得到利益後，與「賊」串通，不僅給他們通風報信，甚至將火藥賣給叛軍。陳璘獲悉之後，與監軍謀議，令安疆臣所率軍隊退避一舍（按，古代行軍三十里為一舍），陳璘亦率軍移駐他處，在海龍囤周圍布下眾多鋒利的竹刺。如此，「賊」的強弩無用武之地，夜裏出囤劫掠官軍，又多被竹刺刺傷，不敢復出。「賊」眾勢窮，相聚而哭，無計可施。陳璘決定實施突襲之計：六月六日，陳璘與吳廣統領官軍於夜晚四更銜枚（古代行軍時，士卒口銜用以防止喧嘩的器具，形如筷子）而上。「賊」眾正在囤里鼾睡，不料官軍從天而降，守關者被刺殺，架炮轟擊賊囤。「賊」首楊應龍走投無路，自焚而死。「賊眾」全被殲滅。

「徵播之役」才告結束，陳璘又奉命移師討伐皮林叛亂。皮林地處湖南、貴州交界之處，與「九股苗」相接。有吳國佐者，苗族人，桀傲不馴，無法無天。其從父（叔伯）吳大榮以反叛伏誅，吳國佐將吳大榮妻妾占為己有。黎平府（治今貴州黎平縣）發兵捕之。吳國佐遂率眾反叛，自稱「天皇上將」，其黨石纂太稱「太保」，合攻上黃堡，誘敗參將黃衝霄，追至永從縣（今貴州黎平縣西南永從鎮），殺守備張世忠，炙而食之；又焚五開南城，攻陷永從縣，圍困中潮千戶所（今貴州黎平縣東南中潮所）。當時，明朝官軍正在出征播州之亂，對此未暇征討。待播州之亂基本被平定，偏沅巡撫江鐸命陳璘與陳良玭合兵討之。陳良玭一軍失利；陳璘率副將李遇文等七道並進，擒獲苗族酋長銀貢等。游擊宋大斌攻破特峒，縱火焚之。叛酋吳國佐逃往天浦。殘餘反叛勢力退守古州毛峒（今貴州黎平縣西北），又為官軍追擊。石纂太逃往廣西，被上岩山指揮徐時達所誘捕縛之。「賊」黨萬餘人在楊永祿率領之下屯聚白沖。游擊沈宏猷等夾攻之，生擒楊永祿，諸苗悉平。

皮林之亂平定後，兵部尚書田樂以陳璘有戰功，建議由陳璘鎮守貴州；而給事中洪瞻祖卻彈劾陳璘在平叛中曾有行賄總督李化龍的「營求」行為。明神宗認為陳璘在平定播州及皮林之戰中均有顯赫戰功，雖有行賄過失，可忽略不計，最終接受了田樂的建議。

貴州當地是苗族聚居之地。東部之苗被稱作「仲家苗」，盤踞於貴龍、平新之間，為諸苗「巨魁」；在水碾山介於銅仁、思石者被稱作「山苗」，是「紅苗」的「羽翼」。自貴州播州（今貴州遵義市）之亂平定之後，戰爭使當地大

受摧殘，「自平播之後，貴州物力大屈」。生活艱難的苗族對官府、官軍懷恨在心，「苗益生心，剽掠無虛日」。

萬曆三十三年（1605），巡撫郭子章向朝廷申請派兵平亂。明年（萬曆三十四年）四月，朝廷令陳璘率軍萬人攻水砥山「山苗」；游擊劉岳督宣慰安疆臣兵萬人攻西路，並克之。乃令陳璘移師新添（治所即今貴州貴定縣），獨攻東路，復克之，生擒叛酋十二人，斬首三千餘級，招降者萬三千餘人，部內遂靖。

以上關於陳璘征戰各方，克敵制勝的事蹟，所據為《明史‧陳璘傳》及《同治韶州府志》卷34《列傳‧人物‧翁源‧陳璘傳》。事實上，陳璘一生，征戰甚多，戰功甚著。《明史》僅記其中部分戰役，還有許多大小戰役未曾提及。而且，陳璘用兵也並非一味依賴武力，他同時也很注重以理說服降附叛亂勢力。如據《明喻政撰陳太保傳》云：陳璘，自小倜儻有大志，不事家人產業，膂力絕倫，好任俠，結交多為「賢豪」，相與談論劍術，講韜略，盡得其秘。嘉靖壬戌（1562），潮州「賊」張璉僭號，勢連江（江西）、閩（福建），有眾數萬，粵中大震。總督張某下令招募驍勇平叛，宣稱「諳兵法者爵萬戶」。陳璘應募，「獻策軍門，鑿鑿中款（切中要害，言之有理）。」張總督奇之，即署把總（明代各地總兵轄下設「把總」領兵，為低級軍官），領兵事。張璉叛亂被平定後，林朝曦、林朝敬又叛，且「勢張甚」。陳璘沒有迷信武力，而是「單騎往砦（寨）中喻以朝廷威信，諸黨皆解散，遂計擒（林）朝曦、（林）朝敬磔於市。」（《同治韶州府志》卷34《人物‧翁源》，第680頁）

與陳璘統率明軍馳騁沙場，敉平叛亂，保家衛國的同時，另有一位粵北籍將領也是功勳顯赫，這就是吳廣。

據《明史‧吳廣傳》載：吳廣，廣東翁源人，以武生從軍，累著戰功，歷（曾任）福建南路參將，坐事（因某事失誤）罷歸。會岑溪（治今廣西岑溪縣）瑤族反，總督陳大科檄兩廣總兵童元鎮討之。作戰之時，瑤人勢眾，官軍將士稍有畏懼之心，出戰之時，部分將士不進反退。吳廣手斬一卒以殉，遂大破之。論功復故官（福建南路參將）。

萬曆二十五年（1597），吳廣以副總兵從劉綎禦倭朝鮮，領水軍與陳璘相掎角，俘斬甚眾。甫班師，又從明軍大徵貴州播州（今貴州省遵義市）之亂，被擢為廣總兵官，以一軍出合江（今貴州三都縣西南），副將曹希彬以一軍出永寧（治今貴州晴隆縣），受吳廣節制。吳廣屯兵於二郎壩，大行招徠。叛軍

首領郭通緒迎戰。官軍襲走之。陶洪、安村、羅村三寨土官各出降，他部未歸者數萬。吳廣從中擇其壯健者從軍，壯大了官軍勢力。郭通緒率叛軍扼守穿崖囤。吳廣督軍擊破之。劉綎、馬孔英已入播州，吳廣軍還，屯守於二郎壩。總督李化龍傳令吳廣率軍快進，乃議分四哨（路）進攻崖門，別遣永寧女土官奢世續等督夷（少數民族）兵二千扼守桑木埡諸要害以防糧道被切斷。諸將連破數囤，進營母豬塘。叛軍首領楊應龍懼，令郭通緒盡發關外兵以拒官軍。吳廣在磨槍埡外南岡下埋伏了五百名炮手，而遣裨將趙應科挑戰。埡夾兩山之中，有路甚隘。郭通緒橫槊衝擊趙應科。趙應科偽裝敗北而退。郭通緒急起直追，至磨槍埡外南岡下遇明軍埋伏，趕緊調頭欲退，不料所騎馬中炮摔倒，正想換騎另一匹馬，被伏兵突出攢刺而死。餘賊大敗而逃。官軍逐北，「賊」盡降。遂進逼崖門。崖門有條小路，只容一騎通行。「賊眾」萬餘人出關拒戰。曹希彬懸賞千金，士卒攀崖競進。追至第四關上，「賊眾」男婦盡哭。其魁首羅進思率萬餘人出降。其第一關猶抗拒不下。吳廣乘夜疾進，遂奪其關。關內民眾爭獻牛酒。吳廣與曹希彬兩軍相會，進戰紅碗、水土崖、分水關，皆所向克捷，遂進營水牛塘。叛軍首領楊應龍大懼，知吳廣孤軍深入，謀欲突襲之，乃遣人詐降。吳廣測知其詐，堅壁以待。楊應龍狗急跳牆，只得擁眾三百直衝官軍大營。諸將殊死奮戰，會他將來援，「賊」乃退。吳廣遂與諸道軍聯合，進逼海龍囤。「賊」詐令婦人乞降，哭於囤上；又詐報楊應龍已服毒自盡。吳廣起初信之，後知其詐，急燒第二關，奪取第三關，斷絕「賊」眾樵汲（取柴取水）之路。「賊」益窘。吳廣軍與陳璘所率軍從囤後登山，楊應龍知已無退路，絕望自焚而死。楊應龍之子楊朝棟被活捉。吳廣亦因被毒箭射中而失聲，幾次死而復生。吳廣以本官鎮四川，次年卒。朝廷戰後論功，吳廣被贈都督同知，世蔭千戶。

余國棟，清初乳源縣人，「少能文，補博士弟子員，丰采英毅，淹通子史，有經濟才……國朝（清朝）初曹寇為亂，當道發兵進剿。師甫入邑，施令（措施、號令）措置失宜，悍兵羅士璧等遂抄（搶掠）縣劫餉，流掠民居。生（余國棟）奮不顧身，率鄉人堵御，力屈被擒。（羅士）璧等素畏其能，竟遇難。」（《康熙乳源縣志》卷6《賢達傳》，第517頁）

郭鍾熙，清代清遠人，道光元年（1821）舉人，大挑（清朝乾隆年間制定下的一種科考制度，為的是讓已經有舉人身份但又沒有官職的人有一個晉身的機會）授任廉州合浦縣學訓導，兼署（代理）欽州學正。丁內艱（因母喪回

鄉守孝）歸，縣令讓他主持清遠縣書院講席，以「勇於任事」而著稱。其時，太平天國農民起義，粵北地區也受到波及。志載：「道光二十九年（1849），土賊胡黃、毛五、周華擾英（德）、清（遠）界，（郭）鍾熙倡聯咸泰約合高田鄉各處捐貲團練，設防於橫石，賊不敢窺。事平，議敘同知銜，戴藍翎。咸豐四年（1854）七月，紅賊練四苦、陳金缸等陷縣城。知縣程兆桂退守濱江。鍾熙往見圖克復。是時捕（屬）、湞（江）、濱（江）、回（岐）皆有團練。鍾熙為眾望所歸，各約（團練）願聽約束。五年（1855）三月，鍾熙率（練）勇敗賊，遂入城，迎程（縣）令住瑞峰書院，敘功加運同銜，換花翎。六年（1856）十一月，賊練四苦、陳金缸等復圍縣城，西河一帶俱為賊據。七年（1857）正月，賊渡河至洲心大巷口等處，勢甚張，珠崗司張清鑒帶湘勇剿捕。鍾熙率鄉勇引導（湘勇）由江口過橫石，殺賊百餘。賊竄濱江，縣城圍解。敘功加三級，封贈三代……」郭鍾熙以文人出身，卻在平定地方動亂之中有重要貢獻。教學之餘，郭鍾熙還著述頗富，有教育學、文學著作多種：「著有《教諭語纂要》一卷、《竹趣館詩集》二卷、《焚餘詩草》二卷、《思訓錄》一卷、《榕石文集》等書。」（《民國清遠縣志》卷 6《先達》，第 194 頁）

不僅是出仕在外的粵北籍仕宦人物在平叛亂，保和平方面功勳卓著，許多尚未出仕為官的粵北籍士人，在維持家鄉社會秩序和穩定局面，同樣有著突出的表現。略舉乳源及翁源兩縣數例如下：

乳源縣：如張邦暘，清代乳源人，「少有遠志，識量（見識力量）過人，康熙間（1662～1722）吳逆（吳三桂）煽亂，流寇蹂躪，邦暘捍禦有方，保安鄉里，大吏（地方主要官員）嘉之，擢補守備。」張開，「乳源人，廩生，康熙間妖匪為亂，（張開）計擒賊首周楚貴、劉士漢，乳（源）境獲安。邑（縣）令裴秉鈁深嘉其謀，為敬禮之。」「張其璜，乳源人，千總（明清時期各地總兵轄下所設千總，為低級軍官，地位次於守備），見義勇為，心存保衛。咸豐四年（1854）夏秋間紅匪（太平天國農民軍）倡亂，（張）其璜集團（組織團練）堵禦，屢殲多賊。十月間匪攻柯村圍，其璜潛出，招梅花鄉勇護救，親自枹鼓（擊鼓），殺賊三百有奇，保全圍內男婦五百餘口，鄉人戴之，咸稱張守禦。」（《同治韶州府志》卷 33《列傳·人物·乳源》，第 672 頁、第 674 頁）

翁源縣：明代「吳洪進，翁源人，慷慨好義，眾咸賴之。邑築城垣，與有功焉。天順八年（1464），廣西猺（瑤）渡湞（湞江）逼境，（吳）洪進敗之於水流坪。成化元年（1465）猺復來，（吳洪進）又帥眾與戰於城南。伏兵猿藤

徑，**擒渠魁一人**，斬首三百有奇，乘勝窮追，為賊所害。知縣陶鼎上聞（報告）兩院，立祠以祀。柳州同知金廷璽為之記。」「郭師顏，翁源人，隆慶六年（1572）歲貢，少有文名，長嫻武略，時官祖政為亂，（郭師顏）集鄉團出剿，擒其黨梁忠，功績丕著。兩廣軍門李（某）擢為參謀，運籌剿賊，邑境獲安。」「林中高，翁源人，天啟歲貢，起家吳縣主簿，多善政，遷參軍。丁內艱（因母親去世）回里，值流寇圍城，（林中）高率子弟捍禦有方，通邑藉其保障。」「何捷科，翁源人，由庠生授中書舍人。遇事有膽識，能明大義。土賊徐阮聰為亂，親率鄉勇堵禦，死於賊。鄉人感之，建祠以祀。」（《同治韶州府志》卷34《列傳‧人物‧翁源》，第683～685頁）

清代，翁源同樣湧現了不少保衛鄉梓功勳卓著的「鄉賢」人物。這些人物多活躍於道光（1821～1850）、咸豐（1851～1861）時期的粵北地方歷史舞臺上。如許玉書，「咸豐四年（1854），紅匪（太平天國農民軍）困城，募勇守陣（城牆），自給口糧，計費千緡」；張德，「武生，有膽略，明大義，咸豐四年，紅匪李黃保擁眾數萬圍縣城，（張）德倡義，團（組織團練）新江勇（義勇）救解衝鋒，歿於陣」；何爾然，「監生，性剛直，獨立不懼。咸豐五年（1855），甘先股匪竄新江，爾然團勇出禦，賊大敗，追殺之，遇伏被擄，不屈而死。」其中，梁肇倫的事蹟頗為典型。志載：

> 梁肇倫，字荊山，翁源人，祖殿樞、父楨，俱邑諸生。肇倫少貧賤，投筆為傭，劼苦自勵，負智略，投鎮標營，稱扶身士。咸豐初年隨剿曲江羅坑、乳源饗坪、仁化三合水、始興馬子坎、江西貞女圍各匪。由外委歷次戰功，拔補中營守備。總督葉名琛嘉其勇，屢加優賞。提督昆壽駐北江，倚為剿防健將。（咸豐）四年七月，英（德）、清（遠）巨匪黃義朝、陳矮子等擁眾數萬迫境，肇倫帶隊出禦，至白土，賊眾兵潰，脫逃回韶（州）。賊已合圍，不能登城矣，乃潛回翁源募新江勇，得五千人，傾家資為糧食，與其弟肇端統之，扮賊裝而行。八月二十三日抵大塘，再招鄉勇，頃刻得四五千人，號稱數萬眾。時（韶州）郡城糧乏油盡，圍益急，遂於二十四日五鼓蓐食（豐厚飲食），奔殺而來。比（及至）黎明直馳東河壩，奪浮橋，衝帽子峰，殺賊無算。東郊西河兩岸屯賊望風而遁。城中人相與錯愕（驚慌）。提督昆壽倚敵樓望之，見「梁」字白旗，喜甚，顧左右曰：「此梁守備援兵也！」圍解，肇倫馳至，（昆壽）命縋之（放

下繩索）登城，相與慰勞。乃（隨即）開城犒勇，賞銀二萬兩、白
米五百石。九月，帶隊出剿，抵沙口，敗績而還。十月，賊再圍（城），
迭次出剿。五年五月，圍解。檄（上級傳令）剿英德鯉魚塘、黃峝、
牛頭排各匪。事平，擢升郡都司（清代為綠營軍官職，位次於游擊，
為正四品武官，分領營兵）。賞戴花翎，檄署增城守備、廣協右營守
備、南韶連鎮右營守備，分營剿賊，轉戰七年，屢獲渠魁（敵軍重
要首領）。嗣（後來）擢參將。肇倫用兵，馳驟（衝鋒陷陣）制勝，
而士卒驕悍，多剽掠，則未能饜人望（獲得人們好評）也。同治十
年（1871）卒。弟肇端同來援城，以衝鋒歿於陣，人稱勇烈。（《同
治韶州府志》卷34《列傳·人物·翁源》，第688～690頁）

　　亦有出仕在外，因故還鄉者，當動亂發生，平安不保之時，他們仍然勇
於擔當，肩負起率領民眾抵禦動亂之責。如郭一驪，翁源人，明萬曆年間選
拔任壽州（今安徽壽縣）同知，不僅在任之時防禦叛亂有功：「時流賊圍（壽）
州城，無正官（刺史），（郭一）驪極力堵禦，壽（州）民德之。」「嗣（其後）
歸里，值叛兵簡（某）、馮（某）等攻城，（郭一驪）與縣令江靖登陴分守，設
策剿禦，（翁源）城獲安全。」又有「林中高，翁源人，天啟歲（1621～1627）
起家吳縣主簿，多善政，遷參軍。丁內艱（因母親去世回鄉守孝）回里，值流
寇圍城，（林中）高率子弟捍禦有方，通邑藉其保障。」（《同治韶州府志》卷34
《列傳·人物·翁源》，第685頁）

　　也有父子或兄弟在保家衛國的平亂戰爭中同時捐軀者。如范漢，明代英
德縣人，與其弟范潮以武略聞。萬曆四十四年（1616），十八山「流賊」沿鄉
行劫，無惡不作。范漢兄弟率兵追捕至野豬灣，殺「賊」百餘，救出被擄男婦
數百人。後因援兵不至，與弟皆陣亡。鄉人祀之保安廟側。南韶兵備劉隱旌
之曰：「勇冠三軍」。明朝末年，政治敗壞，社會矛盾激化。各地大小農民起義
風起雲湧，其中也不乏一些專事打家劫舍的「寇賊」，可謂「魚目混珠」。此期
間，不少粵北人都將平叛亂，保和平視為自己義不容辭之職責。如陳志召，
英德人，充鄉總，與其二弟皆以勇義稱。明朝末年（崇禎四年，1631年），「流
寇」劫掠大陂等處。地方官命陳志召統鄉兵百餘出擊，與「流寇」血戰，遂為
所害。鄧佐王，亦英德縣人，以武生授千總。清代綠營兵編制，營以千總統
領，為正六品武官，是武職中的下級，位次於守備。志載：順治丙辰（按，查
順治無丙辰紀年，推測應為「丙申」，即1656年）署本邑（英德縣）城守。

時簡東「黃牛頭賊」起，鄧佐王領兵進剿，以少擊眾，生擒「賊」首廖三、李半天。又值「劇寇」彭羅鍾（或彭某、羅某、鍾某）出掠洸洸（今英德縣），鄧佐王復領兵驅逐，以功加守備銜，升授仁化城守。己亥（1659），洸洸所屬黃沙坳八營「賊」劫掠村莊，鄧佐王領兵守牛頭隘，生擒「賊」總兵龍九子等。事平，授都司職（清代為綠營軍官職，位次於游擊，為正四品武官，分領營兵）。其次子鄧芳奉藩王（清初封尚可喜為平南王，守廣東）檄，帶勇援剿連州、陽山等處，以功薦升游擊。父子都有平亂之功。（《同治韶州府志》卷 34《列傳・人物・英德》第 695 頁）

　　不僅是父子、兄弟共同奮戰於沙場以保鄉國，也有夫妻同時為國平亂而捐軀者。在英德縣，有一座「寨將夫人祠」。據說此祠祭祀的是唐末英德人虞氏及其丈夫。方志記載：「虞氏者，邑（英德縣）之虞灣人。唐末，黃巢破西衡州（南朝陳以衡州改置，治所在洸洭縣，即今廣東英德市西北洸洸），虞氏丈夫為寨將，與『賊』戰死。虞氏躬擐甲冑，率昆弟及鄉兵奮勇迎戰，『賊』軍遂退，虞氏亦死之。鄉人徐志道等立廟祀之，號『寨將夫人祠』。據說，其後或兵叛，或峒寇為亂，禱之輒應。或見夫人衣紅衣，率兵而行，『寇』輒驚潰，志書云『蓋其貞魂義魄猶能破賊云』。」（《同治韶州府志》卷 37《列傳・列女・英德》，第 772 頁）

　　除上述諸人事蹟而外，古代還有一批粵北人，在面臨外寇來犯，或本地「盜賊」起而作亂之時，毫不畏懼，挺身而出，率軍或率當地民眾奮勇抗戰，捍衛國家鄉梓，其中不少人在拒敵作戰中勇於獻身，對此不再一一縷述。

（三）際遇坎坷，仕途多舛

　　古代粵北士人多具有正直的品格。這在君主專制的封建時代，不僅不能為君主所容納、嘉獎，反倒成為權奸陷害攻擊的目標，故古代粵北士人際遇坎坷者不乏其人。這裡僅從唐末五代時期幾位粵北籍人士的經歷即可窺見一斑。

　　唐代後期，粵北連州曾出現一位官至宰相的人物，即劉瞻。劉瞻在朝清直為官，秉公辦事，不願俯首低眉苟且偷生，因而得罪了皇帝和姦佞之輩，被誣告貶逐至荒涼落後的嶺南之區。但劉瞻對此無怨無悔，依然是傲骨錚錚，死而後已。據《同治連州志》卷七《人物志》記載：劉瞻，字幾之，其祖先本彭城（今江蘇徐州市）人，後因事遷徙至桂陽（今連州）。劉瞻自小「奇偉能文，才思敏捷」，唐朝大中元年（847）登進士第，不久中博學宏詞科，遷太常

博士。執政劉瑑重其為人，因同姓劉，以宗人遇之，薦為翰林學士，擢拜中書舍人、戶部侍郎承旨，出為太原尹、河東節度使。咸通十一年（870），以中書侍郎、同中書門下平章事加刑部尚書、集賢殿大學士。當時，同昌公主不幸病逝，唐懿宗頗為傷心，竟委罪於太醫沒有盡心盡力醫治，將太醫韓宗紹等逮捕下獄，並傳詔將太醫族屬三百餘人一併逮捕治罪。對於此事，朝中大臣雖然大都認為不妥，但無奈皇上盛怒難息，此時如果誰敢貿然進諫，斷然不會有好結局！然而，正當滿朝大臣都在明哲保身，「諫官皆依違無敢言者」之時，劉瞻卻敢冒天下之大不韙，上疏曰：「修短之期人之定分（壽命長短是命中注定的）。昨（近日）公主有疾，醫者非不盡心，而禍福難移，竟成蹉跌。械繫老幼，物議沸騰。奈何以達理知命之君涉肆暴不明之謗（皇上是達理知命之明君，何必做出這一舉措，讓臣民把陛下看作一個隨心所欲的昏暴之君呢）？」唐懿宗看罷劉瞻所上的奏疏，甚為不悅。劉瞻又聯合京兆尹（掌治京師長安及所屬之縣，秩二千石，與郡守同）溫璋等據理力爭。結果，唐懿宗大怒，即日宣布將劉瞻罷官，以檢校刑部尚書、同平章事出為荊南節度使。當此之時，朝廷之中有兩位善於看風駛舵，排擠陷害善良忠直大臣的姦佞之輩，一是韋保衡，一是路岩。他們竟然落井下石，誣告劉瞻與太醫密謀投毒，害死了公主。唐懿宗在這些姦佞之輩的挑唆鼓搗之下，將劉瞻改為貶斥至廉州（今廣西合浦縣）任刺史。翰林學士承旨鄭畋在奉命起草貶逐劉瞻的草詔中有一句「安數畝之居，仍非己有；卻四方之賂，惟畏人知」，如實書寫劉瞻為官的謙遜知足與廉潔。路岩審閱草詔，對鄭畋大為不滿，指責他說，你這哪裏是貶逐劉瞻，簡直就是歌頌推舉他呢！結果連鄭畋也被貶至梧州任刺史。同情並與劉瞻一起為太醫鳴冤的還有御史中丞孫瑝、諫議大夫高湘等，一概被貶逐至嶺南！姦佞之徒路岩還不滿足，他讓人拿來一張地圖查看，發現地圖上標示的歡州（今廣西南丹縣）離京師長安有萬里之遙，當即決定將劉瞻貶逐至歡州任司戶參軍，命李庚寫作詔書，要求在詔書中極力詆毀污蔑劉瞻，並計劃在貶逐的路上派人把劉瞻殺害，以免留下後患。當時，朝廷上下都知道劉瞻鯁直，只是被姦佞誣告排擠，咸以為冤。幽州節度使張素又上疏為劉瞻鳴冤，路岩等姦佞之輩見眾情難違，不敢再胡作非為，擔心日後真相暴露下不了臺。唐僖宗即位之後，將劉瞻改為康、虢二州刺史；不久又召還朝廷，擬任刑部尚書，復以中書侍郎、同平章事。消息傳開，京師大臣、百姓無不歡欣鼓舞。劉瞻「將還長安，兩市（長安東市、西市）人率錢雇（集資聘請）百

戲迎之。」劉瞻得到消息之後，改由其他道路進入京城，避開了民眾的歡迎隊伍。劉瞻任相僅三個月就「得病」而卒。京城傳言是韋保衡、路岩指使爪牙劉鄴投毒殺害劉瞻的。他們擔心劉瞻為相，立穩腳跟之後會秋後算帳，故此狠下毒手！劉瞻在朝廷任高官，除了忠直之外，還以清廉仁慈而著稱。史載：「（劉）瞻為人廉介，饋遺不及門，所得俸以濟親舊之寠（貧窮）乏者，家不留儲。入相後第舍無所增飾，其清操始終不易。」（《同治連州志》卷7《人物志‧忠讜》，第724～725頁）

　　五代十國時期，曾出仕南漢國的黃損亦是一位「慷慨有大志」之輩，然而，在五代這樣一個分裂割據的歷史時期，卻無用武之地，以失意落泊而終。《同治連州志》卷七《人物志‧忠讜》載：黃損，字益之，連州高良鄉人，自小即「慷慨有大志」，曾在粵北靜福山上築室而居，門額上題寫「天衢」二字，寓意自己具有遠大志向，終非凡俗等閒之輩。黃損潛心讀書於山室之中，心無旁鶩，罕與俗接，因此「以積學（學識淵博）聞於時」。尤工於詩，每遇山水會意之處，輒操筆留題殆遍。自認為所學未廣，於是遠遊至湖南洞庭湖、江西廬山諸處名勝，結交天下名士。當時，在文化界，都官員外郎、宜春人鄭谷為湖海騷人所宗，眼界頗高，然而一見黃損，讀了他寫的詩，就肅然起敬，交口稱讚，認為黃損有宰相的氣質與學識。黃損於是與鄭谷一起，對當時的詩歌格律作了一次整頓，「定近體詩格，世多傳之；又嘗著書三篇，類《陰符》、《鬼谷》，論修治（即儒家所提倡的修身、齊家、治國、平天下）之術，具有宏識，議者（人們）每期以公輔（宰相）之器。」不久，後梁龍德二年（922），黃損參加科舉考試，得以及第。數次投書公卿，陳述政治見解，頗受當時的達官貴人的賞識，「公卿交（章）薦之」，遂授永州團練判官。當時，割據中原地區的後梁王朝正與割據於今山西之地的晉（李克用、李存勖父子為首）連年發生戰爭，史稱「汴晉爭衡」。汴即河南開封，後梁都城所在。黃損見中原大地長期戰亂不休，難以施展治國安邦的遠大抱負，遂南下至廣州，願出仕割據於嶺南一隅的南漢國。南漢國劉龑諮以國事，頗親任之。後納其謀，出兵攻取湖南諸州。黃損因此有功，累遷至尚書左僕射。無奈南漢國主劉龑在位前期尚能勵精圖治，有所作為，而後期則漸趨意志消沉，窮奢極侈，勞民傷財，大建離宮別館。其中所建南薰殿，「雕沉香為龍柱，務極工巧，少不如意輒誅匠者，前後（被誅）十餘人。」黃損想，南漢國主如此胸無大志，鼠目寸光，只圖眼前逸樂，不思今後危機，將來的形勢必將如鼠入牛角，勢將漸

小！於是便冒著觸犯君主之怒而被貶逐的風險，給南漢國主劉龑上了一道勸諫的奏章。其奏疏謂：

> 陛下之國東抵閩越（今福建、浙江），西盡荊楚（今湖北、湖南），北阻彭蠡（今江西鄱陽湖）之波，南負滄溟（南海）之險，蓋舉（囊括）五嶺而有之，犀象珠玉之富甲於天下，所謂金城湯池，用武之地也。今民庶窮落（民眾生活困苦），其何所恃以為戰！且汴洛（汴京、洛陽，指後梁）未平，荊吳（南平國、吳國）獷狡，正宜務農息民以宏聖基，庶幾（才可以）遏強禦，乃（然而竟然）縱耳目之好，盡生民之膏，與土木之勞，傷樸素之化，快一己逸欲而失天下之（民）心，臣竊為陛下不取也。

南漢國主劉龑讀了黃損的奏疏，心生不悅。適遇宰相缺位，需要選任。群臣都異口同聲薦舉黃損。劉龑卻說：「我素（向來）不喜此人！」黃損因而無緣入相。黃損知道南漢國主昏聵，無遠大志向，自己留在南漢國已無意義，便藉口有「足疾」（腿腳有病走路不便），退居永州（今湖南零陵縣）之北的滄塘湖上，詩酒自娛，直至病卒。

據傳說，當年在廬山之時，黃損與桑維翰（後來在後晉朝任相）及宋齊丘（後來在南唐國任相）相友善，常在一起縱論天下大事，二人都自認為不及黃損見識深遠。黃損亦因此而頗為自負。一日，三人同遊廬山五老峰，憩於磐石之下。有一老者長嘯而至，對桑維翰說：「子異日當位宰相（你以後定作宰相），然而狡狡（奸詐狡猾）則不得其死。」又對宋齊丘說：「亦（官）至宰相，然而忍忍（殘忍狠心）亦不得其死！」唯獨對黃損另眼相看，說：「此子乃有道氣（道家宣揚的淡泊氣質），當善終，第（只是）才大位晦（官位不顯赫），不過一州從事耳。」黃損不以為然，說：「有才何患無位，下僚曾足稽損耶（有才幹不愁無顯位，我輩豈是任芝麻小官的料）！」黃損以為只要有識有才就會得到君主的重用，卻沒有想到另一方面：在昏君當道的割據政權中，越是有遠見卓識及超群才幹的，就越是難以得到器重；反之，能得到青睞重用的恰恰是那些善於溜鬚拍馬，慣於陷害忠良的小人！老者聽了黃損的話，說：「非所知也（這就難說了）。」其後，這老叟的預言竟全部應驗：桑維翰初為北方軍閥石敬瑭掌書記（秘書），助石敬瑭稱帝，建立後晉王朝，並建議割讓燕、雲等十六州於契丹以乞取契丹的軍事援助。後晉建國後，桑維翰任集賢殿大學士、樞密院使等職（身任宰相），一人之下，萬人之上，大權在

握，賄賂盡收，積財鉅萬。開運三年（947）冬，後晉與契丹矛盾激化，契丹出兵攻晉，後晉將領張彥澤看風使舵，投降了契丹，然後率軍反攻後晉，進入京師，殺桑維翰，將其巨額資財掠為己有。宋齊丘，好學工屬文，尤喜縱橫長短（政治、軍事）之說，以此游說吳國將領李昇（後奪吳國政權建立南唐王朝），累遷右僕射、平章事。及李昇「受禪」，建立南唐，宋齊丘自右丞相進位司徒，居三公之位。終因結黨營私而被貶官，又被奸人誣告謀反，最終自經（上弔）而卒。這些都是後話。上述有關黃損與桑維翰、宋齊丘仕途、命運的預言，真假難辨；但是，黃損由於忠直敢言而得不到割據嶺南的劉氏昏君的重用，抑鬱而終，卻是歷史事實。(《同治連州志》卷7《人物》，第725～726頁)

　　與黃損仕途、命運相類似的還有石文德。志載，石文德，連州平合鄉人，自少立志向學，過目成誦，弱冠（十八九歲）之時讀范曄所著《漢書》，即發現其中錯誤不少，遂一一指謫其瑕，為之辨駁，共有數百條。有識之士看罷，讚不絕口，認為即使是古代的公羊氏（高）注解《春秋》，學識水平也比不上。石文德曾邀遊湘（江）、漢（江）之間，無所知名，租房居住於長沙，遇楚國（馬殷建立）天策府學士、桂陽人劉昭禹。與語，得到劉昭禹的賞識。一日，正值端午節，劉昭禹與眾文人學士聚飲賦詩為樂，邀請粵（北）人石文德參與。石文德「賦艾虎長句，演迤奇拔。」劉昭禹一見，大為驚奇，稱賞石文德是「文苑之雄（文壇領袖）」，遂向楚王馬希範（馬殷之子）推薦，得隸詞學。會秦夫人卒，楚王馬希範命中外有文學才華者作輓歌以悼念。石文德所作詩有云：「月沉湘浦冷，花謝漢宮秋。」楚王看了大為驚異，評為第一。未幾，授水部員外郎，並改其鄉（當時粵北在楚國統治下）為「儒林鄉」，甚見親重。一次，馬希範在常春堂設宴款待大臣學士，拿出一隻玉杯，讓眾大臣學士們賦詩競賽，勝者得之。結果，「李皋詩先成，得之；（石）文德繼進（接著完成），乃更盡美。王（馬希範）復齎以玉蟾滴。由是諸學士多嫉其能。」後來者而居上，遭到眾人嫉妒亦屬難免。不久，石文德被楚王任命為融州（今廣西融水縣）副使，「蓋入諧者之言也」。石文德因為有才華，朝廷眾人擔心他在朝廷中會被重用，因而鼓搗楚王將他安排到偏僻的地方任官。這顯然是遭到嫉妒和排擠的結果。

　　楚王馬希範與五代歷史上眾多割據政權之主一樣，亦以驕奢淫逸、昏聵無為而著稱。史載：「（馬）希範性汰侈（驕縱、奢侈），營建、征討無虛日，稅諸州橄木皮鎧動至數千」，通過苛徵暴斂以滿足其營建宮室及四出征討的奢

侈及自大欲望，弄得民怨沸騰，敢怒而不敢言。石文德本著忠君為民之心，冒著得罪君主可能遭到譴責貶謫甚至誅戮的風險，上書切諫曰：

殿下承父兄之業，撫有南土，儲給國用，愛恤黔黎，惟日不足。近聞土木日興，兵戈日尋，非所以保國交鄰之道。夫農為民本，食為民天。今廣取皮革，牛圂（欄）盧空，耕民逃竄，轉為寇盜，臣不謂可一也（我認為不可以這樣做的第一方面）；外帑之儲費於淫巧，養兵之食耗於工匠，或有為虞（萬一發生變亂），將何所賴？臣不謂可二也；諸侯五廟，古今所周（自古至今都按這樣的制度執行），七廟並營，恐非憲典（諸侯而建置七廟，這是不符合禮儀規範的），臣不謂可三也；巨木集於異邦，使者恣為奸利，陸轉水運，雇募尤難，一木之費至逾百萬，道路嗷嗷，恐藏不測，臣不謂可四也；武穆王（馬殷，楚國建立者）之世，四鄰不聳（保境安民，四鄰不受侵擾），九府流通（經濟交流活躍，國家府庫充實），猶且節用服食以贍軍國，今沈（香）檀（木）以雕柱棟，文繡以衣垣宇（建設物也披上錦繡織物），倉廩無復紅腐（倉廩無多餘之儲蓄），閭閻盡夫赤仄（鄉村只剩下兒童和老人，「赤」，赤子，兒童；「仄」，傾斜，指走路不便之老人），廣孝繼先似不如是（推廣孝道，繼承先人事業，似不應該如此作為），臣不謂可五也；虒祈宮成，諸侯叛之；桓宮刻楹，《春秋》判焉（古代昏君奢侈成性，大興土木，或者遭到諸侯的反叛，或者被記載史冊遭到批評）。今荊粵（北方的南平國及南方的南漢國）闖我籬藩，吳會偵我西北（按：「吳」即吳郡，今江蘇蘇州；「會」即會稽，今浙江紹興，即楊行密建立的吳國及錢鏐建立的吳越國，但吳國與吳越國在馬楚的東北面，在馬楚西北面的是前蜀國，故此處疑誤），費用疲民（軍事屢興，勞民傷財），何以禦敵？臣不謂可六也。臣受殿下厚渥，出華門（出身平民百姓）而登廣廈（朝廷、高位），脫布褐而篷（並排）青紫（由平民百姓而晉身高官顯宦），捐軀報德自料無由（恨沒有機會報答君主的厚恩）。（今）昧死盡言，惟（期望）大王思至計（正確措施或政策）以惠社稷。（《同治連州志》卷7《人物》，第726～727頁）

儘管石文德的奏疏寫得很委婉，然而還是觸怒了妄自尊大的馬希範。「希範得書憑（大）怒，（劉）昭禹等營救乃免」。石文德因為忠告不為君主採納，

心情抑鬱，不久即去世。石文德以「性剛介不苟合」而著名。有人曾委婉地對他說：「君剛愎方碻，真與姓同（你正直剛毅，真的像石頭一樣不屈不撓）」。石文德回答說：我對此無怨無悔。君不見石上可補天，次足攻玉（其次可以磨礪玉器）耶？其著作有《唐朝新纂》三卷行世。亦有人說，石文德本來甚得楚王馬希範的賞識，假如他稍為圓滑一些，略事俯仰吹拍，則有機會被任為馬楚政權之相亦未可知；然而他卻為時事激發，直言觸忤君主，遭到貶抑，不得善終，真令人痛惜！

南宋王朝在我國古代歷史上是一個戰爭連綿的王朝。前期與金朝連年爭戰，後期則與蒙古爭戰。當此之時，一些出自粵北地區的仕宦之官，看到朝廷政治敗壞，小人當道，自己沒有能力力挽狂瀾，又不願意苟且偷安，看風使舵，悲觀失望，不得不隱退。

封建時代，權與利成為眾人尤其是士人努力追求的目標。因此，對於唾手可得的地位和權利不僅不追逐，反而躲而避之，就顯得與眾不同了。宋元時期，這樣的人物在粵北也有存在。

例如蒙天民，南宋時期仁化縣恩村人，登慶元己未（1199）一甲十二名進士。當時仁化縣初建，朝廷考慮到蒙天民瞭解民情土俗，任命他為仁化縣知事。志載，蒙天民執政三載，百廢俱興。後以母艱（母親去世）辭官回鄉守孝。守孝期滿之後再不出仕，只以書史教課兒孫。據說「厥後科甲鼎盛，皆公（蒙天民）遺也」。古代按照封建禮規，父母去世必須守孝三年，即使正在任官，也得辭官回鄉。有人因為迷戀權勢，寧願隱瞞父母去世的消息而不願意暫停官職，以至被他人檢舉揭發後受到撤職罷官的處罰。而蒙天民卻反其道而行之，守孝期滿後可以重新入仕，卻不再出仕，「惟以書史課兒孫」，潛心於對後輩的教育，使「厥後科甲鼎盛」。其實，蒙天民的隱居不仕依筆者之見是有著深層原因的。眾所周知，南宋時期，宋朝偏安南方一隅，對外戰爭不止；在朝廷之內，主戰派與主和派鬥爭激烈。主和投降派佔據了上風，不少主戰人物遭受打擊排擠，被貶官流放甚至被迫害致死，著名事例如岳飛、岳雲父子等。蒙天民不願意與投降派附和，苟且偷安，又深明主戰沒有出路，彷徨無奈之下，唯有辭官隱退這一消極的選擇了。

又如同樣出自仁化縣恩村，與蒙天民同族的蒙英昂：蒙英昂二十七歲「登丙辰（1256）科文天祥榜五甲一百三十九名進士。初筮（任官）登仕郎（文散官名。唐始置，為文官第二十七階，正九品下。宋為正九品）、道州學正，以

薦入為國子（學）博士。（上）疏忤權奸賈似道，出（貶謫）為建康府教授，班改惠州香山（縣）令。丁內艱（因母親去世而按禮規辭官歸鄉守孝）。起（起復，守孝期滿重新出仕）補平江府察推（觀察推官），以才德欽取（由皇上委任為）浙東巡按，轉湖南提刑，充襄陽招討使。時胡元薦食（蒙元南侵），咸淳癸西（1273），襄陽久困絕援，守將呂文煥以城降。公坐陷襄樊（因襄陽失守而被懲罰）。免歸（罷官歸鄉）後，文天祥公當國，知公有文武才，以臨江府事權參知政事起公（起用蒙英昴）。公見中原陸沉（淪陷），天下大勢十去八九，歎曰：『知幾（機）不辱，知止不殆。此乾坤何等時也，尚可麋好爵乎（國破家亡之時，誰還有心思留戀好官顯爵）！』稱疾，堅不奉詔，隱處山林，日賦泌水，琴書自娛。至元當國（元朝建立後。「至元」是元朝第一個年號），屢徵不起。嘗切故主之思（曾深切懷念南宋君主），有『青蒲柳綠年年在，野鳥含聲怨未休』之句……」（《民國仁化縣志》卷8《藝文第十二‧恩村蒙氏五世祖招討使英昴傳》，第584頁）

這是南宋末年名臣謝枋得在《恩村蒙氏五世祖招討（蒙）英昴傳》中對於蒙英昴事蹟的扼要敘述。從中可以看到，南宋末年，蒙古族大軍南侵，勢如破竹。蒙英昴協守襄樊，無力回天，致使守將以城降附蒙古，被貶黜為民。其後，文天祥執政，知蒙天昴有政治才能，欲起復重用之，而蒙英昴見宋朝統治大勢已去，知事不可為，遂決意歸隱。元朝曾多次給其入仕之機，而蒙英昴出於愛國忠君之思，拒絕應詔，屢徵不起。

清代仁化縣人譚兆燕，自小力學，有「神童」之稱。登乾隆丙午（1786）舉人，丙辰（嘉慶元年，1796年）登進士第之後授官山東朝城知縣、戊午（1798）科山東同考試官。由於他「性質直，不能脂韋（阿諛或圓滑），本府（知府）某嫉之，故入其河工虧帑（誣告其貪污修河工程款），遂落職。臬司（明清提刑按察使司的別稱，主管一省司法）吳（某）蒞任，素重其才，辯之（為之申辯），復原官。以丁艱（即丁憂，亦稱丁家艱，指遭逢父母喪事）回籍，不肯復膺民社（不願再次入仕任官），改廣州府教授，啟迪譽髦（有名望的英傑之士），論文賦詩，卒於官。」（《民國仁化縣志》卷6《人物志》，第536頁）譚兆燕有才幹，但就因為「性質直，不能脂韋」，遭到上司的誣告而罷官；後遇到賢明之官的賞識並力為「辯之」，才得以復官，但由此再不肯擔任政官（即所謂「民社」），只肯任教官，可見心裏的「陰影」驅之不散：耿直之性不易改，日後難免再遭同類厄運。

（四）學識淵博，才華橫溢

古代粵北鄉賢不僅活躍在政治歷史舞臺上，他們之中，學識淵博，才華橫溢，見識深邃，著書立說者眾多，如盛夏之夜群星璀璨，熠熠生輝。

1. 政論

唐代出自粵北韶州曲江縣的張九齡，不僅身任唐玄宗朝宰相，忠直立朝，兩袖清風，對政治頗有建樹，為國家所倚重，為臣民所敬仰，而且在政論、文史領域也有頗深的造詣。

古代皇帝的生辰節又稱「千秋節」，大約是寓意皇帝千秋萬歲的意思，據說始自唐玄宗。在唐朝千秋節之時，眾大臣都給皇上進獻各種金銀珠寶，也有進獻「金寶鏡」者，顧名思義，大約是用金銀珠玉鑲嵌而成的銅鑒（鏡）。這當然都是唐玄宗最喜愛的禮物。但張九齡沒有趨炎附勢，看風駛舵。他給玄宗皇帝進獻的，是他從政之餘閱讀史籍時，將歷史上與最高統治者治國安邦密切相關的一些事蹟、人物摘錄下來，編成《千秋金鑒錄》五卷，在千秋節上進獻給玄宗，目的是希望玄宗皇帝閑暇時能認真閱讀，從中獲得有益的歷史啟迪，以助祐玄宗實行清明政治。

《曲江集》收錄了張九齡撰寫的《進金鑒錄表》，曰：

> 臣九齡言，伏見千秋節日，王公以下悉以金、寶、鏡進獻，誠貢尚之尤也（誠然是貢物之中的珍貴物品）。臣愚以謂明鏡所以鑒形者也，有妍媸（美丑）則見之於外；往事所以鑒心（為思想提供借鑒）者也。有善惡則省（反思）之於內。故皇帝鏡銘云：「以鏡自照見形容，以人自照見吉凶」。又古人云：「前事不遠，後事之元龜（借鑒）」。元龜亦猶鏡也。伏惟（我想）開元神武皇帝陛下聖德之至，動與天合，本已全於道體，固不假於事鑒；然覆載廣大，無所不包，聖道沖虛，有來皆應。臣敢緣此義，謹於生辰節上事鑒（以歷史故事為借鑒）十章，分為五卷，名曰《千秋金鑒錄》。雖見聞褊淺，所識不深，至於區區效愚，其庶乎萬一，不勝悃款（誠懇、誠心）之至。謹言！（《同治韶州府志》卷39《藝文略》，第830頁）

張九齡期望唐玄宗皇帝能保持勵精圖治的施政風格，使「開元之治」或「開元盛世」局面能長久維持下去。然而，事久則變。一段時間的天下太平，歌舞升平，讓唐玄宗逐漸產生了麻木和厭倦。隨著李林甫、楊國忠相繼得寵，玄宗把政治全盤託付他們，自己過著憂悠安逸的生活，所謂「春宵苦短日高

起，從此君王不早期」。嫉惡如仇，誓不與姦佞之輩同流合污的張九齡逐漸失寵，以致被罷相，出任地方官便是可以想像之事了。開元二十四年（736），張九齡為李林甫所譖而罷相。

《唐六典》三十卷，是現代學者研究瞭解唐代典章制度所倚靠的重要文獻之一。今見《唐六典》，標注為唐玄宗等撰，李林甫注，其實，真正主持修纂《唐六典》的是張九齡。上海辭書出版社出版的《辭海·歷史分冊·中國古代史》「唐六典」條謂：「書名唐玄宗時官修，題玄宗撰，李林甫等注，實出於張九齡之手。」（《辭海·歷史分冊·中國古代史》，上海辭書出版社，1981 年版，第 405 頁）《同治韶州府志》云：「《唐六典》三十卷，唐張九齡等撰，存。《唐會要》（記載）：開元二十六年二月，中書令張九齡撰《（唐）六典》三十卷，百官稱賀。《玉海》（記載）：「（宋臣）曾鞏曰：『其本原（探究，評述）設官因革之詳，上及唐、虞（陶唐氏、有虞氏，即通常所稱堯、舜時期，原始社會後期部落聯盟階段）以至（唐）開元。典文不煩，其實（內容）甚備，可謂善述作（書寫完備）者。此書其前有序，明皇（唐玄宗）自撰，篇首皆曰御撰，李林甫等注。第四（十）一篇則曰張九齡等奉敕撰。』」之所以今本不題張九齡之名，是因為張九齡以忠直著稱，反對唐玄宗任用非人（包括李林甫、楊國忠、安祿山等），得罪了玄宗，被罷相，貶謫至荊州，李林甫任相，執掌政柄，故書李林甫名以取代張九齡。故有學者說：「今本卷首直冠（李）林甫之名，若（好像）與（張）九齡無與（關係），後學所當考正，去小人之銜名而持書文獻（張九齡卒諡『文獻』）所上可也。」（《同治韶州府志》卷 39《藝文·史部》，第 823 頁）

張九齡另有《姓源韻譜》一卷（《讀書志》作五卷），已佚。據《文獻通考》記載：「張九齡依《春秋》、《正典》、《柳氏萬姓錄》、《世本圖》，捃摭（選擇、摘取）諸書，纂為此譜，分四聲以便尋閱。」（同上，824 頁）

張九齡在學術文化史上具有怎樣的歷史地位，明代粵籍官員、學人丘濬所作《張文獻公集序》有具體深入的評述，意見頗為中肯，謂：

> 古今說（議論）者咸曰：唐相張文獻公（張九齡），嶺南第一流人物也。嗟乎！公之人物（張九齡作為歷史人物）豈但超出嶺南而已哉，蓋自三代（夏、商、周）以至於唐，人才之生盛於江北；開元、天寶以前，南土（江南、南方）未有以科第顯者，而公（張九齡）首以「道侔伊呂科」進（被錄用）；未有以詞翰（文學）顯者，

　　而公首掌制誥；內供奉未有以相業（任宰相）顯者，而公首相元宗
（唐玄宗）。公薨後四十餘年，浙土（浙江）始有陸敬輿，閩土（福
建）始有歐陽行周。又二百四十餘年，江西之土始有歐陽永叔（歐
陽修）、王介甫（王安石）諸人起於易代之後。由是以觀，公非但超
出嶺南，蓋（大約也算得上）江以南第一流人物也。公之風度先知
（預見能力）見重於元（玄）宗，氣節功業著在信史，播揚於後世。
唐二百年賢相，前稱房（玄齡）、杜（如晦），後稱姚（崇）、宋（璟）。
胡明仲謂姚（崇）非宋（璟）比，可與宋（璟）齊名者公（張九齡）
也。由是以觀，公又非但超出江南，乃有唐一代第一流人物也。然
公聲名籍籍在人口耳，非直（不只是）以其相業，在當時且（還）
甚有文名。史稱其七歲知屬文（寫作），張說謂其為後出詞人之冠，
又與徐堅評其文如輕縑素練，實濟時用。柳宗元亦謂其能以比興（賦
詩）兼著述。予生（於）公六百餘年之後，慕公之為人，童稚時嘗
得韶郡所刻《金鑒錄》讀之，灼知其偽，有志求公全集刻梓（印）
以行世。邇來京師遊太學，入官翰林，每遇藏書家輒訪求之，竟不
可得，蓋余二十年矣。歲己丑始得公《曲江集》於館閣群書中，手
自抄錄。僅成帖（便條、筆記），聞先姚（祖母）太宜人喪，因攜（《曲
江集》）南歸，期免喪（辦完喪事）後自備梓刻之（自籌資金刻印）。
道韶（回京時經過韶州），適（正值）友人五羊（廣州）涂君璋倅郡
（任韶州郡副職，即同知），偶語及之，太守昆陵蘇君韋華、同知、
莆田（人）方君新謂公此集乃韶（州）之文獻，請留刻郡齋（交付
韶州刻書作坊刻印）。嗟乎！公之相業孰不知，其文則不盡知也；矧
（況且）是集藏館閣中，舉世無由而見，苟非為後進者表（刻印）
而出之，天下後世安知其終不泯泯（失傳）也哉！是以不揆愚陋，
僭（冒昧）書其首。（《同治韶州府志》卷 39《藝文略》，第 830～831 頁）

　　明人丘濬在為張九齡文獻所作的這段序文中，對張九齡給予了高度的評
價，稱他為「嶺南第一流人物」，甚至可以說是「（長）江以南第一流人物」。
張九齡不僅具有傑出的政治才能，敢想敢說，而且在當時還「甚有文名」，「聲
名籍籍」。《曲江集》中所作文字即為張九齡文學才華的具體表現。序言還敘
述了丘濬自小是如何崇拜張九齡，積極搜集張九齡的詩文及文集刻印以傳世
的歷程，可見張九齡的文章詩賦對於後人的影響之深。

　　對於張九齡的文章，當時學者甚至君主評價都很高。「徐堅論九齡之文如輕縑素練，實濟時用，而窘於邊幅；柳宗元以九齡兼攻詩文，但不能究其極矣。」高高在上的玄宗皇帝對於張九齡之文亦推崇備至，說：「九齡文章，朕日月思之，不得其一二，真文場之元帥也！」《欽定四庫全書提要》對於張九齡文學上成就的評價似乎比徐堅、柳宗元等人的評價還要高，謂：「九齡守正嫉邪，以道（正統道德規範）匡弼，稱開元賢相，而文章高雅，亦不在燕、許諸人下。《新唐書・文藝傳》載徐堅之言，謂其文如輕縑素練，實濟時用而窘邊幅。今觀其《感遇》諸作，神味超軼，可與陳子昂方駕（並駕齊驅，不相上下。方：齊等，相當），文章宏博典實，有垂紳正笏（笏：朝笏。垂下衣帶的末端，恭敬地拿著朝笏。形容大臣莊重嚴肅的樣子）氣象，亦具見大雅之遺。（徐）堅局（限）於當時風氣，以富豔（內容豐富，文詞豔麗）求之不足，（眾人）以為定論；至（於張九齡）所撰制草（制詔草稿）明白切當，多得王言（君主下達的命令文書）之體。……」（《同治韶州府志》卷39《藝文略・集部》，第831頁）

　　與政治上的突出表現相比，宋代粵北籍的余靖雖然在文學、史學方面或許略為遜色，但其成就也是頗為可觀的。《欽定四庫全書提要》有謂：「跡（考察，推究）其生平樹立，要不失為名臣。其文章不甚著名，然狄青討平儂智高，（余）靖摩崖作記以旌武功，當時咸重其文。嘗（曾）奉命使遼（出使契丹遼國），作《契丹官儀》一篇，頗可與史傳參證也。如《論史》、《序潮》諸作亦多斐然可觀，以方駕（比較）歐（陽修）、梅（堯臣）故為不足，要於北宋諸人之中（與北宋其他文人相比），固亦自成一隊（亦有其特色）也。」（《同治韶州府志》卷39《藝文略・宋韓璜跋》，第832頁）流傳下來的余靖著作《武溪集》，大多為政論之作。

　　2. 文學

　　邵謁詩。

　　邵謁，唐代韶州翁源縣人，善吟詠，尤長於樂府，有詩十集，今不存。志載，初，邵謁貧賤，屈身為縣吏。一日，有客至，求見縣令。縣令示意邵謁支床讓客人坐。但示意了幾次，亦不見邵謁行動。縣令怒，呵斥邵謁。邵謁亦生氣道：「咄！吏豈供汝揢（同支）床者耶！讀書干（取得）祿亦易與（容易）耳，大丈夫安能俯為人役！」意思是說，作胥吏難道是專門為你縣令設床待客的嗎？讀書做官並非難事，大丈夫怎能一輩子俯首帖耳聽從他人役使！縣

令聽了這話更是氣得不行，示意讓左右胥役把邵謁逐出縣衙門。邵謁掉臂（昂首闊步）而出，用利刃把自己的髮髻割斷，發誓道：「學苟不成，有如此髮！」以示學必有成的信心和決心。從此，邵謁刻苦讀書。他在離縣城十餘里的江心島上築起一座簡易書屋，早晚讀書其中。由於「一心只讀聖賢書」，不修邊幅，常常蓬頭垢面。親友多取笑之。邵謁毫不氣餒，久之，遂博通經史百家，尤工「古調」（古代的樂調，脫俗的詩文、言論）。

學有所成之後，邵謁為有司所舉，抵京師，籍隸太學，名聲很響，所與交者多是有名之士。然而，邵謁在性格上似乎亦有其缺點，就是過於剛直不屈，容易得罪人。因此，參加科舉考試，沒被考官錄取。他所寫的政論文章，也是語多切直。當時是藩鎮割據，藐視朝廷，朝中宰相多非其人，政治敗壞，皇權衰弱，邵謁所作詩文多是針砭時弊而作。唐詩人、詞人溫庭筠可憐邵謁懷才不遇，將其所作詩文收集梓行，「以振公道」。明嘉靖年間，廣東籍著名學者、官員「黃佐得其集於秘閣（古代宮中收藏珍貴圖書之處），梓之傳世。」黃佐在所撰的《邵謁傳》的最後，對其性格缺點及其詩歌造詣有所評說，謂：「跡（考察）（邵）謁之為人，大抵剛而無養（過於剛直而欠含蓄），故其動（行為）猖披而自放（言行無所顧忌，隨心所欲）；使聞道而集義以充其氣（假如邵謁對道義有深入的理解和把握，以改善自身氣質），固（柳）宗元之所謂『鍾於陽德』者，其樹立（成就）曷（何）止是哉！志鬱不施，歿有餘靈（死後顯靈），可哀也已！其後吾廣（廣東）詩人有向澤、孟賓予之屬，然皆不逮邵謁。」（《同治韶州府志》卷 34《列傳‧人物‧翁源》，第 676 頁、第 677 頁）

黃佐評論中所說的「歿有餘靈」與一則有關邵謁的神話有關。翁源縣東七十里羅江水中有一洲島，據說中唐詩人邵謁曾築室讀書於此。後人立祠祀之。鄉人稱呼邵謁為「邵一」，「一」是鄉人對於有才華之人的一種尊稱。一日，縣人到江心島上的邵謁祠中祈禱降雨，據說邵謁忽然降靈於主持祠廟的小巫，說：「某乃邵一秀才也。」父老異之，以為小巫是故弄玄虛，神化自己，便對小巫說：「秀才平日能詩，今欲求一詩可乎？」小巫本不識字，更不懂詩，卻應聲吟詩一首云：「翁山山下少年郎，憶得當年別故鄉。惆悵不堪回首處，隔江猶見舊書堂。」父老不得不相信真的是邵謁之靈降附於小巫之身了。（《同治韶州府志》卷 40《雜錄》，第 838 頁）

此外，不少粵北籍官員在任職期間，還將自己的從政經歷或經驗著述成書，或將自己理政之餘所作詩文匯編成集並刊刻，流傳於世。

　　黃損《桂香集》若干卷、《射法》一卷。

　　黃損，連州人，五代後梁登龍德二年（922）進士第，歸自京師（汴京，今河南省開封市），適遇劉巖在嶺南建立割據政權，遂留而為之效用。「（黃）損常（曾經）與都官員外郎鄭谷、僧齊己定近體詩諸格（法式，標準），為湖海（國內）騷人所宗。有《桂香集》若干卷、《射法》一卷。」（《十國春秋》卷62《南漢六・列傳》，第893～894頁）

　　葉萌階《自鏡錄》、葉惟松《宦遊錄》。

　　明代仁化縣籍官員葉萌階，「以明經授遂溪（縣學）訓導，歷遷陽山（縣學）教諭，士類多賴甄陶（選拔，教育）。嗣（後來）獲縣符（調任縣令），愛民以德，善政風行。致仕歸，著有《自鏡錄》行世。」又有葉惟松，亦明代仁化縣人，「少穎悟，能文章，讀書曹溪，得友錢德洪講求理學，以明經訓導大田（任福建大田縣學訓導），歷上猶（今江西上猶縣學）教諭，楚、岷（縣學）教授。所至課士有方。掛冠歸，園林自娛。大尹（仁化縣令）袁伯睿心重（內心敬佩）之，表其第（張貼門楣題字）曰『江閩山斗』。著有《宦遊錄》。」（《同治韶州府志》卷33《列傳・人物・仁化》，第667頁）

　　凌雲著《集陶集》、《杜樂此吟》等。

　　凌雲，明清之際仁化縣人，「天啟丁卯（1627）舉於鄉，崇正（禎）庚辰（1640）會試登乙榜，授河南府推官，冰霜自勵，人不敢干以私，宦績載洛陽祠碣。國（清朝）初遁跡於蔚州固始（縣）。順治壬辰（1652）歸里，服粗茹淡，環堵之居不蔽風雨，杜門讀書，至老不倦。著有《集陶集》、《杜樂此吟》行世。」譚廣掄，清代仁化縣人，「經明修行，登拔萃科，領乾隆丙辰（1736）鄉薦。文章學問推重一時，主講義學，課諸生嚴以治己（以身作則），士習丕變。知湖北通山縣，強幹精明，民心懾服……同知施南府，雖豪家巨族，法無所避，釐奸剔蠹，務去其害，人稱良牧。著有《公餘詩草》梓行。」由書名可知，當是譚廣掄在為官從政之餘，將所作詩結集梓行的。（《同治韶州府志》卷33《列傳・人物・仁化》，第668～669頁）

　　鍾元鼎《華堂集》等。

　　明代曲江人鍾元鼎，郡學生，以歲薦廷試，受知於右史劉應秋，自負不羈，恣力學問，著有《華堂集》行於世。黃遙，清代曲江人，康熙丙子（1696）舉於鄉。家貧篤學，孜孜修不朽之業（學術），閉戶著書，撰有《梅癖證法》、《通竹窗雜記》、《見亭集》行世；又校刊余靖《武溪集》，分纂郡邑志，時稱

博雅君子。劉啟鑰，清代曲江人，英敏不群，由選貢入都，未第南歸，自號「橫溪」，學者稱為「橫溪先生」，雅喜吟詠，著有《淮遊草》、《楚遊草》，又有《橫溪詩集》四卷。（《同治韶州府志》卷 32《列傳‧人物‧曲江》，第 646 頁、第 648 頁、第 647 頁）

清代粵北籍人氏廖燕為劉啟鑰所著《橫溪詩集》作序，文謂：

> 先生沒十有五年，其甥黃子少涯者始出其遺詩二卷屬序於予（委託我寫序）。予思自明（朝）以制義齊天下（要求參加科舉考試者都寫八股文），天下士皆挾其業以取功名（參加科舉考試以取得入仕為官資格），自一命（平民百姓）至宰輔大臣，與夫（以及）軍功侯伯勳業富貴之盛靡不盡歸斯途。雖具聰明特異之才，不能捨此而他進。其餘皆愚賤無知，兢兢守法，無敢與抗者，彬彬然可謂極盛矣哉！士生其時靡不竭精敝神以求合其法，惴惴然旁趨是懼（除了專心致志於舉業之外不敢有其他追求），即一經之外無庸（用）心矣！況其他乎？及身躋顯榮，始思涉獵以攘取文名（才開始涉足學術以求取得名聲），要皆（大多數人都是）志得意滿，學無專功，雖其間文章事業至今尚炳爌（照耀，顯赫）於天地之間者固不乏人，然名與實異，究竟其人與其爵位皆作煙荒草腐者多矣，可勝歎哉！而先生獨當其時，能違俗異尚以見其言於後世。其始豈不見笑於當時之士哉？而至今獨不能與之並傳者，則甚可歎也。故士雖莫不樂榮而惡賤，然猶有奇偉特立，倜儻之士獨能擺脫世間以自行其性情，雖至顛躓困厄而不悔者。予將求其人於遺文殘缺之中已不可得而見矣，而況其人與其詩尚存？予猶及見其鬚眉卓犖，從容論議，怪言而畸行如先生其人者，其遺事至今猶隱隱可數也。而予得序其詩不亦幸乎！世人多稱制義（八股文）以不遇（不被考官賞識錄取）為可惜，予謂使（假如）先生得志於時（科舉及第入仕為官），固不異當時之有榮名（金榜題名）者，然以今日而論，其著作之可傳，如此以視其人與其爵位皆作煙荒草腐者，果孰得而孰失也？少涯（劉啟鑰外甥黃少涯）精古學，多所著述，先生遺稿得以不散失者，皆其藏輯手錄之功為多，與予交（往）數十年，尤愛予所為文，有文未成而已熟睹其草（稿）者，因為選而序之，仍使錄其全集藏於家。

先生姓劉，名啟鑰，字洞如，居橫溪，故號「橫溪」。（《同治韶州府志》卷39《藝文略》，第834頁）

在廖燕看來，明代科舉取士以八股文寫作為主要內容，這是統治階級禁錮知識分子思想的一種手段。當時的讀書人為了通過科舉入仕，不得不趨之若鶩，「天下士皆挾其業以取功名」，「士生其時靡不竭精敝神以求合其法，惴惴然惟旁趨是懼」，以此為入仕之「敲門磚」。然而劉啟鑰卻與眾不同，「能遠俗異尚以見其言於後世」，熱衷於詩歌創作，「倜儻之士獨能擺脫世網以自行其性情，雖至顛躓困厄而不悔者」。雖然劉啟鑰已經故去，然而有眾多詩作遺留後世，豈不比那些科舉入仕，雖曾顯赫一時，卻在死後再沒有人記起的人活得更精彩，更有意義嗎！

鄧瑗著《靈江集》。

鄧瑗，明代樂昌縣人，登景泰丙子（1456）鄉試，授大理評事，升湖廣僉事，分巡湖北。湖廣與貴州接壤，以平叛之故，徵調頻繁，民不堪命。鄧瑗憫其凋敝，不奉檄，致仕歸。著有《靈江集》。至清代，鄧瑗後裔鄧鵲擬重刊《靈江集》，請任衡作序。任衡序云：

詩稱三百（《詩經》收錄古詩三百首），尚（久遠）已。晉則以意（作品寓意）勝，唐則以律（韻律）勝。是三者可以相兼而不可以相無，惟相兼而後可云工也。然尚意者如叟（翻覆）車軼馬苦無約束；尚律者如閑禽（被圍欄約束行動的禽類）籠雀不獲自如。故夫意遠而法整，律細而情遙者往往難之。說者（評論者）曰：「窮而後工，習而後工」，詩之通論者（這是符合作詩規律的）。匪是則難（不如此則難以把詩寫好）。夫遇不窮則不憤（人不處於絕境則不會發奮努力），業不習則不精，宜其為詩必皆如前所論。迨（等到）讀《靈江詩集》而後知其不盡然也。《靈江集》者，明樂昌（明代樂昌縣）僉憲鄧公瑗之所作也。公致位通顯，異乎俯仰無聊而感發以抒憤者矣。政績茂者異乎朝暮苦吟而推敲以求精者矣，何其意律（寓意、音律）兼備而無不工也。然後知詩不關乎其習，不存乎其遇，而存乎其人。蓋（因為）詩以言情，情必本於正情之正者，即性之發也。惟本於性，故詩必肖其人（因此詩如其人）。如陶（淵明）清而詩潔，李（白）狂而詩傲。人如乎詩，詩肖乎人也。所以忠毅公（此指鄧瑗之父鄧容，卒諡「忠毅」）殺賊身死，忠義成性，其詩則

浩氣孤行，如勇將赴敵，凜然不可犯。僉憲公（即鄧瑷，曾任湖廣僉事）撫循赤子，仁愛成性，其詩則溫厚和平如慈母乳兒，殷然如不及。本乎性以成詩，詩如乎其人，故不期（求）工而自工耳。然則謂詩必窮而後工，習而後工者，其亦非千古詩人之通論也已。公（鄧瑷）裔鄧鵲將重刊公集，因附數語於篇末，聊備論詩之一則（也算是對於詩之寫作發表一點粗淺看法吧）。（《同治韶州府志》卷 39《藝文略》，第 832 頁）

再如：明代曲江人鍾元鼎，郡學生，以歲薦廷試受知於太史劉應秋，自負不羈，恣力學順，著有《見華集》行於世。

廖燕《二十七松堂集》。

也有一些在府、縣儒學學成之後的粵北士人，他們不是像大多數士人那樣熱衷於參加科舉考試，晉身仕宦之列；他們鄙棄仕宦之途而熱衷於學問。有的還周遊各地，開拓視野，著書立說。如清初曲江人廖燕即為其中一例。志載：「廖燕，初名燕生，字柴舟，曲江人，諸生，抗（剛直，高尚）志不羈，不苟為制舉文（不屑於寫作八股文）。嘗言士生當世，澤及生民曰『功』，死而不朽曰『名』，專事科第抑（更加）陋矣。卜居武水西，榜其門曰『二十七松堂』，閉戶讀書，日事著作。郡守陳廷策躬禮其廬，交款洽，為刻其集行世，偕之北遊。適（當時）舟次金陵（今江蘇南京），以病留，得覽江山之勝。歸而究通儒之學，文益恣橫。善草書，狀如古木寒石，筆有奇氣，人得尺幅什襲珍之。康熙丁卯（1687）分纂郡邑志，乙酉（1705）卒於家，著有《二十七松堂集》梓行。《東洋遺詩》入選《國朝詩裁·廣東詩粹》。」（《同治韶州府志》卷 32《列傳·人物·曲江》，第 646～648 頁）

李林《紀恩詩》、《玉署偶吟草》等。

李林，清代韶州翁源人，「世有隱德，皆以文學名。（李）林髫年穎異負大志，過目成誦。九歲能作古今文，諳音律，十四遊泮（考入縣學讀書），礪廉隅（為人廉潔），重氣節，讀書回龍山，不事家人產（業），學使廉（考察，查訪）其行誼，升（薦）之禮部者再（多次）。康熙癸酉（1693）舉孝廉，丁丑（1697）登會魁（會試狀元），除（任官）翰林院庶吉士，肄習國書散館，授檢討。」奉命參與修纂《三朝國史》及《一統志》。在翰林院任職期間，「鴻文巨製（重要文件）多出其手。」「丙戌（1706）分校禮闈（任會試主考官），力絕苞苴，峻拒請託，得士三十二人，皆知名士。」「著《紀恩詩》四卷、《玉

署偶吟草》十二卷，時藝（八股文）四卷行世。」（《同治韶州府志》卷 34《列傳·人物·翁源》，第 686 頁）

《維汝集》，歐鍾諧撰。

歐鍾諧，字維汝，清朝樂昌人，性聰敏，為文援筆立成，登康熙庚子（1720）賢書，辛丑（1721）聯捷進士，授福建順昌縣令，政簡刑清，澆風一變。公務之餘延集士子講學勵行。致政歸，宦囊蕭然，人稱「清操吏」。（《同治韶州府志》卷 39《藝文略》，第 834 頁；卷 33《列傳·人物·樂昌》，第 662 頁）歐鍾諧大約是將平生所作詩文篩選傑出精華者結集梓行。

《瀧涯詩集》三卷，歐堪善撰。

歐堪善，清代樂昌縣人，先世由河南遷移至湖南，再遷至粵北樂昌縣黃圃鄉。清初始遷至縣城。祖及父皆為縣學生員。堪善生而聰穎，卓犖觀書，能以制舉文闡心性之學。雍正丙午（1726）膺鄉薦。乾隆丁巳（1737）成進士，除翰林院庶吉士，散館授職編修，充八旗信史館纂修，《一統志》館纂修。嗣擢監察御史，掌江南道，協理陝西道，與南雄（籍）給諫胡定頡頑齊名，直節讜言，中外憚之。曾視學黔中，回京遷太僕寺少卿，清勤自矢，夙夜在公。嗣以丁憂（母喪）歸，主講韶陽書院、昌山書院，誘掖後進，備極殷勤。課讀之暇猶力疾著書，篤行好學，為士林宗，卒年六十三。著述各編毀於兵燹，後搜藏家存所得，彙編成《瀧涯詩集》三卷梓行。御史安溪（人）李玉鳴為詩集作序，云：

> 嶺南詩學最盛自唐，張曲江（張九齡，韶州曲江縣人）開文獻之宗，揚風扢（興起）雅，歷宋、元、明，代不乏人。國朝程名朧振響於京華，屈、梁、陳三家繼起為後勁。迄今名公巨卿、騷（詩）壇詞客以詩名家者（以寫詩而著名者）指不勝屈。蓋（原因大約是）嶺南山水秀麗，故人文多彬彬風雅以宣厥（其）盛美。吾師歐夫子（歐堪善），韶郡（樂）昌邑人也。韶郡（韶州河流）東流（為）湞江，西流（為）武水，二水夾城，瀠洄紆繞，因名曲江。文獻公（張九齡）實鍾其靈秀。武水自昌邑（樂昌縣）東流，發源（於）楚（湖南）之臨武。（樂）昌有三瀧（三條流急之河），故又名瀧水。吾師（歐堪善）鍾瀧水之秀氣，蚤（早）年登賢書（受地方薦舉），中年遊翰苑（在朝廷翰林院任職），入諫垣（後轉任諫官），晉同卿（同：光明，明亮，意即成為著名官員），（所作）封章奏疏為海內知名，

且歷任文衡（多次主持科舉考試），黔南、燕、閩，公門挑李濟濟多士（受到青睞而被錄用的人才很多）。晚年假歸林下（乞假回鄉），閉門守正，圭璧束躬（端莊肅穆），掌教於韶陽（書院）、昌山（書院），惟以砥行礪節，藏修息遊，勖勉後進。受業者咸以為得登龍（門）焉。是（可見）吾師之事業、勳名、人品、學問豈僅以（憑）詩名也哉！乃及門諸子得師之館閣詩若干首，唱和吟詠詩若干首，分為上下二冊，欲付梓人（刻印工匠），以公（諸）海內。玉鳴（作者李玉鳴自稱）在京侍立門牆（拜歐堪善為師），久經捧誦。今編次既成，復朗吟而尋繹（品味）之，覺館閣之詩則端莊流麗，綦組錦繡，相鮮以為色，宮、商、角、徵互合以成聲，真所謂清廟明堂之什（相類似，可媲美）也！唱和吟詠之詩則清雅雋逸如朗月繁星，風華掩映如行雲流水，變幻莫測，真所謂金科玉律之選也！至於經經緯史（經史相結合），網羅百家，音韻鏗鏘，和平端雅，固幾幾乎（已經接近於）盛唐之遺響（盛唐詩歌藝術的最高境界）也，則吾師固不以詩名也；即以詩而論，又何書不揚風扢雅，追蹤於嶺南諸先輩大家之懿範也哉！（《同治韶州府志》卷39《藝文略》，第835頁）

李玉鳴之序略述了粵北文化發展及人才興起的大致形勢，又概述了歐堪善的生平簡歷及其在文化學術上的傑出貢獻，稱詩集所選之詩為「金科玉律之選」，對歐堪善給予了高度的評價。

黃遙《梅癖謚法》、《通竹窗雜記》、《見亭集》等。

黃遙，清代曲江人，「康熙丙子（1696）舉於鄉，家貧篤學，孜孜修不朽之業（著述），閉戶著書，撰有《梅癖謚法》、《通竹窗雜記》、《見亭集》行世；校刊《武溪集》，分纂郡邑志，時稱博雅君子。」高遴，曲江人，生甫七歲，授之書輒能解，受業於周錫躬，許為善學。選乾隆丁酉（1777）拔貢，由四庫館議敘州同，分發廣西，先後任職南丹州同、布政司經歷，調補全州，西延州同，擢知西隆州，知賓州，授太平府龍州同知，未任卒於賓州署，年六十一。既卒，子高士彥輯其遺詩，編成《望雲集》二卷梓行。葉聯芳，清代曲江人，「道光乙酉（1825）拔貢，就職州判。辛丑（1841），奉檄督修省垣（省城城牆）、鎮遠炮臺。工竣，保薦分發安徽。乙巳（1845）署阜陽縣丞，丙午（1846）分判泗州，隨知太和、阜陽縣事。咸豐辛亥（1851）以剿匪功保升，加五品銜……著有《棣華書室稿》梓行。」許炳章，清代曲江人，「幼聰敏，讀書觀

大意，縱覽百家，過目不忘，工書善畫，精古近體詩，文素負大志。」先後歷官咸安宮學教習，分發湖南知縣，主講湘江書院。許炳章一生雖仕途勞碌，然而「著述頗多，不自什襲（不注重保存），多散佚，今刻《北遊草》一卷，餘書（其餘著述）檢輯待梓。」（《同治韶州府志》卷 33《列傳‧人物‧曲江》，第 648～653 頁）事實上，在古代，粵北籍士人之中，不論出仕與否，多有著述，只是大多不注重保存，因而散佚不存，如煙消雲散，留下來的只如雪泥鴻爪，寥寥無幾而已。

朱澧《類函事鈔》、《南山文稿》、《南山詩草》、《尊生輯要》等。

朱澧，清代清遠人，出仕期間曾任武英殿校錄，選授連山、長樂教諭，歷署電白、鎮平、樂昌學宮，卓有賢聲。解組歸，「生平喜恬靜，於當道巨公（重要官員）即（使）同年素好，未嘗干以私……著有《類函事鈔》三卷、《南山文稿》五卷、《南山詩草》三卷、《尊生輯要》四卷。」（《民國清遠縣志》卷 6《先達》，第 192～193 頁）

此外，明清時期粵北籍士人中，有所著述者還有不少。方志鄉賢傳中，「有遺文若干卷」、「有××集，今不存」；「所著有××集」之類記載俯拾即是。

3. 經學

在通經入仕制度之下，不少粵北人士對於儒家經典還展開了深入的探討研究，其中頗有發明創見者。

（1）《三傳指要》十五卷，唐劉軻撰，已佚。

志載：「劉軻，字希仁，韶州人也。本沛上（今江蘇沛縣）耕人，代業儒（世代以儒學為傳家之業），天寶末流離於邊，徙貫（遷移籍貫）南鄙，至曲江家焉。」劉軻年少之時曾至羅浮、九疑諸山，讀黃老之書，欲學輕舉（得道成仙）之道；又曾遊歷筠川、方山、東嶽等寺，出家為僧，「習《南山鈔》及《百法論》，咸得宗旨」；又「精於儒學而肆文章，因策名第（遂應試及第），歷任史館」。劉軻在朝曾受到白居易的器重與薦舉。有大臣稱「其文章與韓（愈）、柳（宗元）齊名」。文宗朝任弘文館學士。劉軻著述頗多。志載：「（劉）軻所為文精邃，追跡古人，閉戶著書，有《三傳指要》十五卷，又有《漢書右史》十卷。《黃中通理》三卷、《翼孟》三卷，《隋鑒》一卷、《三禪五革》一卷、《十三代名臣議》十卷、《豢龍子》一卷、《帝王曆數歌》一篇、《唐年曆》一卷、《帝王統略》一卷、《牛羊日曆》一卷，記牛僧儒、楊虞卿事。」

關於《三傳指要》，欽定《全唐文》劉軻自序云：

先儒以《春秋》之有三傳（按，指公羊傳、穀梁傳、左氏傳），若天之有三光（按，指日、月、星）。然則《春秋》蓋聖人之文乎？聖人之文天（崇高，神聖）也，天其少變乎？故《詩》有變風，《易》有變體，《春秋》有變例。變之為義也，非介然（短時間，時斷時續）溫習之所至頤（深入探求）乎其粹者也。軻（劉軻自稱）嘗病（批評，不以為然）先儒各因所習，互相矛盾，學者準裁無所（無法獲得正確答案），豈先聖後經以闕（懲罰）後生者耶？抑守文持論（拘泥於前賢的文字議論），敗潰失據者之過耶？次又病今之學者涉流而迷源（捨本逐末），捨經而習傳，摭其言而不知其所以言（讀其文不知其意）。此所謂『去經緯而從組繪』（不從事紡織卻熱衷於在紡織物上彩繪）者矣。既傳生於經，亦所以緯於經也（指傳為經服務，或傳忠信於經）。三家（《左氏春秋》、《穀梁春傳》、《公羊春秋》）者蓋同門而異戶，庸得（怎可）不要其終而會其歸（歸：旨意，不瞭解「終」則難以探明其旨）乎？愚誠顓蒙（我雖然學識淺陋），敢會三家必當之言，列於經下，撰成十五卷，目（取書名）之曰《三傳指要》，冀始涉（初學）者開卷為有以（可以）見聖賢之心焉，俾《左氏》（《左傳》）富而不誣，《公羊傳》裁而不俗，《穀梁傳》清而不短，幸是非殆乎息矣（這樣，三傳的矛盾就迎刃而解了），庶（期望）儒道君子有以相期乎孔氏之門。

這段文字說明了由於《春秋》三傳多有矛盾鑿枘之內容，給學習者造成了極大不便。劉軻將三傳作了調和，取其同，去其異，為學習《春秋》者提供了便利。此外，劉軻還著有《翼孟》三卷。「《經義考》曰：劉御史軻上（書）京師白樂天（白居易），（白樂天）以書介紹於所知若庾補闕、杜拾遺、元員外、牛侍御、蕭正字、楊主簿兄弟，謂其開卷（讀劉軻之書）慕孟（按，應為「劉」）軻為人，所著《翼孟》三卷，於聖人之旨（思想，學說）、作者之風往往而得（多有創見）。惜乎所著書散佚無存也。」（以上引文見《同治韶州府志》卷 39《藝文·經部》，第 822～823 頁）

（2）梅鼎臣父子撰《學庸講義》一卷，已佚。

「學庸」即儒家經典《禮記》中的兩篇《大學》與《中庸》。梅鼎臣，宋代翁源縣人，據載係出自漢臺侯梅鋗之後。《中國人名大辭典》「梅鋗」條謂：

「梅鋗，漢益陽（今湖南益陽市）人，秦番陽（今江西波陽縣東北）令吳芮之將，從高祖（劉邦）攻析、酈（析縣，西漢置，治所即今河南西陝縣；酈縣，秦昭襄王三十五年置，戰國時期秦昭王攻取楚國的「析邑」和「酈邑」兩地後在原「酈邑」置酈縣），降之。項羽立（吳）芮為衡山王，封（梅鋗）十萬戶為列侯。羽死，帝（劉邦）以鋗有功，（曾）從入武關，故德（吳）芮，徙為長沙王。」（臧勵龢等編《中國人名大辭典》，北京：商務印書館，1980年版）北宋天聖二年（1024），梅鼎臣與曲江余靖同登宋郊榜進士，慶曆間（1041～1048）官至殿中丞，「以直聲聞」。「（梅）鼎臣以為不有諫諍，非所以嚴奉至尊（不是忠誠侍奉君主應有的品行）也，乃修廢舉墜，乘間而進諫，以直聲聞。」其子梅佐，登天聖五年（1027）進士，歷官知藤州（今廣西藤縣東北），治績甚佳。「父子著《學庸講義》，多所發明，以啟後學。」（《同治韶州府志》卷34《列傳·人物·翁源》，第677頁）「學庸」即《大學》與《中庸》的簡稱，如同孔子與孟子省稱「孔孟」一樣。《大學》和《中庸》是南宋時理學家朱熹從《小戴禮記》中裁出，與《論語》、《孟子》合稱為《四書》。

（3）白彬著《毛詩集義》。

白彬，明代清遠人，永樂年間（1403～1424）以貢選入太學，大司成（太學官員）重其文行，拔為率性齋（太學分齋教學，率性齋為其中之一）長。選入文華殿說書，宮內稱老秀才。及撥兵部歷事（明代官吏實習制度。明初定制，國子監生學習至一定年限，分撥到政府各部門實習吏事，稱「歷事」。實習凡三月，經考核，上等者報吏部候補，但須回監再學習一年，始正式授官），恪盡職守，授武選司主事，曹務修明，莫敢干以私（眾人不敢以私事求之幫忙、關照）。考滿敘升員外郎。「遽（遂，於是）以老告歸，以《毛詩》教授，學者稱竺山先生。著有《毛詩集義》，以韓詩（今文學派之一，即漢初燕人韓嬰所傳授的《詩經》）、鄭詩（鄭玄所授《詩經》。鄭玄，東漢末年儒家學者、經學大師）會通之，義最精警（精闢，發人深省），堪稱近世大儒。巡按徐瑄（為之作）序，刻以訓多士。」（《民國清遠縣志》卷6《先達》，第179頁）

（4）白榮著《易經爻辰互卦義疏》三卷。

白榮，明代清遠人，白彬玄孫，以貢入國子監，積分高等，歷事工部，大著勞績。議敘將得官，惟性最孝，忽以親老辭官歸鄉。邑中風雅之士每於瑞峰聯社唱和，有「育才」之功。「著有《易經爻辰互卦義疏》三卷，掃除術數（術數是中國古代應用數學方法的一類學術的總稱，包括天文、曆法、五行、

預測學等一系列內容，本身是以迷信為基礎的，但是也往往是科學的起源）家之傳（附）會，深得三聖人（伏羲、周文王、孔子）之精意。其經術湛深，足紹（繼承）漢儒之絕學。」(《民國清遠縣志》卷 6《先達》，第 179 頁）

（5）李延大著《四書人物志》，已佚。

「四書」指的是《大學》、《中庸》、《論語》、《孟子》。李延大，明代樂昌人，登萬曆十年壬午（1582）鄉薦。二十年（1592）進士，節推（「節度推官」的略稱，為節度使屬官，掌勘問刑獄）柳州。當時「獞（壯）寇作亂，（李延大）辯出（釋放）良民之株累者，補任鎮江。革舊弊，贍（撫恤）貧民，創書院，平賦役。入為工部主事，抗疏論權璫（掌權宦官）馬謙侵冒城江錢糧。值修天壇燈杆，內監（宦官）咸曰非三百金不可，（李）延（大）毅然曰：『以臣為之，止（只）需百金。』上（皇上）嘉其才，及升吏部稽勳郎中，有用賢、駁正、乞封等疏傳世。未幾乞休（請求致仕回鄉），創田百畝贍宗族之貧者，又置學田，施（出資建設）渡橋，築陂路（修陂塘，築道路），邑人德之。」(《同治韶州府志》卷 33《列傳·人物·樂昌》，第 660 頁）可見李延大為官正直，為人富有義心。其《四書人物志》不知作於在朝任官之時，還是乞休在鄉之時。

（6）孔煦《學庸說旨》、《易經粹義》等。

孔煦，明代清遠人，少聰慧，博極群書，為文典雅精覈，科舉及第後分教湖口縣（今江西湖口縣），循資升新興縣（今廣東新興縣）教諭，轉江西龍南知縣，遷衡州府教授。著述頗多，「告病歸田，有賦歸飛來之詞，著有《學庸說旨》、《易經粹義》、《兩京十三省四夷咸賓賦》，詩文有《遊燕集》、《鍾音集》、《龍山集》、《筠城集》」。(《民國清遠縣志》卷 6《先達》，第 182 頁）

4. 史學

唐末五代至宋初，粤北出現一位在史學上有所貢獻的學者胡賓王。

據粤北方志記載：胡賓王，韶州曲江人，自少力學，以博洽知名，曾讀書於中宿峽，於經史多所發揮。南漢時登進士第，累官至中書舍人、知制誥。南漢統治至劉鋹在位時，昏庸腐敗，淫虐無度。胡賓王預料到南漢在嶺南的統治必不可能長久，於是辭官回鄉，著《南漢國史》，自劉謙建國至劉鋹亡國，作「五主傳」；另外，為南漢國主要大臣楊洞潛、陸光圖等三十餘人作「純臣傳」；又作「具臣（才人）傳」、「亂臣傳」、「宦臣（宦官）傳」、「女謁傳」等篇目，共十二卷。南漢被北宋滅亡後，胡賓王將其所撰史書取名《劉氏興亡

錄》，上其書於北宋朝廷。其後，胡賓王以明經（精通儒家經典）授著作郎。
會詔有官者得參加科舉考試，遂登咸平庚子（1000）進士第，累遷至翰林學
士。胡賓王「為人樂易俊爽，言行不苟，居官憂國奉公，歸鄉憐貧恤寡。其所
居鄉（南宋）乾道（1165～1173）中分隸乳源，號『學士里』。」（《同治韶州府
志》卷 33《列傳·人物·乳源》，第 670 頁）

　　北宋，出自粵北韶州曲江縣的余靖在朝廷任官期間，還致力於整理文化
典籍，著書立說，貢獻不菲。例如，他曾著有《三史刊誤》四十五卷，已佚。
志載：「崇文總目秘書丞余靖，上言國子監所收《史記》、《漢書》（有）誤，請
行校正。詔翰林學士張觀知制誥，李淑、宋祁與（余）靖泊（及）直講王洙於
崇文院讎對，悉取三館諸本及數百家之書以相參校，尤為精備。（余）靖等又
自錄其讎校之說為《（三史）刊誤》四十五卷。」「三史」指《史記》、《漢書》、
《後漢書》。余靖另有《漢書刊誤》三十卷，亦已佚。志載：「王應麟《玉海》
引國史志（《宋史·藝文志》）：余靖（撰）《漢書刊誤》三十卷。景祐（1031～
1038）初，（余）靖（上、進）言《漢書》差舛，詔（余靖）與王洙盡取秘閣
古本對校，逾年乃定，著此。」（《同治韶州府志》卷 39《藝文略》，第 824 頁）僅
從書名來看，《漢書刊誤》大約是從《三史刊誤》中分出，但從二書卷數對比
來看，則很有可能是，余靖在完成《三史刊誤》之後，繼續對《漢書》作深入
研讀，刊誤，有更多的收穫，遂將所有刊誤所得集為此書。真實情況如何，因
二書已佚，難以斷論。另外，見於方志記載的余靖的著述還有：《奏議》五卷，
已佚，大約是將其在朝任職期間所作奏議彙編而成。又有《慶曆正旦目信錄》
一卷，亦已佚。據《書錄解題》介紹，此書是慶曆三年（1043）余靖奉命出使
遼朝，將其所見所遇所思記錄下來而成。

　　元代麥文貴，南雄府保昌縣百順里人，篤志力行，博極書史，以薦舉起
為湖廣行省檢校，後拜中奉大夫、集賢學士，「與修遼、金、宋三史」。

　　5. 哲學

　　《乾生歸一圖》，宋石汝礪撰，已佚。

　　石汝礪，英德人，號「碧落子」，少穎悟，讀書過目成誦，自以生長嶺嶠
（嶺南），侷限於聞見，乃逾嶺而至江西，從聞人（名流）遊，久而有得，五
經多有講說，於《易》尤契微妙。曾在英州（今英德市）大慶山教授生徒。其
所著《乾生歸一圖》屬哲學類著述。晁公武《郡齋讀書志》介紹此書說：「皇
朝（宋朝）石汝礪撰，先辨卦象爻象之別，後列數圖，頗雜以釋老（佛、道）

之說。」陳振孫《直齋錄題解》曰：「（石）汝礪，嘉祐（1056～1063）初人，序（書名）取『乾為生生之本，萬物歸於一』也。有論有圖，亦頗與劉牧辨，然或雜以釋老之學，其所謂『一』者，自注云：『一則靈寂真元』。首篇論道等，以『靈明無體無生』為主，又曰『因靈不動而生寂體』。」（《同治韶州府志》卷 39《藝文經部》，第 822 頁）

6. 醫學

一些粵北人士，仕進之餘在多個學術、科學領域有所造詣，有所著述及建樹。如清代清遠縣人朱松齡，弱冠補弟子員，旋食廩餼（享受國家助學金）。乾隆乙卯（1795）舉優貢，被地方官延聘主持鳳城書院講席八年；道光四年（1824）曾任陽江縣儒學訓導，諸生請於有司延掌廉溪書院。在主講鳳城書院期間，清遠縣令張筠決定重修縣志，延聘他任總纂。他「悉心採訪，一載書成」。有著述《四書口義》十三卷、《香芸齋各體詩文》五卷、《清遠縣志》六卷；又通醫學，著有《岐軒管豹》三卷。（《民國清遠縣志》卷 6《先達》，第 193頁）

清代樂昌人曹濬來，讀書山寺，遇「異人」授以《龍宮方脈》，其術如神，就醫者概不索謝，全活甚眾，著有《醫法心傳》。（《同治韶州府志》卷 33《列傳·人物·樂昌》，第 665 頁）

7. 藝術

陳用拙《大唐正聲琴譜》十卷。

陳用拙，連州（今清遠連州市）人，於唐朝末年進士及第，授著作郎。五代後梁時奉使來到南漢國，為南漢國主留用，任掌書記，攝（代理）觀察判官、吏部郎中、知制誥。陳用拙雖然政務繁忙，然而在文化建設上亦頗有貢獻。據《十國春秋》記載：陳用拙「有詩集八卷傳於世。尤精音律，著《大唐正聲琴譜》十卷，中載琴家論操名及古帝王名士善琴者。又以古調缺徵音，補新徵音譜若干卷。」（《十國春秋》卷 62《南漢五·列傳》，第 891 頁）

宋代許彥先，始興人，天聖乙丑（1025）進士，累官殿中丞，遷廣東轉運使。《嘉靖南雄府志》「鄉賢篇」記載他「深明易（《易經》）學，尤工書法。」

再如王掄士，曲江人，清乾隆庚辰（1760）副榜。少喜觀書，卓葷其志，長善屬文（寫作），弇（頗，盡）有方家（名流）風矩，工草書，揮筆如鸞翔鳳翥（飛），名公賞之，得片紙爭藏弆（收藏，保存）如至寶。（《同治韶州府志》卷 32《列傳·人物·曲江》，第 649 頁）

8. 方志纂修

古代社會，各府、縣志的一次再次修纂，通常都是在地方行政長官（郡守、縣令）的主持之下，在地方眾多「鄉賢」的積極參與配合之下而得以撰成的。

致仕官員都是受過良好教育，學而優則仕者。在任之時，他們身在異地他鄉，日理萬機，自然無瑕顧及鄉梓的修志事業；致仕之後，回歸故鄉，閑暇時間充裕，走訪鄉間，詢問耆老，編纂方志，就有了條件。這就是一些致仕官員參與地方修志事業的原因所在。也有一些粵北籍官員或文人雅士，雖無個人著述，但參與了國家一統志或地方府縣志的修纂。

如，關於明代清遠縣志的修纂，《民國清遠縣志》卷六《先達》篇記載：「徐禮，城內人。宋建炎三年（1129）林公勳來署縣事（代任縣令），手筆（親自）作志，而志始肇焉。元季（末）散佚。明正德五年（1510），邑侯（清遠縣令）張公欽慨邑志久曠（長久沒有續修），銳然興修。耆儒徐禮保存宋時縣志，張公（欽）詢（徐）禮得林公（勳）遺志，更相參定，志略（稿）乃草成。李仁素，城內人，任（廣州）府經歷，極清（廉）勤（懇）。嘉靖時，洪邑侯子誠詢致仕官（李）仁素，閱諸志體例，折衷於古文之法（斟酌取捨於過去編志之體例），縣志乃得脫稿。」又載：黎恕，少有文名，試輒高等，中嘉靖壬子（1552）科舉人。曾於浙江、雲南等地任教官，「後官總憲（明、清別稱都察院左都御史為總憲），為名臣，時稱有知人之鑒。」致仕之後，黎恕「休歸林下，常以邑志廢缺為念。會隆慶丁卯（1567），邑令陳君有同心（修志之思），以筆札屬恕（以修志之事託付黎恕）。恕受簡（接受修志任務），詳確敏慎，搜墳典（收集文獻資料），詢耆舊（調查訪問年老知情者），矢公心（立志公正作志），雖耆年目眊（老眼昏花），而蠅頭細字必以親裁。」

再如劉天然，明代仁化縣人，「明經不仕，隱居樂此園，圖書滿壁，課子之餘不幹外事。萬曆二十一年（1593）與修（仁化）縣志。」（《同治韶州府志》卷33《列傳・人物・仁化》，第667頁）

清代曲江人劉朝鑰，「性穎敏，幼孤，事兄啟鑰如父，登順治辛卯（1651）科賢書，授睢寧知縣，秩未滿致仕歸，閉門課讀，絕跡公庭。府尹（韶州郡守）馬元高其品學，延修郡志。」吳中龍，亦清代曲江人，「生甫十二齡登順治甲午（1654）賢書，時有『神童』之目（稱）」，在鄉有「廉介」名聲。地方官聘請他參加方志的纂修，他「端坐校讐，一生用心，不離敬慎。」（《同治韶州府志》卷33《列傳・人物・曲江》，第647頁、648頁）清代清遠人歐觀祿，「由

歲貢選授徐聞縣訓導，教諸生以孝悌為先。解組（退休）歸，圖書外無長物，著有《陶詩集》，知縣重其品，聘修縣志。」（《民國清遠縣志》卷 6《人物‧先達》，第 192 頁）

此外，勤力積學，著書立說的粵北籍學者還有很多。

（五）深沉的故土之思

古代粵北籍出仕的官員之中，或在朝廷執政，或在異地他鄉任官，當他們年老致仕之時，他們本可以選擇生活條件更為優越之處以安家，度過餘生，亦可為後嗣創造比粵北貧窮山區更加美好的安居樂業之所；然而，他們之中的絕大多數人還是懷著故土之思而毅然還鄉；即便是不幸病卒於異地任官之所，其子孫也會克服重重困難，將其屍骸運送回鄉以安葬。

例如明代清遠籍官員黎璿，科舉入仕後在朝廷工部、戶部任職，歷官三十餘載，終始不逾其清勤之節，忠君愛國之念每自不忘。年老家居十餘年，放情故鄉山水，不以田宅遺留子孫。據方志記載，當黎璿年老將要致仕之時，朝廷中的同事們都「重（不捨）其歸而勸其擇地以處焉」。黎璿不為所動，毅然還鄉。明人薛文清瑄所作《送黎參政致仕歸清遠序》云：

> 逾嶺而南皆古百粵之地，延袤數千里，危峰窮壁，長溪大壑，深窈莫測，奇草異木生其間者榮凋率不以時。嶺東南又加大海彌漫旋繞，每晝夜晴霽，涵星斗，浴日月，水之百怪靡不軒豁呈露；至颶風或作，則波濤洶湧，噴薄蕩摩，霆轟轂擊，聲振山谷；其霧氣潁（流轉）動轇輵（廣闊深遠），茫無畔岸。洲島雜國若扶南、真臘、黃支、婆利國之屬動以萬計，而四時溫涼蒸爍之氣發作無常，故居人行旅將息（生活）之道為難。今山東大參黎公（璿），嶺南清遠人也，自讀書筮仕，出入中外，多歷年所，官已達矣；一旦引老將歸其鄉，藩臬（省級官員布政使、按察使等）諸公有以嶺表山川風氣之異如前所云者為黎公告，且重其歸而勸其擇地以處焉。黎公曰：「不然，吾家嶺外久矣，封樹成列，先祖之丘壟（墳塋）存焉，閭里如昨（彷彿昨天還生活於故鄉），童稚之交遊在焉。今之歸方將薦蘋藻以伸罔極之孝思，具樽醪以款平昔之親故，又烏以風土之異移易吾心哉（又怎可因為故鄉環境不甚理想而讓我遷居異地他鄉，使我於心不安呢）！」余謂孝不忘本，義不遺故，合孝與義，風土不足動念矣。（《民國清遠縣志》卷 6《人物‧先達》，第 178～179 頁）

此文敘述了嶺南的自然地理環境之不如人意之處：背山面海，颶風時作，瘴氣彌漫，就連偶而涉足的商賈、旅客都望而生畏。因此，當黎璿致仕之時，朝廷官員及省上大員都規勸他選擇一個較好的環境以安度餘生，亦可為子孫後代創造良好的生活條件。但黎璿沒有為此所動，還是堅持要回歸故里。作者對黎即璿的不忘故鄉，葉落歸根思想給予了歌頌和肯定，表達了讚賞之情。

（六）熱心為家鄉民眾謀求福利

出自粵北的士人，任官之後，對於鄉梓民眾疾苦仍然悉悉關心。他們利用自己的政治發言權，給皇帝呈獻奏章，反映家鄉的利弊，期盼可以為家鄉除弊興利，為家鄉民眾謀求福利。例如，廖顒，連州人，南宋紹興乙卯（1135）進士，官至廣西提刑。南宋乾道年間（1165～1173），他曾向朝廷進呈《上供銀表》，反映「上供銀」給粵北地區民眾所造成的困擾。其表云：

> 竊惟（我認為）廣東不便於民者莫大於每歲買發上供銀。一路（按，指廣南東路，北宋端拱元年即988年分廣南路東部置，治所在廣州）十四州之中，上供銀額最重者五州，曰韶（州），曰連（州），曰惠（州），曰英（州），曰南雄。蓋（大約）以大觀（1107～1110）間五州境內各有銀坑（銀礦），發淺（開發）銀價低少，每兩祇（只是）六百或七百文，易於買納，所以分得銀額最重。後來銀坑停廢，又累經盜賊殘擾，價增數行（倍），每兩至三貫陌（三千多文。古代一貫為一千錢，一陌為八十至一百錢）。紹興（1131～1162）前諸州並無銀本錢，其他州歲計優裕銀價不多，官司自能買發（收買上供朝廷），不及於民；惟此五州銀額既多，歲計窘乏（每年難以完成上納任務），不得已白科於民（向民眾分攤繳納）。細民凋瘵（困苦）之餘極以為苦。契勘（經查核）每歲合發（應徵收）上供計錢十五萬緡，例係分下諸州買銀。近年漕司每歲椿辦（辦理徵收）得錢五百緡，均分諸州作銀本，尚缺十萬緡。其他諸州粗可支吾（應付），惟韶（州）、連（州）、惠（州）、英（州）、南雄五州銀額數多，無所從出，將漕司支到本錢置場，隨錢買銀，其數浩瀚（數額巨大），不免白科於民（無條件向民眾攤派徵收）。臣竊考（我曾私下計算）五州歲合買發銀數，恐每歲虧損朝廷用度；若令漕司盡支本錢，則漕計缺少，無錢可支；若只仍舊白科於民，（民）愈見困苦。臣嘗深思熟計，緣國初銀價低昂不等，所以分額不均；今諸州銀價既均，

合隨事力重行均定銀額。欲知諸州事力即戶口丁稅多寡，可以按帳籍而見。臣愚，欲望陛下斷自宸衷（作出決定），行下廣東路，委轉運、提刑兩司公共（共同）考究，十四州戶口稅賦所入，隨其多寡重行均定，歲買上供銀額，除見（現）有銀本錢五萬貫隨銀數輕重撥付諸州，依條於常賦內樁辦銀本錢，置場收買，不得白科於民戶，遵守施行。（《同治連州志》卷9《表‧上供銀表》，第781～782頁）

由廖顒的奏表可知，粵北地區韶州、連州、英州、南雄州等自北宋以來已開採銀礦。在廣東路十四州中，「銀額最重」。南宋時，銀礦停廢，又經社會動亂，「盜賊殘擾」，銀價比北宋時增長了數倍。地方官府深感「上供銀」徵收任務的壓力之大，自身無力承擔，「不得已白科於民」，使之成為民眾一項沉重的負擔，「細民凋瘵之餘極以為苦」，「無所從出」，建議改變徵收辦法，將上供銀按廣東路「十四州戶口稅賦所入，隨其多寡重行均定」，「不得白科於民戶」。廖顒關心粵北地區民瘼之情於此表可略見一斑。

又，李邦義，明代連州人，「生而穎異，狀貌魁梧，與兄（李）邦仁孝廉同時知名，登嘉靖丙辰（1556）進士第，仕上虞縣，有美政。歷兵、戶兩科給事中，條陳時務，指謫權奸，風節矯矯，官至北京（按，明代設有北京、南京兩都）太常寺少卿……居嘗感慨質直，遇政令不便者輒白（告知，建議）有司更之，故人有遺思焉。」這是《同治連州志》卷七《人物》對於李邦義一生事蹟的簡略敘述。事實上，李邦義在五十多年的人生仕途之中，除了正身立朝，忠直為官之外，對於鄉梓的社會民生也極關心。《同治連州志》卷十《記》之中，有一篇《鄉賢祠李邦義碑記》，敘述了李邦義卒於家之後，「連人士瞻拜新祠，伏見李公木主（神像）靡不蘇蘇泣下者。」李邦義何以如此深得人心？就因為他生前對於家鄉，對於民眾生活息息關心，遇到不利於社會民生的弊政敢於直言指謫，使之正本清源。以上文章敘述了李邦義對鄉梓的三大功勞，謂：「李公豐功盛德不可枚舉，所永賴（永遠記得，長久受惠）者有三大役（三件大事）：寢（勸止）羅旁之徵兵也；寢韶州之改屬也；寢軍餘之折乾也。」碑記作者對於李邦義所做這有益鄉梓的三件事如是評價：

夫以素不知兵之民一旦驅於鋒鏑（被迫上戰場），暴骨原野，禍可立睹：此徵兵之不可不寢也；連（州）於韶（州）為溯洄（逆流而上），於廣（州）為溯遊（順流而下），順逆已辨，況有所輸納先赴韶（州）後赴藩司（省城，廣州），兩路交馳，險難百出：此改屬

之不可不寢也；正軍已奉踐更（輪番駐守），月糧不足飽（抵償）其
幣息，為之子若孫者獨不可寬其餘力，任其耕讀乎，而額外肆螫，
幾於吮膏矣（幾乎接近敲骨吸髓了）：此「折乾」（扣減軍餉）之不
可不寢也。是三者關係匪輕，挽回（糾正）匪易。自匪（如果不是）
李公（邦義）極力擔承，陰護宛解（背地里保護，設法解決問題），
速（連）人呼天無路，至於今將有望沙場之白草黃塵而驚魂未定（對
面臨上戰場而喪命擔驚受怕）；望韶陽（州）之懸（逆）流束峽而束
手攢眉；望紈綺（達官貴人）之氣焰威稜（陵）而醫瘡剜肉而已。
公之功顧（難道）不偉歟！（《同治連州志》卷10《記·鄉賢祠李邦義
碑記》，第797頁）

　　由此可見，李邦義任官，不為個人仕途利害著想，而是時時處處以國家
及地方政治利弊為慮，為了民眾利益而敢於直言進諫，不怕得罪權貴甚至皇
上。正因為有著這樣一腔敢於承擔，勇於作為的情懷，李邦義最終得罪了當
時在朝中權勢炙手可熱的權臣張居正，失意而歸鄉，抑鬱而歿。也正因為如
此，在鄉梓民眾的心目之中，他有著崇高的地位，是後人學習的楷模！

四、結語

　　綜前所述，古代社會，在粵北地區，眾多人物得以憑藉其學識、人品而
登上並活躍於歷史舞臺之上，在政治、軍事、文教、學術等領域大顯身手，作
出了重要的貢獻，令人矚目。

　　然而，由於時代侷限、階級侷限以及各人際遇的不同，又使得不少本來
富有學識、才能的粵北人士未能盡其所能，為社會、國家多作貢獻；他們仕
途坎坷，命運多舛（錯亂，違背），多有抑鬱而終者，亦有含冤被殺者。這些
人物的事蹟，讀之不免令人心生憐憫之情。輒舉連州籍三位人物事例以概見
之。

　　廖沖，南朝梁朝時連州人。志載：廖沖，連州保安（鄉）人，博學能文，
飭身修行，鄉閭稱之。舉茂才，仕梁朝為本郡主簿、西曹（晉、南北朝稱功曹
為西曹）祭酒。當時，梁武帝以好儒學而著稱，招徠天下名士，廖沖被梁武帝
選中。常賦詩稱旨，大見嘉獎。時梁武帝之子湘東王就國（到封地任職），聽
說廖沖富於詞藻（文學之才），請以為常侍。但是這位湘東王以「猜忍浮薄」
而著稱，喜談老子「無為」之說，受到廖沖的批評與勸說；湘東王的錯誤行為

也常常被廖沖規諫，遂日見疏薄。梁武帝年老昏聵，沉湎於佛教，致使政治敗壞，自己又得不到重用，廖沖因而對前途悲觀失望。他對人說：「根本拔矣，天下能久治乎？吾不去，將及禍。」即掛冠而歸，結廬隱居而終。（《同治連州志》卷 7《人物》，第 740 頁）

　　孟賓于，五代時期連州保安鄉人。少聰穎，力學不倦。其父以家貧，且賓於上無兄，下無弟，孤伶伶一人，心生悲情，題其屋壁云：「他家養兒三四五，我家養兒獨且苦。」孟賓于當時還是少年，從鄉塾回家，見了牆上的詩句，知是父親所寫，便續寫道：「眾星不如孤月明，牛羊滿山畏獨虎。」自比於明月，明月的光亮遠超千百之星；又自比猛虎，一頭猛虎可以驅趕百十頭牛羊，寓意自己雖然只是孤身一人，但只要立志向學，學成之後出仕任官，就可以光宗耀祖，抬高門庭地位。父親也因為自己的兒子有遠大志向而感到驚奇和高興。五代後晉天福九年（944），孟賓于參加科舉考試，果然得登進士第。先後出仕湖南馬殷楚政權及江南南唐王朝，歷任縣令、水部員外郎，終郎中。孟賓于善詩，其詩有盛唐風韻。如曾作《公子行》詩云：「錦衣紅奪彩霞明，侵晚春遊向野庭。不識農夫辛苦力，驕驄馳處麥青青。」譏諷批評統治階級只追求自己奢侈逸樂的腐朽生活，而罔顧農民的辛勞，將長滿莊稼的農田權當原野之地，縱馬奔馳以作樂，把農田踏得一片狼籍。當時，工部侍郎李若虛視察沅、湘（沅州，今湖南省黔陽縣；湘州，今湖南長沙市），孟賓于向李若虛獻詩數百篇，其集名曰《金鰲集》，期望能得到達官貴人的賞識及重用。李若虛讀罷，大見稱賞，從中選擇寫得好的若干篇傳播於朝廷之中，使孟賓于「聲譽遂著」。陳堯佐為其詩集作序，稱讚其詩「如百丈懸流灑落蒼翠間，清雄奔放，望之豎人毛骨。自五代詩人以來未有（能）過賓于者也。」孟賓于與李昉為同年進士，其後李昉仕宋，官至翰林學士，在文化學術上貢獻頗著；而孟賓于在南唐任官，終於郎官（古代蓋為議郎、中郎、侍郎、郎中等官員的統稱，職級較低）。李昉曾致詩一首於孟賓于，對於他的仕途不顯頗感惋惜。詩云：「幼攜書劍別湘潭，金榜標名第十三。昔日聲名喧洛下（京師洛陽），只今詩價滿江南。」此詩為孟賓于沒有受到君主的重用而深感可惜。由於得不到重用，只居閒散之職，白白消磨了青春才華，孟賓于最終抑鬱不得志，辭官歸隱。「後隱（於）玉笥山，號『群玉山叟』。江南平（北宋滅南唐），歸老於鄉，卒年八十七。」（《同治連州志》卷 7《人物》，第 739 頁）

　　同時期又有鄧洵美，連州奉化鄉人，有敏才，工詩賦。當時，湖南朱昂博學多識，被人稱為「朱萬卷」，一時士類無當意（匹敵）者。朱昂唯獨推重連州人鄧洵美。後晉天福年間（936～944），鄧洵美與前述孟賓于並為李若虛薦入洛陽（後晉都城），參加科舉考試，得進士及第。後還鄉，為湖南節度使周行逢所挽留，置於幕府為館驛巡官。鄧洵美因為懷才氣傲，與同事者落落寡合，也因此而不為周行逢所器重，禮遇漸薄。當年一同進士及第的王溥在後晉朝已得到重用，任為宰相，聞說鄧洵美在湖南不得志，託人給鄧洵美帶來一首詩，寄寓了對鄧洵美的憐憫、惋惜之情。詩曰：「彩衣我已登黃閣，白社君猶窘故廬。南望荊門千里外，暮雲重疊滿晴虛。」詩的大意是說，我如今已經科舉及第，晉身顯赫仕宦了，而你卻得不到統治者的青睞，仍然身處社會底層；遙望南方，我的心情就像滿天的烏雲一樣沉重啊！周行逢聞說此事，擔心自己被人認為是個不重視人才的庸碌的統治者，「自是行逢稍優給之」，只是稍稍提高了一點鄧洵美的待遇而已。不久，翰林學士李昉奉命出使湖南。李昉與鄧洵美亦為同年（同年及第者），召見於傳舍，不覺為鄧洵美的懷才不遇而痛惜，握手悲泣。周行逢猜疑鄧洵美對自己有所不滿，「疑其泄己陰事，呵責之，黜為場官，復遣人詐為山賊，突入官署殺之。聞者慟惜。」周行逢不學無術，依靠沙場拼殺而成為一方軍閥，總懷疑知書識禮的士人對自己心懷鄙視，因而「猜忌贄酷，群下多以譖（讒言）死。至是，又殺（鄧）洵美，士論益不附。」懷才之士不僅得不到重用，反而連性命也不保！（《同治連州志》卷7《人物》，第739～740頁）

　　由上述事例可以明白：人物的才學、品行由自己決定，而仕途、命運則常常由「時世」或君主所決定，所謂「時來天地皆同力，運去英雄不自由」。張九齡、余靖等人之所以能在政治上有較大作為，是因為他們生逢唐、宋盛世，得到開明統治者的重用，故能青史留名；而上述廖沖、孟賓于、鄧洵美等人生逢政權割據、分裂混戰的亂世，登上政治舞臺最高層的大多是崛起草莽、昏庸腐朽之主，他們只重視耍槍弄刀的武夫，而鄙視、猜疑富於才學之士，因而，上述諸人雖懷大志，雖有大才，而仕途多舛，命運坎坷也就不足為怪了。

　　古代社會，粵北地區人才輩出，究其根源：

（一）謫臣風範的影響

自唐朝以來，封建中央朝廷中，不少正直為官，敢於與奸詐權臣鬥爭，或敢於觸犯皇帝尊嚴的忠直官員，遭到貶逐，被流放至偏僻荒涼、人口稀少的粵北地區。這些核心官場中的失勢者到了粵北以後，或在地方機構中兼任次要職位，或賦閒而居，但他們大多仍然保持著原有的正直善良的良好品格，並且在與地方官員、地方人士的交往活動中，通過言行或詩文，將他們的思想、性格、品德表現出來，於是或深或淺地對地方人士、民眾產生了積極的影響。地方人士之中那些志向遠大者常常將他們視為道德的榜樣，學習的楷模。

唐代被貶謫至韶州的朝廷重要官員有于琮。于琮科舉及第後初任左拾遺，後於咸通八年（867）同中書門下平章事，進中書侍郎兼戶部尚書，為韋保衡構陷，三貶韶州刺史。于琮「尚（娶）廣德公主」。廣德公主隨于琮來到韶州後，「卻州縣饋遺」，為當地士民樹立了清廉的風格。又有楊嚴，會昌四年（844）進士擢第，咸通中（860～874）累遷翰林學士。翰林學士，唐代玄宗時始以文學侍從官選拔充任，專掌內命（由皇帝直接發出的機密文件，如任免宰相、宣布討伐令等），因參與機要，號稱「內相」，本來仕途是很光明的，但楊嚴具有謙遜品格，因其兄楊收當時任職宰相，為避免嫌疑，故主動「封章請外職」，願到地方任職。後其兄楊收遭到排擠，罷相貶官，楊嚴受牽連被貶至韶州任刺史。（《同治韶州府志》卷31《謫臣錄》，第614頁）

宋代敢於忤觸權貴者有朱翌。《同治韶州府志》卷31《謫臣錄》載：「朱翌，字新仲，舒州（今安徽潛山縣）人，（北宋）政和（1111～1118）中登第，授溧水（縣主）簿。南渡（南宋）後歷官中書舍人，以忤秦檜謫韶州。」（《同治韶州府志》卷31《謫臣錄》，第615頁）南宋初年，秦檜是一位炙手可熱的權臣，連赫赫有名的抗戰派名將岳飛及其子岳雲，最終亦慘死於其手下；朱翌僅為一中書舍人，也敢「忤秦檜」，其結局自然可以預料。但朱翌對此沒有過多顧慮，其忠直品格可以想見。

北宋末年南宋初期的趙永忠是精忠報國的典範。志載：「趙永忠，本姓胡，名清泰，秦州（今甘肅天水市）人。少慕班超為人，因（經過）岷州（今甘肅岷縣），遇積石國大酋魯黎結犂，與相交結。後至交州（今廣西南部，越南北部地區），結犂遣僧閔以書來（聘）。僧（閔）岷州人也，往來積石（積石軍，唐朝設置，治所在今青海貴德縣西，後地入吐蕃廢；北宋大觀二年即1108年

復置），告以其國久失王子，莫知存亡，可偽為王子歸國。（趙）永忠乃西行。結羶迎之至國。國相撒斯金、龐斯等咸納款（迎接）焉。永忠居王位凡六月，致書青唐守仲威求歸宋。（仲）威轉申宣撫童貫。（童）貫遣至界（北宋疆界），永忠率將相及（仲）威等偕至河州（今甘肅臨夏縣）見貫。貫掩其功，以為拒戰不敵乃降，敕授忠州（今四川忠縣）刺史、團練使，賜姓名趙永忠。永忠欲言於朝，貫忌之，謫監韶州酒稅。建炎南渡（南宋），廣東盜起。宣慰使司以為路分，措置平賊。永忠大破英（州）、連（州）諸寇，擒其酋；又解南雄州圍，分遣三子督兵連破循（州）、梅（州）、潮（州）寇劉鐵面等。紹興二年（1132）被召至臨安（今浙江杭州，南宋時為都城），未及朝而卒。初，永忠聞徽宗結女真圖契丹，與韶（州）守言非善計，後其言皆驗。」（《同治韶州府志》卷31《謫臣錄》，第615頁）

趙永忠自幼生長於西北，對西北地區風土人情十分熟稔，故能與積石國統治者相「交結」，並獲得信任，一度應邀冒充積石國王子歸國繼位，並致書北宋地方官，請求歸順宋王朝為臣。這是其對北宋王朝忠誠的表現，故被北宋朝廷賜以皇姓趙，名永忠。但北宋末年著名姦臣童貫嫉妒其功，趙永忠不僅未受到嘉獎重用，反而被貶逐至粵北為吏。趙永忠並未因此而灰心喪氣，意志消沉，而是隨遇而安，榮辱俱忘，仍以國家利益為重，在北宋之末、南宋之初國家處於戰亂而政治又在蔡京、童貫等「六賊」及秦檜等姦臣的主持之下處於敗壞之期，對於維護西北邊境及嶺南粵北、粵東地方的和平安寧有重要貢獻，凸顯出其精忠報國的情懷，必然會成為粵北之人心目中的英雄豪傑，成為學習效法的榜樣。

兩宋時期被貶至粵北的忠直官員還有：

劉摯，在朝勇於批評朝政，曾得「神宗面賜褒諭」。又因為忠直，不願阿附權貴，遭到當時的權臣王安石的忌恨，「欲竄之嶺外，神宗不聽」。志載：「元祐元年（1086），（劉摯）為御史中丞，拜尚書右丞，連進左丞、中書侍郎，遷門下侍郎，六年（1091）拜尚書右僕射。（劉）摯性峭直，有氣節，通達明銳，觸機輒發，不為威怵誘（不怕威逼，不為利誘）。自初輔政至為相，修嚴憲法，辨白邪正，專以人物處心，孤立一意（獨立自主），不受謁請。子弟親戚入官皆令赴銓部（吏部）以格調（選官標準）選，未嘗以干朝廷。與呂大防同（相）位，國家大事多決於（呂）大防，惟進退士大夫實執其柄。然持心少恕，勇於去惡，竟為朋讒所中」；「（劉）摯排斥姦邪，實為忠直」。由上述

可見，劉摯雖然官高權重，但品性忠直而有氣節，明達事理，不為威利所逼所誘，嚴格依法辦事，絕不以權謀私，對於權勢厚利概以等閒視之，且「持心少恕，勇於去惡」，因而受到朝廷姦佞的嫉惡和構陷，「紹聖四年（1097）陷邢恕之謗貶鼎州團練副使，新州安置，惟一子（隨）從。家人涕泣願侍，皆不聽……與家屬徙英州（今英德市），凡三年，死於瘴者十人。」

又有北宋名臣蘇軾，自宋英宗時科舉入仕為官。當時，王安石主持變法，蘇軾批評新法，得罪了王安石，被貶逐出朝。由此可見其忠直品性，不願俯仰權貴，趨炎附勢。宋哲宗朝，蘇軾又「以論事為當輔者所恨」，蘇軾恐不見容，主動請求外任。蘇軾一生，由於秉性耿直而仕途多舛，一貶再貶，其中曾「以本官知英州」，「以承議郎知英州軍州事」，被貶至粵北。

劉安世也是一位忠直敢言，勇於指謫權奸的名臣。「章惇用事，尤忌惡之，黜安南軍，再貶少府監，三貶新州別駕，安置英州（今廣東英德市）。」志書記載劉安世「正色立朝，扶持公道，其面折廷爭，或帝盛怒則執簡卻立，伺怒稍解復前抗辭。旁侍者遠觀蓄縮悚汗，目之曰『殿上虎』，一時無不敬懾。」總之，劉安世為官「不好聲色貨利」，以「忠孝正直」而著稱。

以上諸名臣事蹟見《同治韶州府志》卷31《謫宦錄》。此類在朝以忠直聞名，因為得罪權貴被貶逐至粵北的官員，自唐至明、清還有不少，不一一列舉。粵北地方士民對於這些被貶而來的朝廷官員都是極其崇拜的，並以之作為子弟學習的楷模。例如，北宋時，鄭俠（福州福清人）因在王安石變法中，與變法派有不同政見，被貶謫至英州，「既至，得僧屋將壓（垮塌）者居之。英（德）人無貧富貴賤皆加敬事，遣子弟從學，為（鄭俠）築室以遷。」（《同治韶州府志》卷31《謫臣錄·流徙》，第625頁）管中可以窺豹，由此可見「謫宦」對粵北人的深刻影響。

（二）傑出名宦、鄉賢事蹟的記錄，墓誌（銘）的書寫，方志的記錄與頌揚，為地方人士提供了學習效法的榜樣

在古代粵北地區，曾經湧現出眾多的在仕途上有顯著政績，在教育上有感人事蹟，在鄉梓熱心為民眾謀求福利的「名宦」、「鄉賢」。他們離任或辭世之後，後人在給他們所寫的紀念文章或墓誌中，在方志中，都極盡頌揚之能事，旨在為當地後人提供學習效法的範例。

例如，吳廷舉，湖廣嘉魚（今湖北嘉魚縣）人，明成化二十二年（1486）進士，曾任順德知縣、成都府同知。其時，「廣（州）、韶（州）盜賊嘯聚，據

險阻兵，道路不通，民被其毒」。消息傳到朝廷，有大臣建議「設僉事一員駐
紮清遠，專理兵備」。明孝宗一方面組織部署軍事征討，另一方面決定選擇「智
勇兼能」的人物來任粵北地方官。於是，吳廷舉奉命任廣東僉事、整飭兵備
道。吳廷舉於弘治十八年（1505）到任，「時盜日縱橫，（吳廷舉）即率師大舉
摧（進攻）後山，獲其舟。剿十三村、池水諸寇，悉平之。傾覆巢穴，蕩戮凶
渠（擒殺叛亂首領）。」至正德元年（1506），叛亂基本被平定。「嗣是，諸郡
以寧。駐節（在任）三載，征討無虛日，仍以其餘暇興學校，毀淫祠，釐民正
俗，起弊作新。（此後）處遠（出行）有亭，勸耕有諭，至（於）武備、橋樑、
營堡、壇壝（祭祀之所），凡有裨治道、厚民生者無不殫精修舉，而尤加意士
林，親為訓迪，特著《立志說》一篇布刊學宮，勉多士（士人）立志以明道，
（以）希文（北宋名臣范仲淹之字）自期待（以范仲淹為學習榜樣）。」然而，
這樣一位賢能而且政績顯著的官員，因為反對宦官專權，上奏宦官禍國殃民
二十大罪，竟遭到宦官的誣告，被逮捕投入「詔獄」（由皇帝直接掌管的監獄）。
被逮捕帶走之時，「農為之輟耕，商為之罷市，彷徨奔走百里外不止」。後經
尚書張彩等正義人士秉力相救，宦官害怕事情鬧大於己不利，吳廷舉才得以
幸免於難，「旋赦免。後歷任廣東布政使。邑（清遠縣）人聞者雀躍，如父母
之復生然。（吳廷舉）在清遠嘗手植松於演武亭，邑中競稱『吳公松』，其遺愛
之深如此。」吳廷舉卒諡「清惠」：為官清廉，惠民利民。祀韶州及清遠名宦
祠。（《民國清遠縣志》卷8《先政》，第260～261頁）

後來，何應宿（廣西蒼梧人，舉人，嘉靖三十二年即1553年蒞任）來任
清遠縣令，聽說了吳廷舉的事蹟後，深為感動，命清遠縣儒學教官黎錦撰寫
一篇紀念吳廷舉的文章，歌頌其像蒼松翠柏一樣的堅貞耐寒、挺拔不屈的品
格。這就是讀者在《民國清遠縣志》卷二十《雜錄》中可以讀到的《吳清惠公
松記》。從中我們可以瞭解到一個循聲卓著的官員坎坷的人生及仕途歷程。

方志之中，除了有眾多的名宦事蹟外，還有眾多的鄉賢事蹟。

例如，鄧容，明代樂昌人。韶州樂昌縣鄧氏自宋以來即為當地著姓，累
世榮顯。鄧容科舉登第之後，初在戶部任職，曾奉命出使湖湘慰勞軍士，不
受私饋，時稱其廉。回朝之後授永豐（今江西上饒市廣豐縣）知縣。永豐縣當
閩浙之交，其時，鄧茂七反於閩，葉宗留嘯聚於浙江以西，相煽不靖。永豐尤
切近。鄧容蒞任，集丁壯，備器械，塞蹊徑，據要害，晝夜會吏僚父老講求備
禦之策，不時有所擒獲，「賊自是相誡不敢犯縣境」。鄧容於是修政事，課農

桑，理冤滯（清理冤案及疑難案件），招流亡，毀淫祠，以及奏請朝廷減免重
稅；又於暇日進縣學諸生講經史，習禮儀，「用是（因此）民大和洽，境內清
肅，鄰近之民咸以不得公為歉（鄰近幾縣民眾都以不能得到鄧容任本縣知縣
而深感遺憾），爭赴上司告欲借公；邑（永豐縣）人父老亦恐公為他邑所奪也，
亦相率（請）留焉。江西布政使吳潤等三上章（多次上書朝廷）薦之，不報
（沒有得到朝廷音訊）；最後為巡撫、僉都御史張階交章論薦為江西按察僉事，
命未下而公死矣。」鄧容之死不是老死，不是病死，而是死於為國平亂：「括
（括州，治所在括蒼縣，即今浙江麗水市東南）寇起犯廣信界之永豐，知縣
鄧公（容）率民拒之於其縣境高洲，接戰十數，寡不敵眾，為賊所執，罵不絕
聲而死。時正統戊辰（1448）八月也。事聞，朝命贈公奉議大夫、光祿寺少
卿，給布六十端，米三十石，後又用言者（接受大臣建議）特賜謚『忠毅』，
命有司祠於鄉郡（樂昌）及所治（永豐）。」據說，鄧容為國捐軀之時，「雷電
大作，賊大懼，置公尸歸高洲巡檢司署中。明日，邑（永豐縣）人始舁（共
抬）歸，棺殮於邑之城隍廟。又幾月日，邑人瑗（鄧容之子鄧瑗）始護公喪
歸，以年月日葬於樂昌之原。」

明朝名臣丘濬在為鄧容書寫的墓誌銘中，簡要敘述了鄧容入仕及捐軀的
經歷，末了對鄧容頌揚道：

> （鄧容）慷慨有氣節，仡仡（勇武健壯）然自立不肯詭隨（委
> 屈自己，隨波逐流），於書無所不讀，而不為枝葉浮華之習，旁通星
> 命術數之學，所言亦或奇中。臨事明決，操守潔白。其在永豐，藩、
> 臬（地方大員）有所難處事，雖非公所治，亦以檄（委託）代理。
> 鄰藩聞其名，亦或有所借委（借鑒，委託）焉。嘗蒞事建（州）之
> 蒲城，脫當沒入者（使蒙冤被籍沒財產被罰充官府奴婢之人得以擺
> 脫罪名）三十餘家。又核（實）處州坑冶免銀課者若干兩，其人皆
> 報以重貲（以重金酬謝），公悉固拒不受。其所為卓卓如此類者甚
> 多。噫！有德而不及大施，有才而不及盡用，使（假使，假如）公
> 得高位，膺重任，所行當不止此。惜哉！雖然，與公同時者，後公
> 十數年（者），往往置身通顯，揚歷（顯揚其所經歷）中外，其間樹
> 功業、隆譽望者固多有之，然因之而播其惡於眾，遺穢後世者，亦
> 或不能無矣；求如公生無所愧，死得其所，流芳史冊，廟食百世者，
> 蓋僅有也（大約是歷史上難得一見的）。以少為貴，公之所得多矣

（別人做不到的，鄧容做到了，這就是難能可貴之處）！（《同治韶
州府志》卷26《古蹟略・冢墓・樂昌・明丘濬撰墓誌銘》，第552頁）

　　丘濬對於鄧容生平經歷事蹟的書寫與頌揚，地方志將這些文獻收錄於其
中，都是旨在為後人尤其是當地粵北之人樹立學習的典範。此類時人或後人
為為官清廉、有突出貢獻的粵北「鄉賢」賦詩、撰寫墓誌的事例還有很多。

（三）報應思想的激勵

　　善有善報，惡有惡報，這是佛教宣揚的報應思想。佛教的因果報應思想
不僅是佛教的基石，也深刻影響了國人生活中的方方面面。這一思想對於古
代粵北之人的思想、行為有著深刻的影響，它激勵著眾多粵北民眾尤其是知
識分子積極行善，為民造福，同時也為自己及子孫後代積累「陰德」，祈求來
生獲得無盡福報。有學者指出：佛教「用三世輪迴、因果報應說推廣普及儒
家倫理，比儒家傳統說教更有力量和效果。尤其下層大眾，沒有接受教育的
機會，難以從儒家學者的高深哲理中獲取教益，卻可以通過佛教生動通俗的
天堂地獄的宣教，開啟自己的道德意識，用善報作誘導，用惡報作警戒，約
束行為，使之合於公共規則。事實證明，佛教的神道設教，確實比儒家傳統
的神道設教收效更大，流傳更廣，因果報應的觀念相當深入人心。」（呂大吉、
牟鍾鑒著：《中國宗教與中國文化（卷一）・概說中國宗教與傳統文化》，中國社會科
學出版社，2005年版，第201頁）